Sobrevivência e comunicabilidade dos Espíritos

"O conhecimento auxilia por fora, mas só o amor socorre por dentro"
Albert Einstein

Hermínio C. Miranda

Sobrevivência e comunicabilidade dos Espíritos

FEDERAÇÃO ESPÍRITA BRASILEIRA

ISBN 978-85-7328-665-6

BN 23.450

5ª edição – *28º ao 32º milheiro*

000.5-O; 7/2010

Capa: Paulo Márcio Moreira

Projeto gráfico: Fatima Agra

Composição e editoração:
Departamento Editorial e Gráfico – Rua Sousa Valente, 17
20941-040 – Rio de Janeiro (RJ) – Brasil
CNPJ nº 33.644.857/0002-84 *I.E. nº 81.600.503*
Pedidos de livros à FEB – Departamento Editorial
Tel.: (21) 2187-8282, FAX: (21) 2187-8298.

CIP-BRASIL. CATALOGAÇÃO-NA-FONTE
SINDICATO NACIONAL DOS EDITORES DE LIVROS, RJ.

M642s
5. ed.

Miranda, Hermínio C. (Hermínio Correia de), 1920-
Sobrevivência e comunicabilidade dos espíritos / Hermínio C. Miranda. – 5. ed. – Rio de Janeiro: Federação Espírita Brasileira, 2010
424p.: 21cm (Coleção Hermínio Miranda)

ISBN 978-85-7328-665-6

1. Espiritismo. I. Federação Espírita Brasileira. II. Título. III. Série.

10-2805. CDD 133.9
CDU 133.7

16.06.10 23.06.10 019756

SUMÁRIO

A TRAJETÓRIA DAS ALMAS

Sobrevivência e comunicabilidade dos Espíritos, lançamento do Departamento Editorial da Federação Espírita Brasileira poucos meses depois de *Reencarnação e imortalidade*, no final de 1976, é deste o natural seguimento e, segundo todas as indicações, terá do nosso público ledor a mesma favorável acolhida.

O que disse o prefaciador no seu "À guisa de prefácio" ao volume *Reencarnação e imortalidade* é extensivo a este, integrantes ambos, a rigor, de uma só e mesma obra.

Os escritos de Hermínio C. Miranda refletem aspectos importantes da vida real dos seres humanos, seres eternos e imortais, que sobrevivem ao fenômeno da morte e tornam a reencarnar, evoluindo nos planos visível e invisível do planeta, intercomunicantes e solidários entre si. Além disso, provam, sem margem a quaisquer sofismas, a comunicabilidade dos mesmos seres hoje, entre os dois planos referidos, como há milênios, do que são atestados inconfundíveis as escrituras de todos os séculos e de diferentes povos.

Explica o Espírito Emmanuel[1] que, "isoladamente, cada um tem no planeta o mapa das suas lutas e dos seus serviços", sendo que "o berço de todo homem é o princípio de um labirinto de tentações e de dores, inerentes à própria vida na esfera terrestre, labirinto por ele mesmo traçado e que necessita palmilhar com intrepidez moral". E conclui:

---

[1] *Emmanuel*, por Francisco Cândido Xavier, 8ª edição da FEB, cap. XXXII.

"Qualquer alma tem o seu destino traçado sob o ponto de vista do trabalho e do sofrimento, e, sem paradoxos, tem de combater com o seu próprio destino, porque o homem não nasceu para ser vencido; todo espírito labora para dominar a matéria e triunfar dos seus impulsos inferiores".

Militando nas colunas de *Reformador*, o mensário quase centenário da Casa de Ismael, numa atividade perseverante ao longo de mais de dois decênios, o autor deste livro, e de outros que estão sendo examinados ou programados pelo nosso Departamento Editorial, tem sido invariavelmente o estudioso que ajuda, com a sua palavra de serenidade, lógica e fé, os caminheiros que se embrenham pelo *labirinto* das provas e expiações, dando-lhes as indicações que lhes facilitem a identificação da *saída* da sombra para a luz.

É ainda Emmanuel[2] quem declara, a propósito da trajetória das almas:

> Da irritabilidade à sensação, da sensação à percepção, da percepção ao raciocínio, quantas distâncias preenchidas de lutas, dores e sofrimentos!... Todavia, desses combates necessários promana o cabedal de experiências do Espírito em sua evolução gloriosa. A racionalidade do homem é a suprema expressão do progresso anímico que a Terra lhe pode prodigalizar; ela simboliza uma auréola de poder e de liberdade que aumenta naturalmente os seus deveres e responsabilidades. A conquista do livre-arbítrio compreende as mais nobres obrigações.
>
> Chegado a esse ponto, o homem se encontra no limiar da existência em outras esferas, onde a matéria rarefeita oferece novas modalidades de vida, em outras mais sublimes manifestações...

---

[2]Idem, cap. XXXVI.

Foi por entender da maior conveniência que os trabalhos de Hermínio C. Miranda, já publicados em nosso periódico, se tornassem acessíveis a todos os espíritas e estudiosos em geral, em forma de livros, que lhe sugerimos a elaboração das duas coletâneas, dentre os estudos dados à luz nesse período. Organizadas com o devido cuidado, não sem antes serem submetidos os respectivos textos à minuciosa revisão e atualização, podem elas representar nas estantes de todos nós uma síntese de variadas e vastas obras, verdadeira biblioteca especializada, de interesse permanente e sempre ao alcance para consulta ou simples leitura.

Francisco Thiesen
Presidente da Federação Espírita Brasileira

Rio de Janeiro, 31 de março de 1977.

1

TÉCNICA DA COMUNICAÇÃO ESPÍRITA

Muito interessa aos espíritas o problema da comunicação. No contexto da nossa Doutrina, a sua técnica se desdobra em dois aspectos distintos e complementares, ambos de extrema importância: a comunicação entre os Espíritos e os encarnados, e aquela que somente ocorre entre estes últimos. A primeira, pela sua condição especial, ficou, na terminologia espírita, com o nome de *comunicação mediúnica*, por exigir o concurso de um intermediário (o médium) entre as duas faces da vida.[3] Na comunicação entre os homens, o processo é direto e prescinde do

---

[3]É possível que futuramente sejam criados aparelhos suficientemente sensíveis para servirem de instrumentos de comunicação mediúnica, mas até agora estamos na dependência do médium humano. Acho mesmo que é bom que assim seja, pois do contrário, presa ao retardamento moral em que ainda se debate a Humanidade terrena, teríamos em breve computadores mediunizados prontos para venderem informações espirituais por linha impressa. Não faltariam, por certo, Espíritos dispostos a prestarem esse *serviço* a troco de algumas vítimas para os seus métodos de obsessão.

médium. Numa, recebemos mensagens reveladoras do mundo espiritual; noutra, procuramos transmitir ao nosso semelhante as ideias, que constituem a essência da Doutrina Espírita.

Ao estudarmos com maior atenção as estruturas dos dois processos, verificamos facilmente que têm pontos fundamentais de identidade e semelhança, como veremos.

Antes, porém, uma definição. O verbo comunicar vem do latim *communicare*, isto é, tornar comum, partilhar, transmitir, divulgar, propagar. Logicamente, portanto, qualquer sistema de comunicação exige um instrumento, um aparelho. Na comunicação mediúnica, o médium exerce essa função; nos processos que se desenvolvem entre os homens, os aparelhos são outros: imprensa, rádio, cinema, televisão, todo o instrumental, enfim, da moderna informática, aliás, chamado *media*.

A decomposição do processo revela o seguinte: em todo sistema de comunicação — mediúnica ou não — o componente inicial é a ideia, concebida na mente daquele que deseja transmiti-la a alguém. É evidente que a clareza da comunicação dependerá fortemente da maior ou menor lucidez que existir na concepção da ideia original. Se o pensamento for confuso e malformulado, a comunicação não poderá ser bastante clara e bem-ordenada. Se for de baixo teor, propagará aspectos negativos da natureza humana e acarretará danos imprevisíveis por onde passar, desde sua fonte ate à sua destinação.

O segundo componente do sistema é a expressão formal do pensamento. Aquele que deseja transmitir uma ideia terá de traduzi-la de alguma forma, segundo o processo que tiver à sua disposição. Isso porque nós não pensamos em palavras, e sim em imagens ou impressões fugidias que passam pelo nosso consciente como *flashes* velozes que precisamos agarrar às pressas para que não se percam. O primeiro trabalho é, pois, o de converter pensamentos, ideias, sensações e impressões em um sistema de códigos, sinais ou imagens sensoriais que sejam comuns a uma grande quantidade de gente. (Notem a expressão *comum* que espontaneamente aparece no texto, evidenciando o sentido das palavras *comunicar* e *comunicação*.) Se o pensamento deve ser expresso em palavras, há que fazer a escolha da língua; se for em imagens, é preciso decidir quanto à forma, à cor, ao tamanho e ao processo de divulgação (serão impressas, desenhadas, representadas em esculturas tridimensionais?).

Com isto chegamos ao terceiro componente do processo de comunicação, que é a interpretação por parte daquele que a recebe. É evidente, portanto, que a mensagem não é recebida na sua forma original, tal como foi concebida na mente daquele que a enviou, e sim já convertida num dos meios usuais empregados para torná-la comum, ou seja, para comunicá-la. Isso quer dizer que ela passou por um processo de codificação, ao ser transformada em sinais ou símbolos de ideias que surgem no plano do nosso entendimento como representações das próprias ideias. É que na fase atual da nossa evolução espiritual ainda não podemos transmitir o nosso pensamento na sua forma original, com a dispensa dos símbolos criados para comunicá-lo. Cabe, assim, àquele que recebe a mensagem, decodificá-la para reconvertê-la à forma original e ser então absorvida como pensamento puro.

Alcançamos o quarto componente do processo de comunicação quando a reação do recipiendário ao conteúdo da mensagem recebida é enviada de volta à fonte de onde proveio (*feedback*), provocando, por sua vez, eventual reação.

Há, dessa forma, um mecanismo cíclico no processo, condição básica do que hoje chamamos diálogo, mas para os objetivos da nossa modesta especulação basta ficarmos na terceira fase, que já teremos bastante material para alimentar a meditação, dirigindo-a para os processos da comunicação espírita.

Imaginemos o mecanismo em ação. O Espírito desencarnado deseja transmitir a ideia de que a clareza da mensagem depende da pureza daquele que a recebe, ou seja, da sua boa predisposição psíquica e moral. De muitas maneiras se poderia vestir essa imagem: transmiti-la em palavras — prosa e verso; em imagens — coloridas ou não, fixas ou móveis; e até em sons ou em combinações audiovisuais, tão ao gosto da técnica moderna.

Vejamos o que fez com ela Neio Lúcio, no grande livrinho *Jesus no lar*, edição da FEB, cap. 3:

Sara, esposa de Benjamim, um criador de cabras, comenta sua dificuldade em integrar-se na ideia do Reino de Deus pregada pelo Mestre. Por onde começar? Que fazer? Como fugir das velhas fórmulas desgastadas, mas persistentes? Como perdoar os que a ofendam? Como livrar-se do apego aos bens terrenos?

Pedro aconselha boa vontade. A mulher de Simão sugere os caminhos da fé em Deus, mas todos sentem que a grande palavra ainda não foi pronunciada. Ao cabo de longo silêncio, Jesus lhe pergunta qual a principal atividade da casa.

"É a criação de cabras" — diz Sara, sem entender o alcance da interpelação.

E como fazia ela para conservar o leite? Isto era simples e disto ela entendia. Era preciso, em primeiro lugar, lavar as vasilhas com extremo cuidado. Se ficasse qualquer detrito, o leite azedaria.

Nesse suporte monta-se a imagem tão sublime e de tão fácil poder de comunicação: "assim é a revelação celeste", diz Jesus. "Se não purificarmos o vaso da alma, o conhecimento, não obstante superior, se confunde com as sujidades de nosso íntimo, reduzindo a proporção dos bens que poderíamos receber", da mesma forma que o leite azedo não está perdido, mas não serve mais para o uso habitual. Lembra Jesus que Moisés e os profetas foram grandes mensageiros, mas aqueles que os ouviram não estavam suficientemente purificados e limpos de espírito para receber as mensagens como deviam e interpretá-las corretamente. "O leite puro dos esclarecimentos elevados penetra o coração como alimento novo, mas aí se mistura com a ferrugem do egoísmo velho. Do serviço renovador da alma restará, então, o vinagre da incompreensão, adiando o trabalho efetivo do Reino de Deus."

E, no fecho da comunicação tão singela e penetrante, um resumo da ideia que a motivou:

"— O orvalho num lírio alvo é diamante celeste, mas, na poeira da estrada, é gota lamacenta. Não te esqueças desta verdade simples e clara da Natureza".

Aí está exposto e exemplificado o processo todo da comunicação, tal como ensinam os modernos técnicos e especialistas. A ideia original, na mente daquele que a concebeu, ou seja, o Espírito Neio Lúcio; a sua conversão num dos códigos de comunicação, no caso, a palavra escrita da Língua Portuguesa; o terceiro componente é o leitor que a estuda, interpreta e sente o conteúdo emocional da mensagem. Como se trata de comunicação mediúnica, não poderia faltar no processo a presença do médium, o nosso querido Chico que, cuidando sempre do seu instrumental, procura oferecer aos nossos amigos espirituais o vasilhame limpo de que nos fala Jesus na palavra de Neio Lúcio.

• • •

A outra face da comunicação que interessa a nós, espíritas, é a da divulgação do conteúdo espiritual da Doutrina entre os homens, por meio da palavra falada ou escrita.

Nesse campo temos à disposição todo o vastíssimo e aperfeiçoado aparelhamento moderno, mas é evidente que esses mesmos métodos que nos facultam enormes possibilidades de ampliação dos horizontes espirituais da Humanidade ditam, com igual força, as limitações que nos aprisionam dentro dos rígidos esquemas da nossa era. É que a nossa mensagem de paz e de entendimento, de luz e de amor, tem de competir com todo o imenso alarido que as baterias da publicidade moderna criaram para disputar a atenção do homem, atraindo-a para fins imediatistas e materialistas. Além do mais, pesquisas realizadas por especialistas revelaram que o impacto da mensagem publicitária sobre as massas humanas está na razão inversa da sua seriedade. Isso quer dizer, portanto, que é mais fácil obter a atenção do público para comunicações frívolas, que apelam para os sentidos e para os interesses imediatos, do que para as que tenham conteúdo sério, elevado, dirigidas para os objetivos superiores da vida. Esses fatores, habilmente explorados pelos técnicos da comunicação, resultam na certeza de que é mais fácil convencer alguns milhões de seres a comprarem determinada marca de cigarros do que levá-los à mudança de um ponto de vista acerca de problemas sociais, políticos, econômicos ou religiosos, em especial estes últimos, que representam conceitos que a muitos parecem enormemente distanciados das realidades do mundo em que vivem.

Cabe-nos, pois, estar preparados para a divulgação das nossas ideias. Os métodos que temos de usar são aqueles que hoje se nos oferecem. Não estamos mais nos doces tempos de Paulo, quando uma simples epístola manuscrita, em uma só via, era remetida por mensageiros a pé, através do mundo, para alcançar Corinto, Roma ou Éfeso. E lá ficavam e de lá se irradiavam lentamente para outros pontos, de mão em mão, de século em século. As comunicações são hoje impressas aos milhares, aos milhões, em livros, jornais, revistas, folhetos e filmes, gravadas em fita magnética, confiadas à memória dos computadores. A palavra falada é ampliada por microfones poderosos, espalhada pelo rádio, pelo cinema e pela televisão, via satélites artificiais que giram acima de nossas cabeças. Os fenômenos psíquicos explodem cada dia mais alto, nas manchetes dos grandes diários da imprensa leiga. Mas a atenção do homem é errática e superficial, porque inúmeras outras solicitações veementes pululam à sua volta.

Temos, pois, de estudar os métodos do mundo e aperfeiçoar cada vez mais a nossa técnica. Seja o nosso falar sim, sim; não, não, como queria o Mestre. Seja a linguagem direta, sem floreados, que a época não mais comporta, mas com um conteúdo legítimo de autenticidade, apoiado na coragem moral de declarar alto e bom som a nossa posição. Somos espíritas, somos espíritos, temos uma mensagem intemporal de amor e paz. Se falharmos na transmissão dessa mensagem, quem poderá estimar o retardamento das conquistas maiores que nos esperam lá na frente, lá no alto?

Naquilo que recebemos dos nossos amigos espirituais, procuramos encontrar, com honestidade e diligência, a pureza da ideia primitiva que os impulsionou. Naquilo que transmitirmos aos nossos irmãos, tratemos de colocar em ordem o nosso pensamento, para que saia puro o teor da mensagem. Ela corre sempre o risco de “azedar”, se não cuidarmos da limpeza imaculada do vasilhame que a recebe e a retransmite. Acima de tudo isso, não abandonemos as fontes de onde flui toda essa água cristalina que aplaca a nossa sede de luz e de amor: o Evangelho de Jesus e a obra monolítica de Kardec.

2

A CIÊNCIA À PROCURA DO ESPÍRITO

Comparando-se o adiantamento da literatura espírita em todo o mundo, com o reconhecimento "oficial" da fenomenologia, somos levados a uma certa impaciência muito humana, diante da lentidão com que, às vezes, caminha a Ciência, atrás dos grandes rasgos de intuição espiritual.

É bem verdade que poderemos citar uma dúzia de cientistas de alto quilate moral e intelectual, que concluíram, inapelavelmente, pela legitimidade indiscutível dos postulados espíritas. Tais exemplos, no entanto, representam mais o pensamento isolado de alguns homens de maior acuidade mental e coragem moral, que o pronunciamento da Ciência.

Não obstante, é preciso ressalvar: aquilo que nos parece tão lento, condicionados que estamos à cadeia dimensional de espaço-tempo, não seja mais que uma faceta da suprema sabedoria de Deus, permitindo que as ideias se amadureçam, enquanto se avolumam as provas, até atingirem um ponto em que a Ciência oficial não possa mais ridicularizar ou despachar, com meia dúzia de argumentos tolos, a evidência esmagadora dos fatos.

É, pois, necessário que exista a dúvida, para que haja crítica. Manifestando-se a crítica, vêm à tona novos argumentos e novos fatos em favor das ideias espiritualistas que, dessa forma, se vão tornando cada vez mais inatacáveis, mais convincentes, mais irrecusáveis. Temos que reconhecer — não sem certa dose de humildade cristã — que não basta nossa crença inabalável nos fenômenos demonstrados, para torná-los aceitáveis aos outros. É preciso, para vencer a resistência da ideia preconcebida ou da mera preguiça humana de pensar, não apenas a nossa convicção de mais de século, mas o pronunciamento oficial da Ciência, que, para muitos de nossos irmãos, será a palavra final sobre o assunto.

Por outro lado, a expectativa em torno desse pronunciamento parece criar, na própria Ciência, uma posição anticientífica que a leva à minuciosa pesquisa do mundo material, em detrimento das perquirições no domínio espiritual.

Se é necessário citar pontos de apoio a essa afirmativa, temo-lo no livro do famoso Dr. J. B. Rhine, *The Reach of the Mind*. Diz ele, a certa altura: *It is shocking but true that we know the atom today better than we know the mind that knows the atom*. Exatamente: “é chocante, mas verdadeiro, que hoje conhecemos melhor o átomo, que a mente que conhece o átomo”. Há, assim, flagrante disparidade entre o conhecimento do mundo material e as noções acerca do espírito. Não se admira, pois, a desorientação da Humanidade, nesta fase tão crítica da História. Para que houvesse equilíbrio, teria sido preciso que o conhecimento íntimo da matéria fosse balanceado com a maturidade que decorre do conhecimento do espírito. Fora disso, é o caos, é a inversão de valores, é o perigo da submersão de toda a Humanidade numa onda de crimes e sofrimentos. Os riscos aí estão, pois que verdadeiras crianças grandes, imaturas, brincam inconscientemente com bombas atômicas arrasadoras.

Uma boa parte da falha cabe aos próprios cientistas que, vítimas de sua própria imaturidade, divorciam-se dos princípios espirituais e se deixam levar pela fatal ilusão de que nada mais existe além das fronteiras da matéria.

O que é ainda mais surpreendente é que alguns pesquisadores do fenômeno espírita se confundem e se perdem lamentavelmente nas conclusões, depois de terem reunido tantos elementos de iniludível solidez em favor da tese que — a despeito de suas dúvidas — pressentem ser a verdadeira.

Comentamos, alhures, o livro *You Live After Death*, no qual, após reunir tantos argumentos favoráveis, lógicos e aceitáveis em favor da doutrina da preexistência e da sobrevivência do Espírito, o autor falha lamentavelmente, negando foros de autenticidade à tese reencarnacionista, consequência lógica, insubstituível, da imortalidade do Espírito e propulsora de sua evolução.

Da leitura do livrinho do Dr. Rhine, também nos fica esse dissabor da conclusão falha ou medrosa, após coligir laboriosamente tantos elementos comprobatórios de certos aspectos da manifestação do Espírito. O autor arma lindamente a equação, e, quando a gente pensa que ele vai concluir da forma indicada pelos dados do problema, sai com um resultado inesperado...

É uma pena que a exiguidade do espaço não nos permita uma análise mais profunda deste livro. Procuraremos, no entanto, traçar o esboço rápido de suas principais ideias, limitados, certamente, pela humilde condição de nossos conhecimentos.

Como sabe o leitor, J. B. Rhine é professor de Psicologia e Diretor do Laboratório de Parapsicologia da Universidade de Duke, nos Estados Unidos. De longa data, vem ele se dedicando ao estudo das faculdades do Espírito; na verdade, desde 1930. O livro que ora examinamos é de 1948.

Espírito inquisitivo como é, o Dr. Rhine saiu à procura de algum fundamento racional para o fenômeno da percepção extrassensorial, a que chamou, abreviadamente, ESP. Sua preocupação estende-se ao problema da sobrevivência, a que alude, muito a medo, nas últimas páginas do livro. Anima-o, também, louvável desejo de aplicar os conhecimentos do problema espiritual em benefício do próprio homem, com o objetivo de melhorar as condições de vida neste planeta, ameaçado, em sua própria sobrevivência, pela incompreensão intrínseca do homem pelo homem. Parte ele do princípio sadio de que, se nos conhecêssemos melhor, melhor nos estimaríamos.

Não obstante todas essas boas intenções, o Dr. Rhine admite certas ideias preconcebidas que, na certa, dificultam e obscurecem suas conclusões finais.

Lembra, no início de seu livro, as crenças instiladas na criança e no adolescente, pelas religiões oficiais, para continuar dizendo que, ao atingir a fase de conhecimentos mais aprofundados, o estudante é levado irremediavelmente ao materialismo. É o primeiro impacto frio da Ciência. O jovem se informa sobre a origem e evolução da espécie humana, a íntima correlação entre cérebro e procedimento individual, o papel das glândulas e sua influência sobre a personalidade, por meio da Química Orgânica e começa a duvidar e a descrer. Por fim, o tiro de misericórdia: ele verifica que a criança somente amadurece quando se desenvolve o cérebro. E mais ainda: que determinadas funções mentais estão ligadas a não menos determinadas áreas do cérebro e que, se aquelas áreas forem destruídas, desaparecem as funções correspondentes. É claro! Desaparecendo as pernas, desaparece a ação de caminhar; o corpo se apoia nas pernas, como o espírito se apoia no cérebro físico, para as manifestações na matéria. No entanto, a função de pensar não é orgânica, material — é espiritual. A prova é que o espírito pensa depois de desencarnado e o cadáver não pensa. Longe de ser o órgão autônomo do pensamento, o cérebro é uma espécie de muleta do espírito utilizada à falta de instrumento mais aperfeiçoado. Ora, continua o Dr. Rhine, se o cérebro não é mais que um conjunto de células materiais, produto do mesmo binômio energia-matéria que compõe o resto do Universo, o pensamento é um subproduto da matéria, uma função do cérebro. Em tal esquema, onde ficaria o espírito? Não há lugar para ele.

Mais adiante, embora reconhecendo a urgente necessidade de decidir, de uma vez, se o pensamento é ou não uma função do cérebro, o Dr. Rhine lança uma frase anticientífica, ao afirmar que "sempre que a Ciência entra em cena, desaparece a crença tradicional na natureza espiritual do homem". Com isso — é ainda o Dr. Rhine quem o diz — os próprios cientistas se recusam a manifestar, de público, sua crença na alma, com receio de caírem no ridículo, perante seus colegas...

O certo é que, passando por cima de todas as convenções, o Dr. Rhine resolveu estudar a sério, por meio de métodos científicos, os fenômenos de telepatia, clarividência e o a que ele chama PK (*psychokinesis*).

As experiências são por demais conhecidas. Recordo, apenas, que o Dr. Rhine utilizou um baralho especial de 25 cartas, composto de cinco conjuntos diferentes entre si. Cada conjunto de cinco contém um símbolo impresso: um círculo, um quadrado, uma estrela, linhas onduladas ou uma cruz. Primeiro, foi experimentada a faculdade extrassensorial de descobrir qual o símbolo de cada carta, previamente embaralhadas, sem tocá-las nem vê-las. Calculou-se, com assistência dos melhores matemáticos e estatísticos, as possibilidades e limites do acaso. Além desses índices, estaria então caracterizada a capacidade de percepção extrassensorial.

Muita coisa interessante foi revelada pelos testes então realizados. Embora a média fosse de sete cartas certas em 25, foram encontradas pessoas que acertavam 9 em 25, 15 em 25 e até mesmo todas as 25 cartas, o que estava astronomicamente acima do simples acaso. Os pesquisadores não puderam deixar de admitir, então, que o ser humano possui, em menor ou maior grau, a faculdade de percepção extrassensorial.

Isso era apenas o princípio. Outras conclusões viriam, ao cabo de outras experiências. Verificou-se também que o funcionamento da mente independe do espaço, porque é possível "transmitir" pensamento a distância. Uma pessoa fixa a imagem de determinada carta do baralho e outra, na mesma sala, em outra sala, em outro edifício ou até mesmo mais longe, procura "receber" a imagem. Também aí se encontraram provas suficientemente seguras e aceitáveis, em favor da percepção extrassensorial. Posteriormente, foi examinada a influência do espírito sobre a matéria. Note-se que o Dr. Rhine não fala ainda de espírito: prefere dizer *mente* (*mind*). O pesquisador empregou, nesta fase, dados de jogo.

Em seguida, testou a capacidade premonitória, a que ele chama profética. Verificou com isso que certas pessoas podem prever a ordem em que se vão colocar as cartas mecanicamente embaralhadas.

Enfim, o Dr. Rhine, a despeito de todo o seu ceticismo, não pôde deixar de reconhecer que a mente (espírito) pode operar além do tempo e do espaço e pode influenciar a matéria. Sob este último aspecto, sua afirmativa é categórica: "A mente, como sistema não-físico, agindo de forma não-física sobre objetos físicos, produz efeitos físicos". Descobriu ainda, muito surpreso, que essa influência física do espírito, sobre a matéria, estava intimamente ligada aos demais fenômenos de percepção extrassensorial.

Convencido, pois, da realidade do fenômeno, o Dr. Rhine se abalança então a filosofar sobre as tremendas consequências daquilo que verificou experimentalmente.

É justamente aí que lhe faltou o verdadeiro *insight*, que o levaria a compreender e se fazer compreendido. Reconhece, taxativamente, que não há alternativa senão a de aceitar a realidade, doa a quem doer. Diz mais: que toda contraexplicação razoável foi invocada, analisada e considerada inaplicável à questão. Depois de dizer isso, ele próprio sente que, talvez, tenha ido muito longe para um cientista e acrescenta: *These are strong and confident words*. "São palavras veementes e confiantes." E continua: "...nos treze anos, durante os quais tenho escrito sobre faculdades psíquicas, nunca cheguei a usá-las". Atrás dessas palavras está uma série indestrutível de pesquisas; o terreno é firme.

No entanto, a gente lê isso com certa reserva. Também no passado, cientistas de renome coligiram provas, em grande massa; também no passado, proclamaram, alto e bom som, o resultado de suas pesquisas e observações. Inúmeros outros, que igualmente obtiveram resultados excelentes, deixaram de se manifestar, paralisados por um tolo respeito humano. O Dr. Rhine não será o último a demonstrar a realidade do espírito. Contudo, para certo tipo de mentalidade, não adianta exibir fatos, conclusões e resultados positivos: sempre que desejam falar do assunto, retomam o problema na estaca zero, como se nada neste mundo se tivesse feito sobre ele. Mesmo o Dr. Rhine, cercado de perplexidades e dúvidas, reconhece que nenhum outro fenômeno na história da Ciência tem merecido tão pouco reconhecimento a despeito de tamanha massa de dados. "É uma surpresa para todos, descobrir quanta evidência existe em favor da percepção extrassensorial" (pág. 132).

Nas páginas que se seguem, o Dr. Rhine se encarrega de responder minuciosamente aos críticos que comentaram seus resultados. Cita, inclusive, o caso de um cientista que resolveu refazer as experiências, por sua própria conta, e chegou a conclusões surpreendentes.

No final de seu livro, o prof. Rhine, sempre cheio de cuidados, alinha suas razões fundamentais. Primeiro, previne o leitor: esteja preparado para ler os incríveis parágrafos que se seguem. Fala, então, sobre as vantagens da aplicação da faculdade extrassensorial, na descoberta de planos secretos — o que, a seu ver, eliminaria a possibilidade de guerras — ou na descoberta de crimes, por exemplo.

Por fim, lamenta que suas descobertas, em vez de resolverem os problemas existentes, suscitaram novos problemas.

A evidência não física do homem apoia-se em provas esmagadoras, segundo o autor. A hipótese da existência da alma ficou estabelecida, mas — e aí vêm suas prolongadas ressalvas — não o caráter supernatural da alma, sua origem divina, sua transmigração, sua imortalidade, nada... Embora suas conclusões tenham implicações religiosas, não está a Religião envolvida nelas. Admite, porém, com certa candura elogiável, que "até o momento" (*so far*) não existe conflito entre a alma psicológica e o sentido teológico do termo. Ainda bem. Quanto a nós, sabemos que nem até o momento, nem o futuro, irá ele, ou outro qualquer pesquisador, encontrar conflitos dessa natureza, mas isso é outra história. Acrescenta que os dois conceitos diferem quando atingimos o domínio do que ainda não foi investigado cientificamente. Temos aqui uma contradição nada científica, com licença do Dr. Rhine: se o assunto ainda não foi investigado, como é que ele pode concluir que os mencionados conceitos diferem? Sem dúvida que muitas surpresas ainda aguardam o Dr. Rhine, na fecunda estrada que descobriu, especialmente quando verificar que, mesmo naqueles domínios virgens da investigação científica, ele há de descobrir que a alma psicológica e a religiosa são a mesma coisa, expressões diversas da mesma centelha divina.

Segundo o professor, a Parapsicologia já invadiu o domínio da Religião, quer queiram quer não; o problema da imortalidade é comum a ambas. Informa também o autor que no decorrer dos últimos 75 anos (até à data do livro) alguns dos cientistas mais eruditos e outros de menor expressão se declararam convencidos da sobrevivência, tal como revelado através do fenômeno mediúnico.

O Dr. Rhine, no entanto, ainda não está preparado para aceitar a sobrevivência, que diz ser problema muito difícil. Em suas próprias palavras, o problema deve ser formulado da seguinte forma: "Alguma parte da pessoa humana, de algum modo verificável, sobrevive à morte do corpo, por algum espaço de tempo?". Embora — a seu ver — a resposta positiva não possa ser dada pela Ciência, a negativa é "*extremely difficult to obtain if indeed it is possible*", ou seja, é "extremamente difícil de obter, se é que é possível obtê-la".

Dentro da lógica, ainda segundo o Dr. Rhine, a hipótese da sobrevivência poderia ser estabelecida à base da experimentação acumulada a respeito da percepção extrassensorial, porque já se provou que a mente humana está acima e além do tempo e do espaço, logo, é imortal. Mas o Dr.

Rhine não quer arriscar-se a assumir a responsabilidade do enunciado, com base na lógica. Quanto a esse aspecto, não o podemos censurar. Ele é um cientista, não um crente. Sua mente — diríamos seu espírito —, movida pelos conceitos matemáticos, estatísticos, lógicos, filosóficos e até morais — mas não religiosos — deseja encontrar fatos demonstráveis, provocados e controláveis de acordo com o procedimento *standard* de laboratório. Reservamo-nos o direito de temer pelo bom andamento de tais experiências, pois que, já no passado, buscava-se a alma na glândula pineal e, sempre que o bisturi lá chegava, a alma se tinha evolado para o Além. O pesquisador que desejar procurar o espírito humano, tem que abandonar ideias preconcebidas e desistir da ingenuidade de querer aprisioná-lo numa proveta ou examiná-lo sob as lentes do microscópio.

Certamente não faltam ao Dr. J. B. Rhine os petrechos técnicos, morais e materiais que muito o ajudarão nas suas pesquisas. Os resultados que já conseguiu são dos mais expressivos e muito fizeram pelo melhor entendimento do problema espiritual, para aqueles que não se acham ancorados nas águas tranquilas do espiritualismo.

Esperemos pelos resultados que ele puder encontrar. O fenômeno espírita, que Allan Kardec iluminou com a moral evangélica, pode esperar pacientemente, porque, como os próprios cientistas começam a reconhecer, a "mente" se sobrepõe com facilidade à nossa humana ideia do tempo e do espaço.

Que venham as pesquisas. A intuição dos grandes pensadores do Espiritismo já nos ensinou que Ciência e Religião são irmãs gêmeas, filhas do mesmo poder criador e diretor que é Deus. Sabemos, também, que, a despeito de todas as distorções e desvios do presente, suas rotas se encontrarão lá na frente, para nunca mais se afastarem.

• • •

Logo em seguida ao preparo do artigo, sobre *The Reach of the Mind*, do Dr. J. B. Rhine, proporcionou-me distinto amigo a oportunidade de ler também — desta vez em tradução francesa — um livro mais recente do Dr. Rhine: *New World of the Mind*, que, em francês, tomou o título de *Le Nouveau Monde de l'Esprit*. Ora, entre o primeiro livro citado e este último, vai um espaço de cinco anos, pois que *The Reach of the Mind* é de 1948 e *New World of the Mind*, de 1953. São cinco anos preciosos, em que o autor estudou, pesquisou e teve oportunidade de descobrir novos roteiros filosóficos.

Claro que não se pode ainda dizer que o Dr. Rhine se bandeou para o campo espiritualista; mas, comparando a substância filosófica dos dois livros, a gente quase que pode sentir a luta do cientista cético, sendo arrastado pela evidência esmagadora, irresistível, dos fatos que ele próprio vai analisando. E por isso, aqui e ali, o livro parece algo contraditório, como se o autor hesitasse na escolha de suas conclusões.

• • •

Logo no pórtico de seu livro, o Dr. Rhine fixa o objetivo da obra, que é o de reunir os fragmentos existentes sobre a Parapsicologia, indicar seu lugar no quadro do conhecimento e avaliar sua importância para a vida humana. O Dr. Rhine reconhece que esses fragmentos começam a mostrar — mesmo ao frio pesquisador — indícios de um desenho regular. Ele está sentindo as primeiras alegrias do homem que começa a acertar com o caminho, porque vislumbrou uma luzinha bruxuleante, lá na frente. A nota dominante de seu livro é o combate ao materialismo cego, que ele encontrou especialmente entre seus colegas cientistas e, no meio destes, de modo muito particular, entre os psicólogos.

Nada de otimismos exagerados, porém, leitor espírita. O Dr. Rhine ainda não está preparado para dizer ao mundo aquilo que nós sabemos: que o Espírito é uma realidade e que sobrevive à desintegração do corpo físico. Suas perplexidades ainda são muitas, tal como suas dúvidas e reservas. Mesmo depois de muito observar e catalogar fenômenos, documentá-los, analisá-los, ele ainda hesita em tirar dos fatos as conclusões óbvias que eles indicam. Suas observações vêm cheias de ressalvas, temores e reticências. Mas não nos antecipemos.

• • •

No primeiro capítulo, o Dr. Rhine informa que não se trata de um mundo inteiramente novo para a Ciência. Em todos os tempos tem havido manifestações espontâneas, que a História conservou em seus registros. A seu ver, o mérito das experiências espontâneas está justamente no fato de haverem provocado o interesse da Ciência pelo assunto. Daí o nascimento da Parapsicologia. Cita casos, colhidos por ele mesmo. É uma pequena amostra desses muitos milhares de casos que todos nós conhecemos, que estão acontecendo diariamente, conosco, com pessoas conhecidas, parentes, amigos: premonições, visões, manifestações, enfim, de toda ordem. Tais fenômenos, a que ele também chama psíquicos, não somente são inexplicáveis, a seu ver, como ainda "são absolutamente impossíveis, se as concepções do mundo e do homem, ensinadas pelos manuais existentes, estão corretas". Donde se conclui que os manuais precisam ser retificados, acrescentamos nós.

O Dr. Rhine começa então a discutir o estranho paradoxo de que até mesmo na Psicologia, Ciência da natureza humana, predominam as cegas concepções materialistas. Fechadas assim, na estreiteza de seus limites, as escolas psicológicas tornaram-se exemplos vivos da mais legítima antítese do espírito científico, chegando ao cúmulo de decidir que tudo quanto não admita explicação física sofre suspeição de supranaturalismo. Isto, numa Ciência que cuida da alma, é imperdoável.

Ora, os exemplos citados e alguns que o autor cita mais adiante, são absolutamente inexplicáveis, dentro dos processos materiais. A alternativa é lógica e o prof. Rhine a apresenta com suas habituais reservas, nestes termos: "Esses casos e uma multidão de outros semelhantes levam inegavelmente a pensar (não digo que eles demonstrem) que certas pessoas são às vezes tomadas de uma consciência perceptiva que lhes traz uma revelação etc.". Notem as reservas, mas também a atitude de quem não pode e não quer deixar de admitir a verdade dos fatos.

Falando depois sobre telepatia, ele vai um pouco mais longe, ao afirmar que "...exemplos do que parece ser um contato entre espíritos, além da barreira do espaço, mais ainda que a própria clarividência, levam a pensar que existe, no espírito, algo que escapa às sujeições da matéria, impressionando as funções sensoriais. Permitem crer numa certa separação, pelo menos funcional, entre o espírito e o corpo".

Convenhamos que já é uma grande concessão para um cientista que admite, claramente, seu próprio ceticismo.

Mas o Dr. Rhine lamenta que existam ainda tantas barreiras ao progresso mais rápido da Parapsicologia. A seu ver, seria preciso, inicialmente, que se separassem nitidamente as duas noções: a de espírito e a de pessoa. Só assim poderiam ser ultrapassados os limites atuais das pesquisas parapsicológicas... Suas dúvidas, no entanto, levam-no a inexplicáveis contradições, pois que, após fazer tantas afirmativas seguras, sai com um disparate, dizendo que as pesquisas estão mais ou menos paralisadas, no momento, porque "ninguém sabe se existe mesmo o espírito, no sentido segundo o qual o entendemos".

• • •

Logo em seguida, retomando o fio da discussão, informa que a confirmação "aparente" (note-se a ressalva) da sobrevivência se encontra em toda uma série de casos inexplicáveis. E cita alguns casos de efeitos físicos, como de louça partida, quadros desprendidos da parede, pêndulos paralisados etc., exatamente no instante em que ocorrem mortes, acidentes, ou outras emoções profundas com pessoas amigas, a distância. O Dr. Rhine reclama a necessidade de um estudo mais metódico do fenômeno, pois que não é possível qualquer progresso, quando os cientistas fecham os olhos a todos os fatos estranhos produzidos pela Natureza e se recusam a estudar o que não podem explicar satisfatoriamente. Muitos chegam mesmo a declarar que tais fatos são impossíveis.

• • •

Nas páginas seguintes, o Dr. Rhine se propõe a dizer alguma coisa sobre as conclusões a que chegou, depois de analisar o resultado dos inúmeros testes realizados com seres humanos *normais* (o grifo é meu e sobre o assunto ainda se dirá algo mais adiante). Confessa o Dr. Rhine que examinou todas as hipóteses que poderiam explicar os fenômenos ou que tenham sido até aqui invocadas para explicá-los. "As hipóteses que acolhi" — diz ele — "não haviam sido consideradas como razoáveis até aqui, a não ser nos domínios da Religião. Mas elas foram verificadas pelos métodos mais rigorosos da investigação experimental."

O capítulo seguinte nos conta as dificuldades que a Parapsicologia está encontrando, da maneira mais paradoxal do mundo, entre os psicólogos. Nós outros, que conhecemos a cega e fatal resistência que as religiões dominantes oferecem ao progresso do Espiritismo, simpatizamos com o Dr. Rhine. O normal seria que justamente entre os psicólogos fosse a Parapsicologia encontrar seus mais firmes defensores e os maiores interessados em seu progresso. Engano, leitor amigo: o que existe é uma tremenda reação, que muito surpreende o Dr. Rhine mas não aos veteranos batalhadores da Causa Espírita. Já sabemos — após um século de lutas — quanto têm custado as nossas vitórias. A Parapsicologia também terá que lutar pelas suas. E o combate mais renhido e mais desleal a espera justamente no campo daqueles que mais aptos estão para estender-lhe a mão.

Numa *enquete* feita nos Estados Unidos, de cada três psicólogos, um declarou que estava convencido de que não se produzia nenhum fenômeno extrassensorial, mesmo sem se darem ao trabalho de examinar sequer os resultados e os relatórios existentes sobre as exaustivas pesquisas feitas. É inacreditável semelhante atitude da parte de homens que se dizem cientistas. Há mais, porém. Um deles, examinando os trabalhos do Dr. Rhine, escreveu extenso arrazoado, concluindo que seus "critérios externos de Física e de Psicologia dizem que ela (a percepção extrassensorial) não existe, a despeito dos fatos relatados"(!). É até ridículo que um psicólogo, isto é, um cidadão que tem por obrigação conhecer um pouco da mente humana, nos venha afirmar, como qualquer materialista ignorante, que não acredita na percepção extrassensorial porque os fenômenos respectivos não podem ser *materialmente* explicáveis. Afinal de contas, esses homens cuidam da Psicologia, que, por definição, é a Ciência da alma, do comportamento humano, e não da Biologia ou da Fisiologia.

O fato certamente chocou o Dr. Rhine, que se mostra algo irritado com seus colegas, chegando a dizer, de maneira bastante justa e pitoresca, que esses homens "estão serrando o galho sobre o qual se acham sentados".

Particularmente, acho que as religiões dominantes estão sentadas nesse mesmo galho.

• • •

O Dr. Rhine faz extensos comentários sobre a atitude surpreendente dos psicólogos, dizendo que o preconceito materialista é universal. Alguns cientistas ainda se deixam convencer, quando colocados diante dos fatos; outros se recusam terminantemente a admiti-los. Sem dúvida que, esperar que fatos psíquicos se encaixem, como peças de *puzzle* no quadro da ciência materialista, é o cúmulo da tolice, por mais erudita que seja essa tolice. Em todo caso, o Dr. Rhine se consola ao afirmar que, em 1938, 8,8% dos cientistas consideravam a hipótese da percepção extrassensorial como fato estabelecido, enquanto que, em 1952, a percentagem havia subido para 16,6%. Ainda bem. A verdade vai-se impondo lenta, mas seguramente.

O autor continua doutrinando, aparentemente seus colegas recalcitrantes, e acrescenta que a percepção extrassensorial é hoje fato experimental. "O postulado metapsíquico, que pretende que todo testemunho da lei natural seja material, é falso. As hipóteses devem ceder diante dos fatos que as contradizem, senão a Ciência deixará de concordar com as realidades da Natureza..." E adiante: "os psicólogos se aperceberão de que dizer que toda a Natureza deve ser material não era senão uma hipótese de trabalho, da qual se tem abusado demais".

Em seguida ele relaciona os homens eminentes da Ciência que, nos tempos correntes, se têm dedicado seriamente ao estudo da Parapsicologia e concluído pela sua legitimidade.

O capítulo conclui afirmando que já se dispõe de uma base sólida de fatos experimentais que confirmam pelo menos algumas das hipóteses sugeridas pelas experiências psíquicas espontâneas.

• • •

O capítulo seguinte estuda as fronteiras atuais das pesquisas. Seu objetivo inicial é o de estabelecer distinção nítida entre telepatia e clarividência, de um lado, e precognição e psicocinesia, de outro. Creio que são detalhes técnicos que interessam mais ao leitor especializado que nós, simples homens da rua em busca de esclarecimentos gerais.

Não obstante, esse capítulo contém alguns comentários preciosos sobre psiquismo e Patologia, que convêm ser referidos nestas notas. Ao contrário do que certos pseudocientistas apregoam — especialmente aqui no Brasil —, e certamente ao contrário do que muitos dos respeitáveis senhores da Igreja gostariam que fosse, as faculdades parapsíquicas não são sintomas de doenças nervosas e não se enquadram nos domínios da Psiquiatria e da Psicologia patológica. Raras vezes, o Dr. Rhine é tão enfático, tão positivo no que afirma, como neste ponto.

"É indiscutível", diz ele, que, "no estágio atual das pesquisas, não encontramos nada que permita ligar as funções parapsíquicas à psicopatia ou a quaisquer anomalias" (pág. 114).

Martelando várias vezes a mesma tecla, ele insiste em outras palavras: "...não existe, incontestavelmente, razão alguma para duvidar delas (experiências psíquicas espontâneas) nem de as considerar como mórbidas" (pág. 116).

Mais abaixo, na mesma página, afirma novamente o mesmo pensamento, ao dizer que algumas pesquisas foram feitas em hospitais de alienados, nos Estados Unidos e na Europa. Sua conclusão: "O mínimo que se pode dizer é que não há nenhuma razão especial em procurar, entre os doentes mentais, aptidões parapsíquicas excepcionais". Pelo contrário, como adverte mais além, quanto "mais bem adaptado o indivíduo, maiores são suas 'chances' de êxito" (pág. 117). E ainda (pág. 118): "Assim, então, o parapsiquismo é normal".

Julgo oportuno insistir nesse pormenor. Creio que já é tempo de aconselhar nossos oponentes a abandonarem o tolo argumento de que Espiritismo é sinônimo de loucura. Se a afirmativa já era inútil, tornou-se inconveniente, nestes últimos tempos. É bom recolher o argumento ao museu de inutilidades e colocá-lo perto daquele outro que afirmava ser de origem demoníaca o fenômeno espírita.

• • •

No capítulo seguinte, na segunda parte do livro, o Dr. Rhine se propõe a analisar a realidade imaterial da Natureza. Mais uma vez volta ao tema da reação dos psicólogos aos fatos da Parapsicologia. "O que é surpreendente", diz o Dr. Rhine, "é que não são os físicos, mas os psicólogos, que têm protestado mais vivamente contra a conclusão de que o parapsiquismo transcende a explicação física" (pág. 165).

O certo é que os fatos são incontestáveis. "No momento, devemos concluir que há, nos resultados dos testes parapsíquicos, alguma coisa que exige um tipo ou uma ordem de realidade *extra*física. Que o futuro da Física e o futuro da Parapsicologia se arranjem" (pág. 166).

Passa, então, o Dr. Rhine a discorrer sobre o lugar do parapsiquismo na Ciência da vida. Sente-se, logo de início, sua dificuldade em explicar o fenômeno biológico da formação do corpo físico, que para nós, espíritas, está luminosamente claro desde que se admita a existência do perispírito. Pergunta o Dr. Rhine:

> Que forças, por exemplo, organizam as substâncias que constituem os organismos vivos e criam as formas que eles apresentam? Como podem tomar as características das espécies e como são elas conservadas e transmitidas em potencial, através de todos os estágios da reprodução? Para muitas outras questões deste gênero, ainda não encontramos resposta (pág. 174).

Confessa também seu embaraço para explicar, entre outras coisas, a diferença final entre uma célula viva e outra morta. Conclui que muito poderá esperar a Biologia dos resultados que a Parapsicologia está colhendo. Ele próprio acha que os mestres da Biologia têm demonstrado menor dose de hostilidade em relação à Parapsicologia, que os psicólogos, o que é encorajador.

• • •

No capítulo sexto, o autor estuda parapsiquismo, psique e Psicologia. Ainda uma vez insiste em falar sobre os psicólogos, que transformaram uma ciência da alma, como a Psicologia, em uma ciência sem alma, de vez que passaram a se interessar mais pelo comportamento da pessoa humana, que pela estrutura imaterial dessa mesma pessoa. Mais além, protesta contra o postulado materialista de que toda a vida mental está contida implicitamente nos princípios físico-químicos da Neurologia. Nesse caso, bastaria conhecer bem o cérebro humano para decifrar todo o mistério da vida mental. E os fenômenos comprovados que desafiam explicações físicas? Que fazer com eles? Ignorá-los, à maneira da avestruz, não é solução, nem seria científico.

À pág. 213, numa espécie de profissão de fé, o Dr. Rhine confessa que não é espírita nem espiritualista, em nenhum sentido das palavras, mas que, sem dúvida, "existe uma realidade que domina o Universo em toda a sua importância e não há outro recurso senão chamar a essa realidade espírito humano".

• • •

Na terceira parte do livro, o Dr. Rhine analisa a importância do parapsiquismo para a vida humana. Em seguida, no sétimo capítulo, trata de sua relação com o mundo da Religião.

Recorda que, em seu livro *The Reach of the Mind*, sugeriu que a Parapsicologia está para a Religião como a Biologia para a Medicina ou a Física para a Engenharia. Não tem ilusões, porém: sabe que "será vão esperar que as organizações religiosas estabelecidas realizem tais pesquisas. Os principais objetivos das organizações humanas de qualquer natureza são os de se conservarem e se perpetuarem. Seria fútil perder tempo em imaginar que elas pudessem ser realizadas dentro de uma Religião, sob a direção de sua hierarquia estabelecida".

Quanto a mim vou mais longe, em face do que temos presenciado: as Religiões não somente evitarão a todo custo dar um passo para esclarecer o assunto, como, ainda, farão o possível para retardar a marcha das pesquisas que trazem a verdade em sua esteira.

E ainda acrescenta o professor Rhine essa advertência de profunda significação e oportunidade:

> E, contudo, acho que a Religião tem hoje necessidade — e uma necessidade urgente — de toda a ajuda que lhe possam fornecer os melhores métodos de descoberta da verdade, nos domínios das pesquisas com ela relacionadas. Um desses, e o mais lógico, é o da Parapsicologia, sua parente natural (pág. 227).

Segundo o autor — em sua insuspeitíssima opinião —, uma crise desse gênero está causando sérios danos à Religião. A verdade, continua, é que as religiões não estão mais à altura das contingências do mundo atual; encontram-se num estado de impotência "para realizar seu grande objetivo social: paz e fraternidade". O próprio Comunismo, segundo o autor, é uma consequência, ou por outra, tornou-se possível somente à vista do fracasso das Religiões, pois que um povo religioso não se deixaria levar pela ilusão comunista.

Por outro lado, "há uma grande coisa que a Ciência pode fazer pela Religião: é descobrir, por métodos científicos, um elemento extrafísico no ser humano" (pág. 231). Não resta dúvida de que, pelo menos no mundo ocidental; a maior inimiga da Religião é a filosofia materialista. Pois bem. "É impossível" — diz o Dr. Rhine — "deixar de concluir que, no ser humano, ocorrem fenômenos que transcendem as leis da matéria, o que implica, por definição, uma lei imaterial ou espiritual" (pág. 231).

Muitas questões embaraçosas para as religiões são discutidas neste capítulo, mas seria impraticável comentá-lo mais extensamente. Não se pode, no entanto, deixar de referir algumas, como, por exemplo, a que afirma a necessidade de evolução das ideias religiosas; se a Humanidade teve que abandonar o cabriolé a cavalo e a vela de sebo, por que não abandonaria conceitos filosóficos e religiosos inteiramente obsoletos? Outro: "sobre que bases sólidas de conhecimentos uma religião funda um dogma?". "Salta aos olhos que grande parte das ideologias, nas quais a Humanidade tem depositado sua confiança, não tem mais valor."

É agora que podemos confirmar que não somente os psicólogos, mas também os representantes das Religiões estão serrando o galho em que se acham sentados.

• • •

No capítulo seguinte — "Relações com a saúde do Espírito" — o Dr. Rhine volta a insistir no ponto de vista de que as faculdades parapsíquicas nada têm a ver com a histeria e com as moléstias mentais. No século passado — o que de certa forma ainda persiste neste — acreditava-se que havia qualquer coisa de anormal nas referidas faculdades. É impressionante a insistência do Dr. Rhine neste ponto. "Ninguém revelou qualquer relação de causa e efeito entre a Patologia e a percepção extrassensorial" (pág. 250). Ou ainda: "se houvesse (alguma relação), os parapsicólogos concentrariam suas pesquisas nos hospitais de doenças mentais, onde encontrariam terreno mais propício às suas investigações" (pág. 251).

Nas páginas finais, o Dr. Rhine lança uma respeitável parcela de crédito à conta do Espiritismo, quando afirma: "Seja o que se possa pensar hoje, o movimento espírita contribuiu poderosamente para a organização do estudo dos fenômenos psíquicos e para a fundação de sociedades que se têm ocupado disso, desde o último quartel do século XIX".

É de se lamentar o precário conhecimento que o autor tem da Doutrina Espírita. Algumas de suas observações são até mesmo incongruentes, de modo especial quando discorre a respeito do problema da sobrevivência. Acha ele que o interesse do público e o dos próprios cientistas se tem concentrado mais nas faculdades parapsíquicas que na mediunidade. Poderíamos recomendar ao Dr. Rhine os magníficos trabalhos de Aksakof e Bozzano, sobre Animismo e Espiritismo, pois que está evidenciado que o autor não conseguiu ainda estabelecer distinção entre esses dois fenômenos, misturando-os lamentavelmente. Daí tirar esta conclusão que a verdade dos fatos de forma alguma poderia sustentar: "No conjunto, a hipótese da sobrevivência se encontra na situação mais desfavorável de sua história. Os antigos estudos da mediunidade não são concludentes e não têm nenhuma 'chance' de serem repetidos". Onde foi o Dr. Rhine buscar os fatos para essa afirmativa tão extravagante, sem substância e anticientífica? Continua dizendo que, a seu ver, a questão da sobrevivência não constituirá o objetivo principal das pesquisas futuras, que se concentrarão em assuntos mais promissores.

No entanto, reconhece que o problema não pode ser enterrado sumariamente. Ele próprio tem catalogados mais de três mil casos que, segundo suas próprias palavras: "...sugerem fortemente a ação de qualquer fator espiritual" (pág. 306). "Muitos não parecem explicáveis, tal como estão relatados, senão por um agente desencarnado, admitindo-se que tais fatos tenham sido bem relatados" (pág. 306). Em um dos casos, confessa o Dr. Rhine, "a intenção manifesta, atrás do efeito provocado, é tão própria de uma pessoa defunta, que não saberíamos razoavelmente atribuir-lhe outra origem". Há ainda, prossegue o autor, "casos em que o médium é uma criança ou um estranho, ignorantes de toda a filosofia espiritualista e desprovidos de qualquer motivação ostensiva".

Ou então: "casos desta natureza (ele acabou de citar alguns) fazem pensar num agente pessoal dum gênero que não pertence verossimilhantemente a nenhum indivíduo vivo. Eles levam a perguntar se um comportamento *post mortem* ou espiritual é mesmo possível" (pág. 310).

Logo a seguir (pág. 312) informa que, a seu ver, a descoberta de "alguma coisa" cujas propriedades sejam inteiramente diferentes do corpo é fundamental à hipótese da sobrevivência. Mal sabe o Dr. Rhine que essa "alguma coisa" existe comprovadamente, para quem quiser ver. Falta-lhe conhecer ou admitir, à vista dos fatos observados, a existência do corpo perispiritual, que certamente lhe forneceria o elo faltante em suas pesquisas sobre o assunto.

• • •

A nota final do livro contém certa tintura de humildade, que ficou bem. Diz o autor que ainda é muito pouco o que se fez no domínio da pesquisa parapsíquica. Há, porém, um vasto território a ser explorado e os novos mundos "suplantam sempre os sonhos mais magníficos do aventureiro que os descobriu. É nesta consciência de superioridade da verdade, sobre as mais queridas esperanças, que a Parapsicologia encontra encorajamento e confiança" (pág. 318).

• • •

Vemos que os cientistas ainda estão tateando nas profundezas desses domínios. Quem conhece, porém, a revelação dos Espíritos, sabe, com segurança, quais serão as conclusões finais da Ciência; o homem precisa ficar com o ônus de seus erros e com o mérito de suas vitórias; ele tem o direito de errar, porque isso é de sua própria condição humana, mas não dispõe de poderes para retardar indefinidamente a marcha da verdade.

Graças a Deus, acrescentamos tranquilos e confiantes.

3

DESDOBRAMENTO E PERISPÍRITO

Mais uma obra me foi dado examinar, sobre os problemas do espírito. Chama-se *The Projection of the Astral Body*, ou seja, *O desdobramento do corpo astral*. O seu autor é Sylvan J. Muldoon e o livro foi prefaciado e minuciosamente revisto pelo Dr. Hereard Carrington, profundo conhecedor dos problemas psíquicos. A obra surgiu, pela primeira vez, em 1929 (duas edições). Teve reedições em 1939, 1950, 1952, 1954, 1956. A mais recente é de julho de 1958. As datas indicam o recrudescimento no interesse pelo assunto, de 1950 para cá.

• • •

O autor não pretende convencer ninguém da sua tese. Na verdade, nem mesmo defende uma tese: limita-se a expor os fatos observados nas suas amiudadas experiências de desdobramento. Não implora a ninguém que acredite nele; usa de recurso muito mais convincente, desafiando quem quer que seja a perfazer as mesmas experiências. Quem não acreditar, experimente; quem não quiser experimentar, não terá direito de negar o fenômeno.

Para que o leitor possa reproduzir a experiência, o autor fornece sua receita. Chega mesmo a admitir que possam existir outras fórmulas; a que ele empregou, no entanto, é a que relata, com todos os pormenores elucidativos. A propósito, para encerrar a discussão, ele usou de uma expressão muito típica da língua inglesa, dizendo: *The proof of the puding is in the eating.* (*A prova do pudim está em comê-lo.*) E desafia o leitor: "Se você quiser provas, pode obtê-las e eu o ensinarei como, mas você mesmo terá que experimentar. Nada mais que isso poderei fazer".

• • •

Como o leitor já percebeu, Mr. Muldoon tem a faculdade de projetar (desdobrar) seu perispírito, conservando, na maioria das vezes, consciência perfeita do que vê, sente e experimenta.

Resolveu escrever o livro após ter lido obras do Dr. Carrington, como *Modern Psychical Phenomena* e *Higher Psychical Development*, nas quais era tratado, sumariamente, o assunto do desdobramento do perispírito.

Achou Mr. Muldoon que teria muita coisa a acrescentar ao que havia lido e que certamente suas observações teriam algum valor como contribuição ao estudo do problema. De fato, têm um valor incalculável, exatamente porque o livro não é especulativo, nem se baseia em experiências alheias; é todo ele vivido, fundamentado no que o próprio autor observou consigo mesmo, num período considerável de tempo, sob as mais diferentes condições.

• • •

Mr. Muldoon começa por apresentar um resumo histórico do assunto, demonstrando bons recursos de exposição e argumentação. Criticando o materialismo, que ridiculariza a ideia do desdobramento do corpo astral, fala sobre a famosa deusa Razão, "a divina tocha da Razão", ídolo balofo. "Há" — diz o autor — "somente uma dúvida com essa tocha divina: ela não derrama luz alguma sobre os mistérios da vida."

A existência do corpo astral, longamente aceita como ponto pacífico pela antiga ciência oculta, está hoje sendo demonstrada pelos experimentos e investigações dos pesquisadores modernos.

Mr. Muldoon previne ainda o leitor de que não discutirá o fenômeno espírita propriamente dito, de vez que numerosos livros tratam do assunto. É bom que se diga, porém, e logo de início, que o autor está firmemente convencido da sobrevivência. Ele não seria coerente se não o estivesse; no entanto, seu relato somente cuida do problema do desdobramento, enquanto o perispírito se acha unido ao corpo físico, isto é, durante a vida terrena da criatura humana.

Embora muitas vezes falte ao autor certo conhecimento mais aprofundado e objetivo da questão espírita — o que certamente iluminaria determinados ângulos de sua exposição —, suas intuições suprem algumas falhas, no quadro que ele pretendeu traçar. Diz, por exemplo, que nos consideramos fisicamente vivos, quando, na realidade, a nossa parte material é "tão morta como um prego". A energia que sustenta o mecanismo físico é que é viva. Alguns têm levantado a hipótese de que o corpo astral é produto de mero processo de criação mental. Sendo assim, argumenta Mr. Muldoon, como é que a criatura, morta por acidente, instantaneamente arranjaria seu corpo astral? Por outro lado, se assim fosse, somente aqueles que tivessem ouvido falar nesse processo de criação mental poderiam possuir seu corpo astral, depois do que se chama morte. No entanto, o corpo astral tem sido visto, vezes sem conta, no momento da morte e depois dela, conservando, em tudo e por tudo, a mesma forma da pessoa "morta".

• • •

Seus comentários iniciais sobre o corpo astral são dignos do melhor exame, pela lúcida objetividade das ideias que apresenta. Esclarece, por exemplo, que o homem está contido numa faixa vibratória relativamente estreita, que não se estende sobre toda a Criação; consequentemente, ignoramos muitas das realidades que nos cercam. Os olhos do corpo astral, que — adverte ele — "você está usando mesmo ao ler estas linhas", passam a vibrar numa faixa muito mais dilatada, mal se desprende o astral do corpo físico. Vemos, então, não somente as coisas familiares que habitualmente nos cercam, como, também, muito daquilo que não poderíamos perceber quando mergulhados na carne.

Talvez isso possa parecer paradoxal, diz Mr. Muldoon, porque nos acostumamos, erroneamente, a achar que o consciente faz parte do mecanismo físico. Na verdade, porém, o corpo material não tem o que se chama mente; a sede do psiquismo, do ego, é no corpo astral. Diríamos que o corpo físico é simples "cabide" para a entidade superiormente constituída, que é o perispírito.

"Sua mente normal, consciente — tudo quanto ela contém — é VOCÊ, você, o indivíduo, agora e através da eternidade, aprendendo à medida que caminha" (pág. 49).

Outra noção errônea que o autor procura destruir, é a de que basta "morrer" fisicamente, para nos transformarmos em super-homens. Não. Continuamos, após o desatamento definitivo dos laços carnais, a ser a mesma criatura humana que fomos até então, conservando a mesma identidade. O corpo físico é feito de "um material não inteligente, como se fosse uma vestimenta do corpo astral".

• • •

Entretanto, falta a estes autores certo conhecimento básico, não só da filosofia espírita, como da própria filosofia geral. Tais falhas os levam, às vezes, a inconcebíveis "cochilos", já não digo doutrinários — que eles não têm obrigação de conhecer doutrinas religiosas ou morais —, mas de simples lógica. Diz Mr. Muldoon, a certa altura (ainda na pág. 49), que "é lógico supor que, no ato do nascimento, o corpo astral — o Ego — foi trazido para a vida (criado) pela Inteligência Onipotente, que sempre foi, é e será; enquanto que o consciente desse corpo é uma espécie de folha em branco, pronta para receber impressões, aprender, crescer".

Vemos aí uma concepção exata — a do ponto de partida para a formação de um novo consciente no espírito reencarnado — ao lado de outra errônea e insustentável filosoficamente, qual seja a da criação do espírito no instante do nascimento. Ainda aqui poderemos reconhecer a estupenda superioridade da Doutrina Espírita sobre qualquer outra filosofia religiosa ou profana.

O tema é demasiado fascinante para algumas palavras de raspão; melhor seria que a ele fosse dedicado estudo à parte, em que se examinasse o consciente tal como o concebem os cientistas, os pensadores das religiões dominantes e, finalmente, os espíritas. Veríamos, com luminosa clareza, que só o Espiritismo, com a doutrina reencarnacionista, com os fenômenos anímicos e espíritas, poderia explicar satisfatoriamente as manifestações do inconsciente.

• • •

Voltemos, porém, a Mr. Muldoon.

Com paciente e minucioso espírito didático, vai ele explicando o fenômeno do desdobramento, as causas que podem provocá-lo, como se desloca o perispírito desatado da massa física. Apresenta gráficos, estuda as condições físicas que ajudam ou impedem a projeção do corpo astral, esclarecem miudamente todas as dúvidas que o leitor curioso possa ter em mente. Seu propósito é sempre o mesmo, através de todo o livro: não deseja forçar ninguém a acreditar no que diz; quer apenas deixar bem clara a exposição dos métodos que empregou para obter aqueles resultados, de forma que qualquer pessoa esclarecida e livre de preconceitos possa repetir suas experiências e "provar o pudim".

Seus esclarecimentos sobre o cordão perispiritual são precisos, descendo a pormenores que jamais tive oportunidade de encontrar em outra obra. Fala sobre sua inacreditável elasticidade, sobre sua aparência física, localização, dimensões, tudo. Quando o perispírito se acha ligeiramente afastado do corpo físico (*slightly out of coincidence*), o cordão tem o diâmetro de um dólar de prata (cerca de 35 milímetros). Sua notável elasticidade, no entanto, permite que ele alcance o infinito, reduzindo-se a espessura mínima, desde quatro metros e meio de distância do corpo físico até distâncias incalculáveis.

Este é um capítulo excelente do livro, pois contém preciosos esclarecimentos. Aqui insiste o autor na importância do corpo astral, dizendo que a vida está nele contida. "Embora possamos crer que somos um corpo vivo, somos, na realidade, como dizia Moisés, uma alma viva." Informa, ainda, que as pulsações do coração e o fenômeno da respiração se realizam no corpo astral e são transmitidas por meio do cordão, ao corpo físico, da mesma forma acontecendo quando ambos se acham unidos.

Isto vem apenas confirmar experiências de Crookes e outros que contaram as pulsações e mediram a temperatura de Espíritos materializados e, como é óbvio, encontraram-nas diferentes das dos médiuns presentes.

O autor acredita que o corpo astral se separa ligeiramente do corpo físico, durante o sono, a fim de se reabastecer de energia cósmica, tal como delicada e complexa bateria elétrica. Daí admitir que praticamente todo mundo poderá, com algum treino e esforço, seguindo suas instruções e sugestões, obter o desdobramento, isto é, tornar-se consciente fora do corpo físico.

• • •

Passa então a analisar, metodicamente, os diferentes tipos de sonho, pois que o sonho seria o ponto de partida para a obtenção do desdobramento consciente. Muitas ideias apresenta ele, mas seria impraticável examiná-las num comentário limitado como este.

Ao estudar, de passagem, os fenômenos de faquirismo, informa que tais fatos se devem ao desdobramento do corpo astral. Em muitos deles, o médium, em tais condições, é assistido por Espíritos amigos (desencarnados) (pág. 132).

Ao comparar o cordão astral com o cordão umbilical, tem uma frase feliz, quando diz que o cético considera o nascimento como fenômeno natural e o desdobramento como fenômeno sobrenatural, quando, na prática, não pode explicar nenhum deles. Sua conclusão é a de que, com o nascimento, nos tornamos familiarizados, enquanto, com o desdobramento, ainda não.

Continua o autor a estudar, nos capítulos seguintes, as ligações do corpo astral com o corpo físico, seus pontos de contato, o papel das glândulas.

Retornando à tese da energia cósmica, esclarece, em palavras simples e com perfeita clareza, suas ideias sobre o assunto. A energia que usamos — diz o autor — não é criada por nós, é condensada da energia cósmica que se acha espalhada por toda parte. Não vem nem mesmo da alimentação, como muita gente pensa, pois que, em tal caso, quando nos sentíssemos cansados, bastaria ingerir certa quantidade de alimento adequado e prescindir do sono. “O alimento é material, tal como o corpo físico, e o constrói porque a força cósmica opera sobre ele, não porque ele produza energia por si mesmo” (pág. 143).

Passa, então, a examinar o problema da alimentação e sua influência sobre o desdobramento do perispírito. Diz mais adiante que, na sua opinião, por observações feitas, “o grande armazém de energia condensada no ser humano está localizado na região do plexo solar”.

Como se vê, mesmo partindo de premissas algo distanciadas da Doutrina Espírita, o autor frequentemente apresenta conclusões já confirmadas pelos autores espíritas, encarnados e desencarnados.

Isto se repete inúmeras vezes através do livro, como, por exemplo, à pág. 183:

> os fantasmas dos mortos, por algum tempo após entrarem no plano astral, se conduzem de maneira semelhante à dos fantasmas desdobrados dos vivos. Alguns ficam inconscientes por certo tempo; outros se tornam conscientes, mesmo antes de se romper o cordão astral, e outros vagueiam como se sonhassem, parcialmente conscientes.

E aqui está outro autor que falha lamentavelmente na explicação de certos fenômenos justamente por desconhecer a diferenciação entre o Animismo e o Espiritismo. Observa-se isto no capítulo 13, a que chamou "The Cryptoconcious Mind" (pág. 249 e seguintes). Diz ele que, em muitos médiuns, a mente criptoconsciente opera, produzindo falsos fenômenos Espíritas. Em tais casos, os Espíritos desencarnados são tidos como produtores do fenômeno, quando se trata de mero desdobramento. É claro que o autor observou corretamente o fato, mas faltou-lhe conhecimento específico para explicá-lo, pois que os fenômenos provocados pelo Espírito encarnado — médium ou qualquer outro — são anímicos, e não de Espiritismo propriamente dito.

Contudo, justiça seja feita, o autor faz sua ressalva logo abaixo, informando o leitor de que não se iluda: os Espíritos dos mortos também podem produzir tais manifestações.

• • •

Como temos observado em outros livros desta natureza, de autores não espíritas, o verdadeiro calcanhar de aquiles de suas obras são as conclusões. Mr. Muldoon não foge à regra.

No momento de concluir e filosofar sobre os fatos que estudou tão bem, apresenta-se com absurdas e insustentáveis hipóteses.

Vejamos algumas.

Ao estudar a relação do corpo físico com o espírito, não sei por que razão conclui que a função do corpo físico é a de dar forma ao corpo astral! Aí está o disparate, digno de qualquer autor materialista: "esta deve ser a finalidade do corpo físico: dar forma ao nosso espírito" (pág. 277). Paradoxalmente, cita o próprio Cristo, em apoio de sua tese absurda, repetindo as palavras do Divino Mestre, ao dizer: "O corpo é o templo do espírito". E de fato é, mas daí a admitir que a massa física possa dar forma à substância quintessenciada do perispírito, vai este mundo e o outro. Exatamente o contrário é que se dá, como estamos cansados de saber: o perispírito é o "molde" do corpo físico, colhendo, em suas delicadíssimas malhas e linhas de atração magnética, as partículas materiais que vão permitir ao espírito obter o instrumento de sua atividade física, essencial ao seu desenvolvimento a caminho da luz suprema.

Faltou a Mr. Muldoon, como a tantos outros autores menos avisados, aquela parcela de *insight* necessária à nítida percepção de verdade tão óbvia. A própria citação em que se apoia e, ainda mais, a que apresenta a seguir, de Andrew Jackson Davies, desmentem sua estranha conclusão. Começa Andrew Jackson, no trecho citado, a dizer que a organização mental é o resultado de um refinamento material. "O objetivo do osso físico é fazer o osso espiritual; o do músculo físico, fazer o músculo espiritual — não a essência, mas a forma (*sic*)." Por fim conclui: "Numa palavra: todo o corpo externo é uma representação daquele que é imperecível". Aí está uma contradição filosófica palmar. Se o corpo físico é uma representação do astral, como poderia aquele — que é transitório e perecível — criar um que fosse praticamente imperecível? Nem Mr. Jackson nem Mr. Muldoon esclarecem o ponto.

O próprio autor, após especular em torno de suas ideias, conclui contraditoriamente seu capítulo, dizendo que não se poderia explicar, dentro da concepção de Davies, o fato da formação e conformação daqueles que morrem antes de alcançar a maturidade. Por conseguinte, diz Mr. Muldoon, "temos que aceitar a teoria de que o ser pode também ser formado no astral, independentemente do corpo físico" (pág. 278). Donde se conclui, sem sombra de dúvida, dizemos nós, que toda teoria do corpo astral, formado pelo corpo físico, é destruída pelo seu próprio autor...

• • •

Suas páginas finais contêm bastante substância moral de interesse para qualquer leitor, espírita ou não, descontando-se um que outro deslize doutrinário.

Informa, primeiro, que o plano astral é profundamente influenciado pelo pensamento. "*As man thinks, so is he!*" "O homem é o que pensa." Seguindo essa linha de raciocínio, discorre com segurança sobre as zonas purgatoriais, dizendo que a mente cria seu próprio ambiente; contudo, esse ambiente é real. "Essa condição (permanência no purgatório) não poderia, por certo, durar indefinidamente; é uma espécie de purgatório, onde temos que aprender a pensar corretamente" (pág. 287). Aí está um pensamento que poderia ser subscrito por autor espírita da mais pura linhagem, como André Luiz. Continua dizendo que não podemos "comprar" nossa liberação desse ambiente; o único recurso é deixar de pensar erradamente.

A realidade da condição purgatorial é seguramente estabelecida nas "baixas zonas astrais" (expressão do próprio autor), que se situam aqui mesmo na atmosfera da Terra.

• • •

Mais adiante, estuda Mr. Muldoon o fenômeno da obsessão, informando, logo de início, que nele acredita firmemente. Lembra um caso típico que levou o famoso prof.

Hyslop a declarar que, "após lutar durante dez anos contra a ideia, ficou finalmente convencido de que a sobrevivência estava provada" (pág. 295).

Discute, a seguir, as ricas possibilidades que esse campo contém à disposição da medicina do espírito, pois que muitos casos de alienação mental não passam de fenômenos de obsessão espiritual. Neste ponto, como em tantos outros, repete conceitos espíritas, aos quais eventualmente terão que se render os ainda orgulhosos homens de ciência.

Alguns já se convenceram da evidência, como o Dr. Carl Wickland, que, no seu hospital de Los Angeles, curou um número incontável de obsidiados, utilizando métodos consagrados pelas doutrinas espiritualistas.

Nas últimas páginas, desculpando-se "pela pregação moral", que não é sua intenção, o autor recomenda, a bem do próprio espírito, que se procure levar uma vida honesta e limpa. "É da maior importância" — diz ele — "que vigiemos nossos pensamentos e não pensemos nenhum mal de nossos semelhantes, porque nossos pensamentos criam um ambiente astral em torno de nós e a vingança é um traço não desconhecido entre os habitantes do mundo astral."

• • •

Seria desejável que, na oportunidade deste livro tão interessante, o autor pregasse abertamente a moral que ressalta das entrelinhas de sua obra; não, porém, como simples prevenção contra possíveis vinganças de habitantes do astral, mas como condição do próprio desenvolvimento espiritual da criatura humana. Praticar o bem pelo próprio bem, sem esperança ou ambição de recompensa; evitar o mal ainda por amor ao bem, porque o mal desequilibra o psiquismo, retarda a evolução e recai sobre nós mesmos. Afinal de contas, o bem encontra sua recompensa em si mesmo, independente das consequências morais que possa acarretar. Na prática da vida, temos observado que nenhum gesto de bondade se perde neste grande e maravilhoso mundo de Deus. Por mais anônimo, tímido e insignificante que seja, um dia, lá na frente, vamos encontrar à nossa espera um prêmio desproporcionalmente generoso pela diminuta parcela de bem que praticamos num momento e esquecemos no instante seguinte.

Esse é outro *insight* que faltou ao autor.

No final, como conclusão, diz que ainda que ele nunca tivesse ouvido falar em imortalidade ou sobrevivência, ainda que nunca tivesse escrito um livro ou pronunciado uma conferência sobre esse tema, ainda que nunca tivesse assistido a uma sessão espírita ou visitado um médium, ele acreditaria firmemente na sobrevivência, porque experimentou pessoalmente o fenômeno do desdobramento do corpo astral.

É verdade: se o espírito pode viver *fora* do corpo, pode também viver *sem* o corpo.

• • •

Ao considerar o livro *The Projection of the Astral Body*, uma pergunta de caráter prático logo surge: Como é que o autor obtém a projeção consciente?

Vamos ver se conseguimos resumir, aqui, as recomendações contidas na obra. De início, previne ele que, na maioria dos casos, o estado de consciência é uma questão de "chance". Várias páginas adiante, dirá, ainda, que raramente o estado de consciência perdura desde o primeiro instante até o fim. O mais certo é que a pessoa "desperte" subitamente, em seu corpo astral (ou "perispírito"), já desdobrado. Em todo caso, ele sabe, por sua própria experiência, que existem métodos práticos de obter certo grau de consciência.

Informa Mr. Muldoon que, a não ser nos casos em que a consciência desperta desde o primeiro momento, ela usualmente começa sob a forma de sonho. Aos poucos se vai libertando do estado onírico e passando para a realidade externa. Dessa forma, se o sonho corresponder à ação desenvolvida pelo corpo astral, o estado de consciência se torna mais fácil de obter-se.

Por isso, recomenda ele o chamado processo de controle de sonho (*dream control*). Como é isso?

Segundo explica — e aqui concordam seguramente os autores espíritas —, quando sonhamos, não estamos no mundo da realidade física, "apesar de que os dois mundos se fundem num só". Ao sonharmos, estamos no plano astral ou extrafísico. Assim sendo, entramos no astral cada vez que vamos dormir e o corpo sutil se destaca do corpo físico, conservando-se a maior ou menor distância deste. O objetivo, então, será o de fazer coincidir a ação individual, *no sonho*, com a ação do próprio perispírito. Quando isso ocorrer, o corpo astral se desdobra. Essa é a regra que o autor confessa ter levado anos para descobrir.

Para fazer coincidir a ação do sonho com a do perispírito, é necessário ter "sonhos verdadeiros" e para isso é preciso conhecer o roteiro do desdobramento, moldando o sonho de acordo com essa rota.

Imaginemos o paciente deitado em decúbito dorsal, os braços estendidos ao longo do corpo. Em condições normais e favoráveis — que estudaremos mais adiante —, o perispírito inicialmente se elevará alguns centímetros ao longo de todo o corpo, como réplica perfeita do veículo físico. Continuando a mover-se para cima, ao chegar a cerca de um metro de altura, mais ou menos, ele passa a deslocar-se horizontalmente, como se sobrevoasse o corpo físico, na direção dos pés, ao mesmo tempo em que principia a colocar-se de pé. Assim, a alguns metros do local onde se acha o corpo físico em repouso, o perispírito já se encontra de pé, continuando, como é claro, preso àquele, pelo cordão perispirítico.

Conserve o leitor essa trajetória em mente: o corpo sutil se eleva por igual, verticalmente, desliza horizontalmente, a certa altura, sobre o corpo físico, e se coloca de pé.

A lei fundamental do desdobramento é assim enunciada por Mr. Muldoon: "Quando o subconsciente se torna possuído pela ideia de movimentar o corpo físico que se acha impossibilitado de fazê-lo, o corpo astral se deslocará para fora do físico". Vamos ver se trocamos isso tudo em linguagem mais simples: criou-se na mente o desejo de executar determinada ação, que implicará movimentação do corpo. Quero, por exemplo, levantar-me para tomar um copo d'água. O corpo está, no entanto, mergulhado no sono. Então, o perispírito se desdobra com a intenção de realizar a ação, mesmo sem contar com a ajuda do corpo físico.

Outros métodos existem, mas o autor recomenda este como inteiramente satisfatório.

Vejamos como exemplifica seu método. Durante várias noites — aconselha ele —, por algumas semanas até, procure observar-se durante o processo de entrar no sono. Concentre-se em si mesmo. Não pense em outra coisa senão em você mesmo. Observe-se cuidadosamente, enquanto a consciência se vai obscurecendo lentamente. Procure lembrar-se de que você ainda está acordado, mas caminhando para o sono. Assim, terá aprendido a agarrar-se ao estado consciente até o estado hipnótico, isto é, até o ponto em que você se deixa envolver, de fato, pelo sono. Então, avance um pouco mais e imagine um sonho. Deve ser um sonho em que você execute alguma ação e esta ação deve, inicialmente, corresponder à trajetória percorrida pelo corpo astral, ao se desprender do corpo físico. Que é que você gosta de fazer? Nadar, viajar de avião, subir em balão, num elevador? Qualquer um deles serve. Esteja certo de escolher algo que você goste de fazer, porque uma coisa que lhe seja desagradável concorrerá para interiorizar, e não para exteriorizar seu corpo astral. Suponha que o leitor escolha o elevador. (É a fórmula que o autor emprega.) Você já aprendeu a ficar consciente até o momento de dormir. Deite-se de costas, pense em si mesmo. Faça de conta que está deitado no assoalho de um elevador. Quando você sentir que começa a dormir, o elevador começa a se mover para cima, vagarosamente. Sobe, sobe, sobe. Você tem consciência de que se move para cima, e a sensação é das mais agradáveis. No último andar, o elevador para; você se levanta, caminha para fora do elevador e dá uma volta no terraço do edifício. Imagine-se a observar tudo quanto vê em torno; depois volte para o elevador, deite-se novamente no assoalho. Então, o elevador começa a descer vagarosamente, até o andar térreo.

É importante repetir muitas vezes o mesmo sonho, até que se torne familiarizado com ele. Procure *entrar* no elevador no momento exato em que você começa a perder a consciência. Enquanto você sonha com a viagem do elevador, o corpo astral começa a se mover, também para cima e para fora do corpo físico. No momento em que você sonha que está a colocar-se de pé, no terraço do edifício, seu corpo astral estará também se pondo de pé, adiante do corpo físico. Quando você estiver sonhando que está andando pelo terraço, o corpo astral estará também se movendo em torno do corpo físico adormecido. Da mesma forma, quando você retornar ao elevador, o corpo astral se moverá até ficar diretamente acima do corpo físico, em posição horizontal. Ao descer o elevador, ele também descerá sobre o corpo material.

O sonho é, assim, uma sugestão transmitida à sua vontade subconsciente, e ela agirá de acordo. Você deverá recordar-se do sonho depois de acordado.

Outros tipos de sonho poderão ser imaginados e executados. A pessoa que gosta de nadar, pode imaginar um sonho segundo o qual esteja boiando e a água se eleve lentamente, conduzindo-a docemente. Quando a água atingir determinado ponto, nas margens, a pessoa se levantará. Note-se que o esquema do desdobramento deverá ser sempre o mesmo, para acompanhar a trajetória do perispírito.

O grande problema é, então, o de tornar-se consciente durante o desdobramento. Vamos ver quais os conselhos de Mr. Muldoon a respeito.

Parte ele de princípio bastante simples. Muitas vezes, diz ele, enquanto estamos caminhando por uma estrada, ao passarmos por determinado ponto ocorre-nos certa lembrança ou pensamento. Digamos que, ao passar diante de uma árvore de aspecto peculiar, pensamos, sem saber por que, num circo. No dia seguinte, dias ou semanas mais tarde, ao passarmos por aquele mesmo local, lembramo-nos novamente de um circo. O mesmo pode acontecer no astral. Se, durante um sonho, ao passarmos por certo ponto, nos tornarmos conscientes, de outra vez que por ali passarmos, certamente retomaremos a consciência.

Suponhamos, por exemplo, que o leitor se encontre em estado de vigília, perfeitamente acordado e em plena consciência, em local que lhe parece familiar, por já tê-lo visto em sonho. Procure recordar-se de tudo, percorra o roteiro que poderia ter seguido em sonho e faça o firme propósito de que, quando sonhar novamente, com aquele local, você "acordará" (tornando-se consciente em seu perispírito) exatamente ali, ao lado daquela árvore ou perto daquele portão etc.

Ao dormir, procure apresentar, da forma mais vívida possível, essa sugestão à sua vontade subconsciente, e o sonho poderá ocorrer tal como você imaginou e você poderá tornar-se consciente ao passar pela árvore, em sonho.

Se o sonho for o do elevador, procure, antes, tornar-se familiarizado com o terraço de seu edifício, de sua casa ou de outra qualquer, contanto que não seja muito perto do corpo físico; caso contrário, ao menor sinal de perigo, o corpo perispiritual retomará rapidamente o corpo físico. (Diga-se de passagem que é nessas rápidas quedas que a gente tem a sensação de estar caindo num abismo, até que se acorda com baque, já no corpo físico.) Uma vez no terraço, acordado, em seu corpo físico, fixe na memória uma característica qualquer, como uma porta, uma grade, uma janela. Sugestione-se fortemente, a fim de se tornar consciente no momento em que, durante o próximo sonho, se encontrar ao lado daquela porta ou daquela grade.

• • •

Outras importantes sugestões apresenta Mr. Muldoon, como, por exemplo, a de reprimir um forte desejo. Isso ele descobriu por acaso. Deitou-se uma noite muito quente, com sede, e, em lugar de levantar-se para beber água, continuou na cama, segundo confessa, por mera preguiça. Estava sonolento demais. Assim, o desejo de beber água foi suprimido, em lugar de ser satisfeito. Funcionou, então, o mecanismo do desdobramento, de acordo com a lei que há pouco citamos: incapaz de arrastar consigo o corpo físico, o perispírito desprendeu-se e o autor sonhou que estava em frente à torneira da cozinha, mas não conseguia abri-la. Tornou-se consciente nesse mesmo instante, ao verificar que suas mãos (astrais) estavam agarradas à torneira, mas não podiam fazê-la girar, naturalmente. No sonho, ele imaginava que a torneira estava tão apertada que ele não conseguia abri-la, mas, ao se tornar consciente, ele verificou que não podia abri-la porque suas mãos não mantinham contato físico, direto, com o material da torneira.

Descobriu, então, a utilidade do desejo reprimido em criar o estado de consciência. Claro que esse resultado pode exigir muitas experiências até alcançar êxito. Não espere o leitor — se quiser tentar — conseguir a consciência na primeira tentativa.

Em seguida à sede, vem a fome, como poderoso estimulante do processo.

A sede pode ser consideravelmente aumentada, a fim de que a repressão do desejo correspondente possa criar uma autêntica tensão, suficiente para projetar o corpo astral e provocar a consciência. O autor narra algumas de suas experiências. Deixava, por exemplo, de tomar água por algum tempo antes de tentar a experiência. À hora de deitar-se, enchia um copo de água, olhava-o fixamente, levava-o aos lábios, mas não bebia. Por fim, ingeria uma pequena quantidade de sal de cozinha (1/8 de colher de chá). Por esse processo criava uma tensão suficiente para mover o corpo astral fora do corpo físico, aos primeiros minutos do sono, pois que, ardendo de sede e incapacitado de movimentar o corpo físico, o perispírito se desdobraria rapidamente.

Numa dessas experiências, ele sonhou que caminhava por uma estrada ensolarada, suando e morto de sede. Chegou mesmo a tirar a camisa, para umedecer os lábios com o suor que ela continha. A sede, porém, aumentava sempre. Viu, ainda em sonho, um moinho e correu para lá, mas não havia água. Subiu pela estrutura para ver se conseguia obter alguma água, movendo a bomba à mão. Quando lá chegou, foi apanhado pela roda e atirado ao ar, projetando-se num voo pelo espaço, na direção do rio, que ficava a uns cem metros de sua casa. Lá chegando, curvou-se sobre a água, no exato ponto em que costumava pescar. Naquele ponto, tornou-se consciente, em seu corpo astral.

• • •

Outras recomendações apresenta o autor. Informa que o desdobramento se verifica com maior facilidade quando é normal a temperatura ambiente: nem muito fria, nem muito quente.

Qualquer coisa que possa produzir efeito estimulante sobre o corpo constitui fator negativo: bebidas alcoólicas, medicamentos, alimentos condimentados. Quanto às emoções, por estranho que pareça, as grandes preocupações e perturbações, no momento de dormir, podem até ajudar a criar a tensão necessária ao desdobramento.

O cômodo em que a pessoa dorme deve ser silencioso. Os ruídos provocam interiorização do corpo astral, em lugar do desdobramento, em virtude do estado de alerta em que mantêm a mente.

Deve-se evitar, ainda, cobertas pesadas, abafantes. O desejo sexual é também um fator negativo. A escuridão é desejável como fator propiciador do desdobramento. Quanto à alimentação, acha o autor — baseado sempre em sua experimentação individual — que a influência de dietas especiais de certos alimentos é insignificante, a não ser, evidentemente, os excitantes, como bebidas alcoólicas e alimentos condimentados. O que de fato exerce maior influência em favor do desdobramento é o estado de tensão criado pela sede ou pela fome, por exemplo.

• • •

Há no livro *The Projection of the Astral Body*, de Sylvan J. Muldoon, notáveis coincidências doutrinárias com obras de legítima concepção e realização espírita. Muitos desses pontos de contato são encontrados especialmente na obra grandiosa de André Luiz.

No livro *Entre a Terra e o Céu* (edição da FEB, cap. 4), vamos encontrar este trecho:

> Todavia, quem de nós não é responsável pelas ideias que arroja de si mesmo? Nossas intenções são atenuantes ou agravantes das faltas que cometemos. Nossos desejos são forças mentais coagulantes, materializando-nos as ações que, no fundo, constituem o verdadeiro campo em que a nossa vida se movimenta. Os frutos falam pelas árvores que os produzem. Nossas obras, na esfera viva de nossa consciência, são a expressão gritante de nós mesmos. A forma de nosso pensamento dá feição ao nosso destino.

Confronte-se agora, com Mr. Muldoon, pág. 315 de seu livro citado:

> [...] todos nós devemos esforçar-nos por levar uma vida limpa e honesta. É importantíssimo que vigiemos nossos pensamentos e não desejemos nenhum mal aos nossos semelhantes, uma vez que todos os nossos pensamentos criam um ambiente astral em torno de nós [...]

Ou, ainda, à pág. 289, quando Mr. Muldoon diz:

> No purgatório dos mortos (*sic*) a mente do fantasma (espírito) regula sua condição de ser; seus hábitos e desejos continuam dominantes. O espírito deve aprender a pensar corretamente, porque é o pensamento que governa o homem.

Sobre as relações entre perispírito e corpo físico, diz André Luiz, ainda em *Entre a Terra e o Céu* (cap. 5):

> [...] O corpo físico é mantido pelo corpo espiritual a cujos moldes se ajusta e, desse modo, a influência sobre o organismo sutil é decisiva para o envoltório da carne, em que a mente se manifesta.

Veja-se Mr. Muldoon, pág. 48:

> Dizemos que estamos fisicamente vivos, mas na realidade nossa parte material é tão morta quanto um prego. É a energia, atrás do mecanismo físico, que é realmente viva. Os nervos em si mesmos não são vivos. Se eles o fossem, teríamos já sepultado muitos corpos vivos. É a energia nervosa que anima, e o corpo astral é o condensador da energia nervosa que você está usando neste momento.

Em outro ponto, ainda no livro *Entre a Terra e o Céu*, informa André Luiz, ao se referir aos centros de força contidos no perispírito (cap. 20):

> — Como não desconhecem, o nosso corpo de matéria rarefeita está intimamente regido por sete centros de força, que se conjugam nas ramificações dos plexos e que, vibrando em sintonia uns com os outros, ao influxo do poder diretriz da

mente, estabelecem, para nosso uso, um veículo de células elétricas, que podemos definir como sendo um campo eletromagnético, no qual o pensamento vibra em circuito fechado. Nossa posição mental determina o peso específico do nosso envoltório espiritual e, consequentemente, o "habitat" que lhe compete. [...]

Analisando a fisiologia do perispírito, classifiquemos os seus centros de força, aproveitando a lembrança das regiões mais importantes do corpo terrestre. Temos, assim, por expressão máxima do veículo que nos serve presentemente, o "centro coronário" que, na Terra, é considerado pela filosofia hindu como sendo o lótus de mil pétalas, por ser o mais significativo em razão do seu alto potencial de radiações, de vez que nele se assenta a ligação com a mente, fulgurante sede da consciência. Esse centro recebe em primeiro lugar os estímulos do espírito, comandando os demais, vibrando todavia com eles em justo regime de interdependência. Considerando em nossa exposição os fenômenos do corpo físico, e satisfazendo aos impositivos de simplicidade em nossas definições, devemos dizer que dele emanam as energias de sustentação do sistema nervoso e suas subdivisões, sendo o responsável pela alimentação das células do pensamento e o provedor de todos os recursos eletromagnéticos indispensáveis à estabilidade orgânica. É, por isso, o grande assimilador das energias solares e dos raios da Espiritualidade Superior capazes de favorecer a sublimação da alma.

Quanto a Mr. Muldoon, tem a dizer o seguinte (págs. 143 e seguintes): "[...] a energia que você está usando é cósmica, presente em toda parte, e que não é criada por você, mas atraída por você e condensada no seu corpo astral [...]".

E mais (pág. 51): “Acredito, em decorrência de minhas observações no astral, que o grande armazém de energia condensada no ser humano está localizado na região do plexo solar”.

A propósito do fenômeno do desdobramento do perispírito em si, é oportuno insistir na sua grande significação e importância em nossa vida espiritual. Recordemos, mais uma vez, nosso estimado mestre André Luiz, em *Missionários da Luz*, edição da FEB, cap. 8:

> — Quando encarnados, na Crosta, não temos bastante consciência dos serviços realizados durante o sono físico; contudo, esses trabalhos são inexprimíveis e imensos. Se todos os homens prezassem seriamente o valor da preparação espiritual, diante de semelhante gênero de tarefa, certo efetuariam as conquistas mais brilhantes, nos domínios psíquicos, ainda mesmo quando ligados aos envoltórios inferiores. Infelizmente, porém, a maioria se vale, inconscientemente, do repouso noturno para sair à caça de emoções frívolas ou menos dignas. Relaxam-se as defesas próprias, e certos impulsos, longamente sopitados durante a vigília, extravasam em todas as direções, por falta de educação espiritual, verdadeiramente sentida e vivida.

Como se manifesta o fenômeno aos olhos dos Espíritos desencarnados? Podemos ler em André Luiz, no mesmo livro citado acima (cap. 8):

> Em poucos instantes, encontrávamo-nos dentro de quarto confortável, onde dormia um homem idoso, fazendo ruído singular. Via-se-lhe, perfeitamente, o corpo perispirítico unido à forma física, embora parcialmente desligados entre si. Ao seu lado, permanecia uma entidade singular [...]

Em outra obra (*Nos domínios da mediunidade*, edição da FEB, cap. 11), André Luiz nos transmite novos e preciosos esclarecimentos, nestes termos:

— Com o auxílio do supervisor, o médium foi convenientemente exteriorizado. A princípio, seu perispírito ou "corpo astral" estava revestido com os eflúvios vitais que asseguram o equilíbrio entre a alma e o corpo de carne, conhecidos aqueles, em seu conjunto, como sendo o "duplo etérico", formado por emanações neuropsíquicas que pertencem ao campo fisiológico e que, por isso mesmo, não conseguem maior afastamento da organização terrestre, destinando-se à desintegração, tanto quanto ocorre ao instrumento carnal, por ocasião da morte renovadora. Para melhor ajustar-se ao nosso ambiente, Castro devolveu essas energias ao corpo inerme, garantindo assim o calor indispensável à colmeia celular e desembaraçando-se, tanto quanto possível, para entrar no serviço que o aguarda.

Ainda na mesma obra, há este trecho:

– Raros Espíritos encarnados conseguem absoluto domínio de si próprios, em romagens de serviço edificante fora do carro da matéria densa. Habituados à orientação pelo corpo físico, ante qualquer surpresa menos agradável, na esfera de fenômenos habituais, procuram instintivamente o retorno ao vaso carnal, à maneira do molusco que se refugia na própria concha, diante de qualquer impressão em desacordo com seus movimentos rotineiros.

Sobre este último ponto, Mr. Muldoon tem algo a dizer. Vejamos seu texto, à pág. 83 de seu livro:

> Sons e emoções arremessarão o fantasma de volta ao corpo físico mais rapidamente que qualquer outro fator — algumas vezes com a velocidade de um raio. Quando isso ocorre, sente-se um choque no corpo físico — às vezes acompanhado de dor; ou, como tenho chamado, uma sensação de "estar dividido em dois". A isto chama-se *repercussão*.

No prodigioso livro de André Luiz, *Evolução em dois mundos*, vamos encontrar outros pontos de referência que poderiam ser aqui reproduzidos. Vejamos um deles, obtido da edição da FEB, cap. 9:

> [...] essa substância (o pigmento ocre, relacionado com o corpo perispiritual, de função muito importante na vida do pensamento) — a expressar-se nos chamados corpúsculos de Nissl, que podem sofrer a cromatólise — representa *alimento psíquico*, haurido pelo corpo espiritual no laboratório da vida cósmica, através da respiração, durante o repouso físico para a restauração das células fatigadas e insubstituíveis.

Os exemplos citados, colhidos, num relance, pela obra de André Luiz, servirão para atestar ainda uma vez — se isso for necessário — a validade e autenticidade dos ensinamentos espíritas, sempre concordantes com as legítimas experiências feitas em todo o mundo, por pessoas espíritas ou não espíritas, como é o caso de Mr. Sylvan J. Muldoon.

Outras experiências virão, estamos certos, para confirmar ensinamentos recebidos do Mundo Maior. De certa forma, é bom que tais experiências ocorram com pessoas colocadas fora do círculo espírita e por elas mesmas sejam narradas, embora que imperfeitamente. Muitas dessas narrativas atrairão aqueles que, de tão penetrados pelas doutrinas dominantes, jamais tomariam de um livro espírita para uma leitura consciênciosa e sem ideias apriorísticas. Desses, aqueles que tiverem *olhos de ver* poderão verificar, então, que não é só o espírita que fala em desdobramento do perispírito, em fenômenos mediúnicos, em clarividência... Embora a terminologia possa ser algo diferente de obra para obra, poderemos facilmente identificar seus pontos de contato, como vimos.

No fundo é tudo uma coisa só: a atividade espiritual do homem, na sua caminhada para o Alto. É ainda a linguagem profundamente poética do Evangelho que nos fala sabiamente: o Espírito sopra onde quer. Sabedoria imensa de Deus, amigos, porque, soprando onde quer, o fenômeno impõe-se a todas as idades e condições, para que não se diga que tais fatos — e são fatos dos mais legítimos — acontecem apenas com os espíritas. O Espírito, de fato, sopra onde quer; até mesmo nos corredores milenares do Vaticano, onde os Papas têm visões e premonições, muitas das quais transpiram na imprensa leiga.

Para nós, isso não é surpresa, porque o Senhor já havia prometido que derramaria seu espírito por toda a carne. Nossos irmãos mais velhos, do Mundo Maior, têm sido incansáveis em nos expor, por meio da tosca linguagem humana, os grandes mistérios da vida, mas, em vez de olhar para cima, o homem teima em continuar mariscando na poeira dos caminhos terrenos.

É bom, repitamos, que obras leigas e imparciais também descubram as realidades que nos têm sido reveladas. Agradeçamos, aos mentores do Além, seu espírito de sacrifício e caridade, ao virem ensinar-nos todas essas coisas sublimes, tão paciente e cristãmente. Agradeçamos também, com as nossas preces mais comovidas, àqueles abnegados e incompreendidos instrumentos mediúnicos que têm servido humildemente a essa grande obra encetada no

Espaço. De que vale a ideia sem o veículo de comunicação? De que vale o instrumento sem a ideia? Que Jesus inspire e assista sempre todos esses trabalhadores devotados, imperturbáveis instrumentos de sua obra divina.

4

UM ESTUDO SOBRE APARIÇÕES

Mais um livro sobre fenômenos espíritas nos é dado apreciar. Trata-se, desta vez, de obra dedicada exclusivamente às aparições, e foi escrita por G. N. M. Tyrrell, ex-presidente da *Society for Psychical Research*, da Inglaterra. O livro chama-se *Apparitions* e nasceu de uma conferência pronunciada pelo autor, em 1942, sob os auspícios do *Frederic W. H. Myers Memorial*. A edição que temos em mão é a que foi revista para o público e veio à luz em 1953.

Os patrocinadores da publicação — a própria *Society for Psychical Research* (S.P.R.) — classificam a obra como clássica em sua especialização. Mr. Tyrrell é engenheiro eletricista, tendo dedicado muito tempo a esse tipo de pesquisa. Escolheu, nos vastíssimos anais da Sociedade, os casos mais bem documentados e atestados de aparições, "assombrações" e fenômenos similares, a fim de estudá-los.

Diz ele: "Fiquei fortemente surpreendido por duas razões: a primeira, de que a evidência era muito mais forte do que eu havia previamente admitido; a segunda, de que essa evidência faz incidir um verdadeiro facho de luz sobre o mecanismo da personalidade humana".

Vejamos, pois, o que tem Mr. Tyrrell a dizer sobre o assunto. Em face das credenciais que exibe é de esperar-se importante contribuição ao estudo de tais fenômenos. Sobre isso falaremos mais adiante.

Logo de início tenho minhas dúvidas de leitor despretensioso, ao notar que o prefaciador da obra, que situa o livro de Mr. Tyrrell em muito boa conta, nos informa que a teoria física para explicação dos fatos registrados nas aparições é *unpromising*, isto é, não tem futuro. Por conseguinte, precisamos — diz ele — procurar uma teoria psicológica. Até aí, muito bem. Mas qual a teoria psicológica que resolveram escolher para atacar o problema? Nada mais que a da alucinação, salvo seja. Esse é o ponto de partida de toda a obra, como se pode ver, já no prefácio, que aliás se estende por muitas páginas. O prefaciador é Mr. H. H. Price, professor de Lógica da Universidade de Oxford. Diz Mr. Price que, "para situar o argumento cruamente, sabemos de outras fontes de evidência, que é possível ver ou ouvir alguma coisa que não existe". De minha parte, com todo o respeito pela eminente personalidade do autor, eu diria simplesmente que não vejo futuro na sua premissa, porque ele está admitindo, *a priori*, que a aparição é fenômeno subjetivo, o que vem de encontro aos próprios fatos que Mr. Tyrrell catalogou, como se verá. Mas vamos devagar.

Para complicar coisas que, por sua natureza, nada têm de complicado, o Dr. Price tece várias considerações transcendentais, para depois dizer, numa frase curta, como quem liquida o assunto: *We may describe them as telepathic allucinations*. Ou por outra: "podemos descrevê-las (as aparições) como alucinações telepáticas". Para dizer isso, creio, não seria preciso escrever um livro, mas continuemos, pois o livro não é só o prefácio. Logo abaixo, o próprio Dr. Price levanta o caso das aparições *post mortem* e se pergunta: "será que a explicação alucinatória serve também para estes casos?". Ele acha que sim, no que parece concordar com Mr. Tyrrell. E se propõe a explicar toda a história. O prefácio vai muito além disto, mas temos que encarar o livro todo e não somente o prefácio.

• • •

No primeiro capítulo, Mr. Tyrrell trata do Recenseamento das alucinações, tal como vem sendo feito minuciosamente pela S.P.R., desde 1882. Em algumas pesquisas levadas a efeito entre o público, verificou-se que uma pessoa em dez passa por alguma sorte de experiência desse tipo, a que o autor chama "alucinação sensorial". Examina, então, o aspecto estatístico do fenômeno, a fim de verificar, matematicamente, a possibilidade de coincidência. Recai aqui na mesma trilha batida pelos parapsicólogos da atualidade. É o velho desejo de medir tudo, reduzir tudo à escala ínfima da compreensão humana. Mr. Tyrrell, no entanto, tem momentos de lucidez, ao afirmar que "a fraqueza da estatística, quando aplicada aos casos espontâneos, está em que ela não se acha em condições de lidar satisfatoriamente com acontecimentos qualitativamente complexos" (pág. 22). Os resultados estatísticos — a não ser em casos mais simples de cômputo numérico de cartas de baralho, como nas experiências do Dr. Rhine, por exemplo — apresentam-se, acentua Mr. Tyrrell, fortemente influenciados em favor da teoria do acaso.

Passa, então, o autor a comentar as principais conclusões que ressaltam do estudo de dados acumulados pela S.P.R. Entre outras coisas, esclarece que as aparições têm maior incidência em torno do momento da morte. Outro aspecto importante, referido pelo autor, é o de que o fenômeno nada tem que ver com a morbidez; ocorre em plena lucidez, com pessoas inteiramente sadias.

Como não poderia deixar de ser, o problema da sobrevivência tinha que vir à tona, nestas discussões iniciais. De fato, um relatório organizado sobre as pesquisas feitas informa, a certa altura — deixando ao leitor a liberdade de tirar suas próprias conclusões: "A distribuição das aparições reconhecidas antes, durante e após a morte da pessoa vista fornece argumentos em favor da continuidade da vida psíquica e da possibilidade de comunicação com os mortos. A quantidade de evidência, no entanto, não parece constituir nada parecido com uma conclusão positiva em favor da atuação *post mortem*".

Essa é a maneira, sempre dúbia, de concluir que temos encontrado em trabalhos desta espécie. Falta-lhes a coragem da afirmativa; mostram os fatos, mas, no final, como que receosos de serem mal interpretados pela chamada ciência oficial, fazem ressalvas cautelosas.

O próprio Mr. Tyrrell (pág. 27) diz que "um ponto sempre esquecido na crítica do fenômeno psíquico é o de que, se uma crítica séria está sendo tentada, não basta dizer, de maneira generalizada, que a evidência é insuficiente para permitir a conclusão supranormal". E mais adiante: "É necessário, também, mostrar que alguma explicação se adaptará razoavelmente a cada caso".

Isso é o que veremos se ele consegue, quando aplicarmos, às suas próprias teorias, as condições que ele imaginou como teste para as teorias alheias.

Quanto à autenticidade dos fenômenos, diz o autor que seria extremamente ridículo que centenas de pessoas honestas, de reconhecido caráter e integridade e que sempre agiram com absoluta lisura, de repente resolvessem imaginar uma história fantástica para enganar o próximo. Aí está uma coisa que a razão não poderia aceitar. Há um número considerável de casos que se colocam nitidamente acima de qualquer suspeita de fraude, motivo pelo qual sua aceitação é praticamente imposta ao mais refratário racionalista.

Ao concluir o exame das várias objeções que poderiam ser interpostas, diz o autor (pág. 33):

> A principal conclusão que emerge do nosso exame de casos espontâneos é a de que o acaso não pode razoavelmente explicá-los e a de que ninguém, no decorrer de meio século, jamais demonstrou, de maneira séria e pormenorizada, que o acaso é uma explicação razoável.

É interessante insistir, para que fique bem claro no espírito do leitor, que Mr. Tyrrell considera as aparições como fenômeno de considerável importância e que — se satisfatoriamente compreendido e explicado — possibilitaria profundas sondagens no recesso da personalidade humana.

Já à pág. 42, começa ele a estudar as diversas teorias explicativas das aparições. Inicialmente toma a de Myers que, em 1888, decidiu que os fantasmas de vivos ou de mortos são fenômenos telepáticos. (Sempre a confusão entre Animismo e Espiritismo.) De acordo com essa teoria, sob pressão de alguma crise, o agente — vivo ou morto — envia uma mensagem telepática ao recipiente que, incorporando a mensagem de forma sensorial, produz o fenômeno da aparição. Mr. Tyrrell acha que a teoria deixa muita coisa por explicar, mas admite que contenha alguma substância. Um dos grandes óbices da hipótese — é ainda ele quem o diz — é o fato de que há considerável número de aparições coletivas. Para que os fatos se passassem conforme Myers imaginou, seria preciso que a mensagem telepática, enviada pelo agente em crise, alcançasse simultaneamente a todos os presentes e produzisse exatamente a mesma reação psicológica que resultaria na aparição. Convenhamos que é preciso muito boa vontade para admitir tudo isso. Mas continuemos.

Outro autor (Gurney), citado por Mr. Tyrrell, ainda complica mais a coisa. Parece uma criança apanhada em mentira e que, para justificar uma, tem que contar mais três ou quatro. Gurney apresenta três alternativas para explicar o fenômeno da aparição coletiva: 1) a presença física do fantasma no local onde é visto; 2) o agente "A" influencia telepaticamente os receptivos "B" e "C", independentemente, e cada um deles cria sua própria imagem sensorial; 3) o agente "A" influencia telepaticamente, em primeiro lugar, o perceptivo primário "B", no qual está interessado, e este, ao criar sua imagem, transmite a aparição a "C", que repete o processo e a retransmite a "D", e assim por diante. Gurney resume esta última hipótese, dizendo que o processo é uma espécie de "infecção".

A primeira possibilidade é rejeitada por Myers e pelo próprio Gurney. A segunda é considerada como improvável, principalmente porque, nas aparições *post mortem*, seria necessário admitir que a mensagem telepática ficasse retida por algum tempo, o que tornaria dificilmente explicável a aparição coletiva, de vez que se teria que fazer coincidir o período de retenção de maneira tal que o momento da aparição coincidisse para várias pessoas.

Resta-lhes, então, a terceira, por mais fantástica que seja. Pois é a preferida e sobre ela Mr. Tyrrell muito terá que falar através de seu livro.

As páginas seguintes são dedicadas à minuciosa análise das teorias, especialmente nos casos de percepção coletiva.

Não importa que os fatos sejam o mais formal desmentido à absurda teoria.

É incrível que, dispondo de uma hipótese tão simples e que se ajusta perfeitamente a todos os fatos, os chamados homens de ciência se empenhem tão fundamente em procurar explicações das mais complexas, que, somente à força de verdadeiras "marteladas" no bom senso do leitor, conseguem ser examinadas. Já que se admite, como hipótese de trabalho, a absurda teoria da "infecção" de Gurney, por que não se admitir, na mesma base pelo menos, a da presença física do fantasma, isto é, do Espírito, no local em que ocorre a manifestação?

São de um ridículo espantoso essas discussões acadêmicas. No futuro, muito se surpreenderá o estudioso que se der ao trabalho de examinar a tremenda massa de tolices que se acumulou em torno deste assunto, a tinta que se gastou e o tempo que se consumiu nestas discussões estéreis. A vaidade da ciência oficial se recusa sistematicamente a admitir, até mesmo como simples hipótese, verdades milenares que espíritos livres de preconceitos sempre aceitaram como legítimas. Tal como hoje, ao examinarmos o passado, achamos ridículas e fantásticas as objeções levantadas à ideia de Pasteur, de que os germes causavam a infecção. Naquela ocasião, também, a hipótese mais simples e racional foi afastada em favor de complexas teorias da geração espontânea e outras que tais. O novo conceito, no entanto, impunha uma revisão tão brusca nas doutrinas vigentes, que a vaidade científica não o deixava prevalecer.

• • •

No segundo capítulo, Mr. Tyrrell examina as características das aparições, apresentando os casos retirados dos arquivos da S.P.R. Estuda, em primeiro lugar, a apresentação espacial das aparições, que surgem em diferentes tipos de ambientes, cercados de acidentes próprios, fora da perspectiva habitual do perceptivo.

Em seguida, é estudado o aspecto não físico das aparições. O autor, embora reconhecendo que há aspectos físicos nas aparições — como no caso de *poltergeist* —, informa que isso está fora dos objetivos do seu trabalho. É uma pena e uma falha, porque, se há evidência de caráter físico, este deve ser considerado no conjunto, sem o que, a tese do autor ficará seriamente prejudicada. Mas vejamos o que tem ele a dizer.

Em capítulo especial, relaciona as diversas características das aparições, tal como a faculdade de aparecerem e desaparecerem dentro de cômodos fechados, de passarem através de paredes, portas, objetos físicos em geral, e também a de serem atravessadas por pessoas, que nelas não encontram resistência, bem como o fato de, algumas vezes, serem vistas ou ouvidas por alguns dos presentes, mas não por outros etc. Novos casos são apresentados em apoio desses diferentes aspectos.

A seguir, Mr. Tyrrell estuda o que chama "imitação da percepção normal". Em sua opinião, as aparições procuram imitar a realidade. À primeira vista, nem parecem fantasmas, mas seres humanos de verdade, chegando mesmo a projetarem sombra, ao atravessarem diante de um foco luminoso, ou a refletirem sua própria imagem em espelhos etc. Mais casos são relacionados e comentados.

Outros aspectos apresentados, a seguir, dizem respeito à faculdade que têm as aparições de se mostrarem vestidas, cercadas de objetos, animais etc. Daí a reação de certas pessoas que, segundo M. Tyrrell, protestam, dizendo que, além de acreditarem em fantasmas, terão também que acreditar em roupas fantasmagóricas.

Ao discutir o fenômeno da aparição coletiva, Mr. Tyrrell volta a examinar as teorias de Myers e Gurney. O primeiro admitiu, nesses casos, que o agente da aparição — isto é, o fantasma — estava presente "meteterialmente", mas não fisicamente, no local da aparição. Aí vemos novamente a substituição de um conceito simples por outro mais complexo e de mais difícil explicação. Um grande problema para esses teoristas é apontado por Mr. Tyrrell: as pessoas que veem a aparição observam-na dentro de todas as leis da perspectiva, logicamente colocada no espaço físico, como uma pessoa real. Assim, um espectador situado na frente da aparição veria seu rosto, a frente do corpo etc., enquanto outro, colocado atrás, veria a parte de trás da cabeça, as costas; um terceiro, ao lado, a veria de perfil, e assim por diante. Como aplicar, pois, a teoria da "infecção" de Gurney? Se a imagem é retransmitida de um para outro, ela deveria ser idêntica. Acho que podemos estabelecer aqui uma relação curiosa. Um transmissor de televisão envia exatamente a mesma imagem, na mesma perspectiva, no mesmo ângulo, a todos os aparelhos sintonizados com aquela estação. Seria de um ridículo insustentável querermos convencer alguém de que cada aparelho de televisão deveria logicamente receber uma imagem diferente, de acordo com o ponto de vista do telespectador e sua posição no espaço físico. Aqui, como no fenômeno da aparição, o fato é objetivo, e não subjetivo, a despeito de todas as teorias que se construírem.

Para sair do impasse, Gurney só tinha uma fórmula e usou-a sem a menor cerimônia: duvidou de que os fatos se passassem da forma descrita, isto é, que cada um visse a imagem de seu próprio ponto de vista. Se isso fosse verdade — e é —, então a teoria subjetiva das aparições é uma grande tolice — e é, também. O fenômeno é objetivo, repitamos. Mas não vamos deixar disparar o carro.

Mr. Tyrrell acrescenta, mais além, que os vários observadores das aparições coletivas as situam no mesmo ponto do espaço. Em outras palavras, se três pessoas veem um fantasma sentado numa cadeira de braços, ao canto da sala, não há o que contestar; é porque, de fato, o fantasma está ali sentado, quer queiram ou não os teóricos. Se o fantasma se move, os três observadores o verão mover-se e as descrições que fazem concordam, ponto por ponto. Dessas dificuldades não sai Mr. Gurney, o autor da teoria da "infecção".

Ainda no capítulo sobre as características das aparições, Mr. Tyrrell apresenta a descrição do que seria uma aparição perfeita, reunindo para isso todos os elementos que deveriam contribuir para que esse fenômeno ocorresse. São dezenove as condições de uma aparição perfeita, segundo o autor. É uma lástima que não as possamos listar minuciosamente para o leitor. Referem-se à sua aparência física, ao modo de andar, aos efeitos de luz e sombra que incidem sobre a figura, ao ruído de suas roupas ao caminhar, ao ruído de sua respiração, se chegarmos bem perto dela, à reflexão da imagem em um espelho, às sombras que projetaria etc. etc. Claro que existem nos arquivos da S.P.R. casos comprovados de cada aspecto desses. Em outras palavras, houve aparições que projetaram sombras, que produziram ruídos ao caminhar, que se refletiram em espelhos etc. Agora, o que muito surpreende na exposição de Mr. Tyrrell e que nos põe de sobreaviso sobre suas próprias concepções é o que contém o item onze de suas características da aparição perfeita. Diz ele: "Além de suas roupas, a figura poderá ter outros acessórios, tal como uma bengala ou outro qualquer objeto. E poderia ser acompanhada por um cão ou mesmo por um ser humano. Estes teriam a aparência normal e procederiam de maneira normal. Com respeito à companhia humana, *acho* que não faria nenhuma diferença o fato de *ter ou não existido essa figura complementar*. Picwick ou Sherlock Holmes fariam o mesmo que Charles Dickens ou *Sir* Arthur Conan Doyle e teriam a mesma aparência de vida e naturalidade".

Em apoio dessa suposição, o autor não tem nenhum fato recolhido pela S.P.R. Caso contrário, tê-lo-ia citado, como os demais. Menciona, porém, Myers e Gurney.

• • •

O capítulo terceiro é dedicado à teoria das aparições e o autor envereda por complicadíssimos raciocínios de Psicologia para construir os fundamentos das teorias que pretende arquitetar.

Não creio que o leitor leigo, como eu, tenha algum interesse no esmiuçamento dessas ideias. No entanto, já à pág. 88, o autor começa a tirar algumas de suas conclusões. Uma delas é a de que as "aparições telepáticas" têm uma origem psicológica, e não física; apenas imitam a realidade, mas não participam dela. É interessante observar que o autor teve uma intuição do problema, mas não soube ou não quis admitir o fato. Diz ele: "Parece que as alucinações sensoriais são produzidas por um mecanismo semipsicológico — algo que estaria a meio caminho entre a mente e a máquina, isto é, algo com características semiconscientes".

Nós diríamos que esse mecanismo existe de fato e se chama perispírito. Está localizado exatamente nas fronteiras entre a matéria grosseira e o espírito imaterial. Quanto ao subconsciente, ou seja, às condições semiconscientes a que ele se refere, um dia encontrará a Ciência, no substrato das vidas anteriores, o imenso porão da nossa personalidade.

Não obstante suas ideias sobre alucinações sensoriais e sua admissão do caráter subjetivo (em contraposição ao caráter objetivo) das aparições, Mr. Tyrrell relata, às páginas 98 e seguintes, o caso que levou o número 35. Este é um caso deveras importante, porque, a meu ver, contém outras implicações que não foram mencionadas pelo autor.

Trata-se do seguinte: um cidadão, chamado Mr. A..., perdeu a vista esquerda numa operação de glaucoma, ao mesmo tempo que a direita ficou seriamente afetada. O centro de seu campo visual era todo obscurecido, como que envolvido em permanente névoa. Quanto ao mais, Mr. A... era uma pessoa perfeitamente normal. Ora, esse cavalheiro, que mal distinguia as coisas, os seres e objetos, tinha visões de extraordinária nitidez, que duravam dias até. Da primeira vez, viu apenas um muro ao longo de uma estrada, num trecho que ele tinha certeza de não haver muro algum. E não via como usualmente seus olhos defeituosos mostravam as coisas. Não. Via tudo com nitidez absoluta: as pedras, a argamassa, o reflexo dos raios solares nas pedras. Ocorreu-lhe, então, que, mesmo fechando os olhos, talvez ele continuasse a "ver" o muro. E, de fato, fechou-os e ainda via tudo como dantes. Lá estava o muro, com os mesmos detalhes, brilhando ao sol. Outras imagens surgiriam mais tarde, como a de uma senhora que caminhava à sua frente, tão junto de si que ele mal podia evitar pisar-lhe a cauda do vestido. A saia era vermelha e continha grupos de linhas brancas (um traço largo com duas linhas finas de cada lado). As vestes da moça se agitavam naturalmente, com os movimentos do corpo. Era tudo real, perfeito, sem sombra de dúvida.

Os comentários de Mr. Tyrrell são deveras surpreendentes. Diz ele que o caso revela a existência, na personalidade humana, de uma completa maquinaria para produzir imagens visuais idênticas às da percepção normal, inclusive o ambiente, isto é, o local onde ocorrem as visões e que nem sempre coincide com o plano físico onde se acha o vidente. Acha então, o autor, que por isso os órgãos não são necessários em tais experiências. Por conseguinte — é ainda ele quem o diz —, nada há de supranormal no fenômeno.

Para início de conversa, acho que seria necessário esclarecer o que se esconde atrás dessa palavra supranormal. A meu ver, a própria classificação de normal e supranormal é arbitrária. Qual o critério adotado pelos que atiram tal ou qual fenômeno para lá ou para cá da linha demarcatória? Não há outro senão o estatístico. Se há uma incidência muito grande, isto é, se o fenômeno ocorrer com relativa frequência (também arbitrariamente estimada ou prefixada), então é normal. Se ocorrer mais raramente, então é tido como supranormal. Tenho a pretensão de achar que esse critério de classificação não resiste à análise séria do raciocínio desapaixonado. Há alguns decênios, a passagem de um avião, cortando os espaços, era acontecimento raríssimo, e até mesmo considerado impossível por muitos, porque o mais pesado que o ar *não poderia logicamente* manter-se suspenso no espaço. Como se resolve o problema? O voo do avião era então um fenômeno supranormal? Sim, se o avaliarmos pelos padrões de Mr. Tyrrell e outros. Não, se o submetermos às imposições do raciocínio. Assim considerados os fatos, fica muito abalado o conceito de supranormalidade, tese que os espíritas jamais reivindicaram. O fenômeno espírita é absolutamente normal *na faixa vibratória em que ocorre*, embora de incidência estatística relativamente baixa, naquela em que estamos, os encarnados.

A complicada teorização de Mr. Tyrrell não explica o fenômeno da percepção de Mr. A..., um homem que mal podia enxergar com seus olhos físicos. Quer queiram, quer não, a visão de Mr. A... era um fenômeno objetivo, isto é, o muro lá estava "de verdade", ainda que num plano diferente das realidades físicas a que estamos acostumados, como também lá estava a moça que caminhava à sua frente. Abramos aqui um parêntesis. As visões que ele experimentava eram função específica de seus órgãos perispirituais; os correspondentes órgãos físicos não participavam do fenômeno. A prova está em que, fechando estes, ele continuava a *ver* tudo com a mesma nitidez e perfeição. A grande significação desta experiência está exatamente na comprovação do fato irrecusável de que o corpo físico é mero ponto de apoio da ação espiritual; simples instrumento grosseiro de que se vale o Espírito para exercer sua atividade física. Enquanto estiver atado à matéria, o Espírito estará mais ou menos limitado a essa contingência, chegando mesmo a perder parte de suas faculdades se desaparecem ou são mutilados os órgãos físicos correspondentes. Dessa forma, a não ser excepcionalmente, como acabamos de verificar, se extirparmos os olhos físicos, a criatura humana deixa de ver, da mesma forma que, se nos deceparem as pernas, deixaremos de andar. A deficiência permanecerá enquanto o espírito estiver ligado ao corpo físico. Quando se desprender, após a crise da morte, suas faculdades lhe serão devolvidas intactas, como o têm comprovado as inúmeras comunicações recebidas. Se os nossos pesquisadores modernos quisessem admitir isto, pelo menos como hipótese, dariam um grande passo à frente, porque um dos fundamentos básicos do materialismo científico e pseudocientífico está precisamente nessa errônea concepção de que a atividade mental é uma espécie de subproduto da função física. O próprio Dr. Rhine segue pelo mesmo caminho ao afirmar que a dificuldade, no enquadramento científico do que chamamos Espírito, está em que o desenvolvimento das faculdades intelectuais acompanha o desenvolvimento do corpo físico e que a privação de um órgão físico acarreta a perda da atividade correspondente. Por conseguinte, dizem os cientistas, a atividade mental é decorrência direta do mecanismo físico e nada tem de transcendental, como querem os espiritualistas do mundo inteiro.

Para essas conclusões materialistas concorrem, como estamos vendo, até mesmo os autores que, caolhamente, admitem o fato — porque é inegável —, mas buscam inutilmente explicá-lo com teorias inadaptáveis àqueles mesmos fatos que observaram.

• • •

Deixem-me dizer, ainda, que o caso 35 está no livro de Mr. Tyrrell sob o título curioso e esdrúxulo de "Uma alucinação subjetiva, não telepática". Que não é telepática, sabemos nós. Mas por que subjetiva? E por que alucinação?

Com o objetivo de fazer caber todos os casos relatados dentro de suas inaceitáveis teorias, Mr. Tyrrell se empenha fundamente nas mais complexas hipóteses.

Em sua concepção, a visão é produzida por um conjunto de circunstâncias. Não passa de uma fantástica *piece of stage-machinery*, quer dizer, uma peça de mecânica teatral. Ela é criada (literalmente, na expressão do autor) para expressar uma ideia. Essa ideia é uma espécie de motivo, de tema, ponto de partida para a criação do enredo, não faltando mesmo o produtor e o cenarista. Na sua opinião, o agente do drama e seu perceptivo — utilizando recursos comuns: lembranças e noções retiradas do inconsciente — constroem o drama, montam o cenário e, então, a ideia se dramatiza, como se não passasse tudo de uma cena barata de *vaudeville*. Infelizmente, o autor não pôde explicar como é que se passa o fenômeno. Admite, porém, que é difícil imaginar o agente do drama e seu perceptivo reunidos, a combinarem os pormenores da ação (pág. 102).

Nas páginas seguintes, Mr. Tyrrell expõe miudamente suas ideias, citando Freud, Myers, Leibniz, McDougall, Macé, Lord Balfour e outros e outros. Parece que, não se sentindo muito certo de seus próprios recursos, o autor busca apoiar-se alhures.

Suas dificuldades aumentam sensivelmente quando ele procura explicar, a seu modo, as visões coletivas, isto é, presenciadas por mais de uma pessoa. Conclui, por não haver outra alternativa, dentro de sua linha de raciocínio, que *some kind of telepathic process*[4] deve ocorrer. Mas como, se ele próprio acabou de recusar, muito legitimamente, a hipótese de Gurney que explicava a transmissão por um ridículo processo de infecção?

A seu ver, então, cada um dos espectadores seria induzido a criar a sua imagem, expressando, assim, uma ideia coletiva coincidente. Quanta boa vontade é preciso ter para aceitar todo esse mecanismo! O autor ainda vai mais longe, porém, e diz: "Se pudéssemos produzir tais fenômenos coletivos experimentalmente, aprenderíamos muita coisa sobre telepatia...".

Mas não se impressione o leitor com as atuais dificuldades do autor, porque elas se agravarão nos capítulos seguintes.

• • •

No capítulo quarto, "Clarividência", do seu livro, Mr. Tyrrell encontra novos e sérios embaraços. Diz inicialmente

[4]"Alguma forma de processo telepático."

que, do ponto de vista teórico, os casos mais difíceis de explicar são os chamados recíprocos.

Precisamos contar este também, que é de grande importância. É um caso clássico e que no livro tomou o número 36: Mr. Wilmot, um cidadão americano, regressava de navio à sua pátria, em companhia de um amigo, Mr. Tait. Ocupavam a mesma cabina, com dois leitos — um em cima, outro embaixo. Mr. Wilmot conseguiu dormir e sonhou, já de manhã, que sua esposa — que estava nos Estados Unidos — viera visitá-lo. Ela entrou no camarote, hesitou ao ver que havia outro senhor no leito de cima, mas caminhou na direção do marido, curvou-se para beijá-lo levemente, fez-lhe uma rápida carícia e saiu silenciosamente. Em seguida, ele acordou e deu com o amigo, no leito de cima, apoiado num cotovelo e olhando-o de maneira estranha. "Você, hein?" — disse-lhe o outro — "recebendo visitas femininas aqui no camarote..." Mr. Wilmot, atônito, insistiu por explicações e o amigo narrou toda a história. A descrição correspondia exatamente ao sonho que acabara de ter. O mais interessante, porém, é que, ao chegar em casa, a esposa de Mr. Wilmot foi logo perguntando: "Você recebeu uma visita minha terça-feira da semana passada?". Ele fingiu ignorar e respondeu: "Como, se eu estava em alto-mar, a mais de mil milhas daqui?". Ela contou, então, o que se passara. Sentindo-se preocupada com o marido, pois tinha tido notícia de que o navio em que ele viajava sofrera consequências de mau tempo, transportara-se para lá, de algum modo. Lembra-se de ter cruzado o mar agitado e chegado ao navio — baixo e negro —, onde entrou, descendo à cabina onde estava o marido dormindo. Ao entrar, notou que havia um homem a olhar fixamente para ela, do leito de cima. Hesitou por alguns instantes, mas depois foi até ao marido, curvou-se para beijá-lo e fazer-lhe uma carícia, retirando-se em seguida.

O leitor pode agora imaginar as dificuldades de Mr. Tyrrell. Ele começa por admitir que o caso parece favorecer fortemente a teoria de Myers, segundo a qual uma Inteligência consciente, observadora, estaria presente no lugar em que a aparição foi vista. A Sra. Wilmot se recorda de cada detalhe: o amigo do marido, a olhá-la do leito de cima, o estilo peculiar dos leitos, que ela descreveu ao marido, o mar agitado, o navio, tudo o mais. Por conseguinte, seria de se admitir, logicamente, que *ela esteve lá*. Mas não. Mr. Tyrrell conclui que ela "viu" a cabina através de uma ligação telepática com o marido. O fato de Mr. Tait, companheiro de quarto, ter participado da experiência, teria ocorrido, segundo Gurney, porque ele se "infeccionou" pela ideia!... As explicações de Mr. Tyrrell prosseguem, tão laboriosas quão fantásticas e inúteis. Depois de muito escrever, citar e conjeturar, o autor conclui que toda a história foi um drama construído pelo inconsciente do Sr. Wilmot e o de sua esposa. Bem, e como é que Mr. Tait, espectador desinteressado, assistiu a tudo? É fácil, diz Tyrrell: ele era uma peça importante no drama, que não estaria completo sem ele; por conseguinte, foi arrastado para a ação da peça! Simples, não? Mas como se deu esse fenômeno? O autor não o explica, infelizmente. Fica o leitor com todo o direito de achar que ele não tem uma explicação plausível do mecanismo dessa participação involuntária de Mr. Tait, ainda que admitindo ser verídica ou aceitável a primeira parte da explicação, quando afirmou que a visão era uma conspiração entre o senhor e a senhora Wilmot.

• • •

No subcapítulo seguinte, o autor examina alguns fenômenos anímicos, a que ele chama *Travelling clairvoyance* — clarividência móvel. Ele próprio é o primeiro a autenticar os fatos que cita, que estão acima de qualquer suspeita. Trata-se de fenômeno de desdobramento consciente do perispírito. No caso, uma jovem — que nunca recebeu dinheiro pelas demonstrações que fez — desdobrava-se, conservando a consciência e depois descrevia as cenas a que assistira. Tais descrições eram testadas posteriormente, com as pessoas visitadas pela jovem, em espírito. Claro que Mr. Tyrrell não conta o fato com essas palavras, mas é o que de fato ocorre. Como é, então, que ele explica o caso? Simples. Ele não admite a presença da moça no local que ela sempre descreve após a experimentação. Acha que ela construiu toda a cena, retirando o material de sua própria personalidade e das personalidades daqueles que possuem a informação de que ela precisa para "montar" sua dramatização. Extraordinário poder dessa moça! Descobrir que informação iria precisar, e descobrir onde encontrar as pessoas que possuíam tais informes e, ainda mais, penetrar a memória dessas pessoas e de lá retirar o material de suas "construções"... É de estarrecer!

Não posso compreender porque todo esse esforço titânico em substituir, por uma elaborada, fantástica e inaceitável hipótese, uma explicação tão simples, racional, lógica e perfeita. Por que não se admite, pelo menos como hipótese, a afirmativa de que a moça esteve de fato no local que descreveu? Não em seu corpo físico, material, mas em seu corpo perispiritual, consciente?

• • •

Às vezes, o autor tem momentos de humildade passageira. Admite, à pág. 128, que "estamos ainda no escuro, com relação à estrutura da personalidade humana, que é provavelmente muito mais extensa e complexa que qualquer ideia que dela se possa ter no presente; talvez o processo telepático descubra, na personalidade, um fator que os processos subjetivos e hipnóticos não tenham ainda atingido".

Com essas ideias preconcebidas, a Ciência continuará ainda por muito tempo naquele escuro a que se refere o autor, não conseguindo nem mesmo tocar a superfície do profundo significado contido na personalidade humana.

Para o fim do livro, o autor se perde ainda mais nas suas conclusões. Vejamos algumas.

Comentando um caso em que a aparição não é de pessoa viva conhecida, ele informa, candidamente, que, se a aparição "representa" uma pessoa morta, isso não quer dizer que o morto é o agente. A pessoa viva pode produzir o fenômeno. Como já vimos, o autor acha que o "agente", isto é, aquele que deseja produzir uma aparição e um drama tem poderes supranormais, sendo capaz de criar o que bem aprouver, até mesmo reprodução exata de outro ser humano! No entanto, após afirmar isso, informa que, por outro lado, a aparição é produzida por algum agente e que na maioria dos casos é difícil encontrar um candidato plausível, a não ser a própria pessoa que a aparição representa. Em outras palavras: se a aparição parece com meu amigo J..., falecido há muito tempo, quem estaria interessado em se mostrar como J... a não ser ele mesmo?

E daí, pergunto eu, onde ficamos, Mr. Tyrrell?

Mas vamos seguir mais um pouco o pensamento do autor. Os casos em que a evidência indica que o fantasma aparecido não estava mais entre os chamados vivos, Gurney os interpretou como sendo de *telepatia diferida* ou retardada. Vejamos o que é isso. A pessoa, ao morrer, segundo aquele teorista, enviou uma mensagem telepática a alguém, que só a recebeu alguns minutos depois ou algumas horas depois. Não vamos discutir essa possibilidade. Vejamos, porém, onde quer chegar Mr. Tyrrell. Em contraposição à teoria de Gurney, Myers acha que o ente "meteterial" está de fato presente, onde se deu a aparição. O autor não sabe como decidir a pendência, porque páginas atrás já rejeitara a hipótese de Gurney, baseando-se, não somente na lógica, como em casos concretos que relatou e aos quais a teoria de Gurney não se adaptava. O dilema, então, pode ser assim expresso, se me permitem: ou a hipótese da telepatia diferida, de Gurney, ou a hipótese "meteterial" de Myers e seu corolário lógico, indispensável, conclusivo, que é a sobrevivência do espírito. Não sabendo o que fazer de seu dilema, o autor cria uma terceira ponta na alternativa, como um apêndice incongruente. Diz ele que a argumentação apresentada no presente livro rejeita a interpretação de Myers e altera profundamente a de Gurney. Vemos, pois, que o autor força a adaptação de suas teorias à medida que as dificuldades vão surgindo em seu caminho, porque antes rejeitara não somente a teoria de Myers como a de Gurney.

Ao tentar mais adiante explicar os casos de aparições ocorridas muito depois da morte (Gurney havia fixado um limite arbitrário de doze horas), Mr. Tyrrell esbarra novamente com um volumoso bloco atravessado em seu caminho: os casos de percepção coletiva de aparições. Ainda se poderia admitir, num *tour de force*, que a imagem telepática enviada pelo agente, no momento da morte, ficasse retardada, de certa forma não explicada e certamente não explicável. Por fim, ao cabo de algumas horas, dias ou anos, a imagem atingiria o perceptivo, num momento psicológico favorável, quando ele estivesse em condições de receber a imagem. Então, o fenômeno ocorreria e estaria tudo em paz.

Mas como é que todo esse conjunto de circunstâncias poderia ser aplicado racionalmente, quando duas, três ou mais pessoas assistem ao mesmo fenômeno de aparição e suas descrições coincidem? O retardamento da imagem telepática, nesse caso, teria que viajar no tempo e no espaço, tomando em consideração, com precisão matemática, a disposição de cada um dos espectadores, para, então, eclodir, simultaneamente, em todos, no exato momento psicológico de cada um. E daí?

Mr. Tyrrell não se impressiona muito com as dificuldades criadas pela evidência e sai-se com esta (pág. 136): "Alguns casos certamente contêm certa evidência em favor do ponto de vista de que a pessoa morta representada pela aparição é realmente o agente". Então, qual a conclusão do leitor? Mr. Tyrrell aceita ou não aceita a sobrevivência? De minha parte não admiro que o leitor não possa decidir a pendência, porque o próprio Mr. Tyrrell está envolto pelas trevas da dúvida.

Desde que exista, porém, uma exceção a qual não se aplique a hipótese arquitetada para a generalidade do fenômeno, a suposição perde toda a sua substância. É uma contingência inelutável do raciocínio científico, não da alta Ciência — que eu, pobre de mim, não estaria em condições nem de mencionar —, mas daquela Ciência modesta, contida nas leis fundamentais que nós todos aprendemos no ginásio. Uma lei só pode ser estabelecida quando, sob idênticas condições experimentais, produz idênticos resultados. Se misturarmos oxigênio e hidrogênio, nas proporções exigidas, e mergulharmos na mistura uma esponja de platina, há uma reação química e se produz água (H2O). Qualquer pessoa poderá fazer a experiência e ela se repetirá *ad infinitum*, quando observadas as mesmas condições básicas.

Agora, se alguns casos de aparição produzem evidência da ação de pessoas chamadas mortas — e isso o autor admite, como acabamos de ver —, então já não se pode generalizar a ideia de que a sobrevivência não ocorre porque o fenômeno pode ser produzido por pessoas vivas. Afinal, que lei é essa que se adapta a diferentes situações? Basta uma exceção para invalidar o raciocínio. E existe uma força impressionante de evidência a esse respeito, desde tempos imemoriais. O próprio Cristo foi agente de aparições, logo após a morte na cruz.

Mal subido às tamancas ainda modestas da incipiente ciência humana, o homem se deixa levar pela mística do laboratório e só aceitaria a existência e a sobrevivência do Espírito se conseguisse aprisioná-lo numa proveta e submetê-lo a testes. Ainda bem que o espírito humano, elaborado por uma Inteligência infinitamente superior, ignora essas ridicularias e vai vivendo e sobrevivendo, enquanto espera pela evolução do próprio homem.

• • •

À pág. 137, Mr. Tyrrell afirma, após inúmeros rodeios, que, embora haja sempre algum jeito de escapar à explicação da sobrevivência, ele pessoalmente admite — à medida que os relatos se vão avolumando — "que parte considerável de casos, à parte de qualquer consideração apriorística, indica ação sobrevivente".

O caso 49 é um desses. Uma criança de dois anos e meio perdeu um irmãozinho de apenas oito meses. Diariamente o menino dizia à mãe que o *bebê* falecido chamava por ele. Largava seus brinquedos e corria na direção onde via a imagem do irmão desaparecido, dizendo à mãe que o *bebê* o estava chamando; que ela não ficasse triste quando ele se fosse etc. Um dia, veio aflito chamar a mãe para ver o *bebê* sentado na sua cadeira alta. Nunca estivera tão excitado. Dizia à mãe: "Venha depressa, o *bebê* está sentado na cadeira alta". Quando não mais pôde ver o irmão, ao retornar, disse à mãe que ela não tinha vindo rapidamente como precisava. "Agora, ele se foi...", concluiu. Esse menino, que gozava de perfeita saúde, adoeceu e morreu nove semanas após a morte do irmão mais novo.

Comentário muito seco de Mr. Tyrrell: "Estas parecem ser *alucinações* (grifo meu) notáveis para uma criança de dois anos e meio".

No entanto, pelo simples fato de terem ocorrido com uma criança de tão pouca idade — é o próprio autor quem o admite —, se apresentam acima de qualquer suspeição de fraude.

Em outro caso relatado (nº 51), Mr. Tyrrell não encontra outra saída e diz: "Devo confessar que não consigo ver nenhum outro agente plausível (dos fenômenos narrados), a não ser a personalidade ou o ser da Sra. S..., cujos aspectos e hábitos o fantasma reproduzia" (pág. 142).

Aliás, seja feita esta justiça ao autor. Ele não põe em dúvida, nem por sombra, a autenticidade dos fenômenos, o que seria o cúmulo: seu engano está em querer forçá-los dentro de suas hipóteses e teorias.

A aparição nº 51 durou sete anos, foi testemunhada por vinte pessoas diferentes, as descrições coincidem; os animais sentiam também o fenômeno. Enfim, um caso perfeito, inadmissível como trapaça.

Continuando sua tremenda ginástica mental para criar explicações complicadas, o autor cada vez mais se perde pelos caminhos que escolheu. Levanta primeiro a hipótese de que as aparições coletivas, depois da morte do agente, seriam um produto das ideias que sobre ele ficaram na memória dos que lhe sobreviveram! Tão acostumados estavam os sobreviventes a ver a pessoa andando pela casa, que continuam ainda a ver seu fantasma. Os estranhos, em tal caso, o veriam também por causa do caráter telepático daquelas ideias, deixadas na memória dos sobreviventes.

No subcapítulo seguinte (pág. 149), o autor analisa, pela sua conexão com o assunto, novos casos em que ocorrem experiências com pessoas vivas, fora do corpo físico, e que se conservam conscientes durante o processo. O caso 57 é um desses e dos mais interessantes.

O narrador, Dr. Wiltse, da cidade de Siddy, no estado americano de Kansas, passou por uma crise orgânica intensa e experimentou, conscientemente, o fenômeno do desdobramento do perispírito (embora Mr. Tyrrell não use a expressão). Fala o médico sobre a sensação de estar saindo de dentro de seu próprio corpo. Sentia e ouvia pequenos estalos de numerosos laços que se partiam e acrescenta: "Comecei a me retirar lentamente dos pés para a cabeça, tal como uma corda de borracha que se encolhe". Notou, então, que estava preso ao corpo, a considerável distância, por um fio parecido com teia de aranha. "O fio estava preso ao corpo, na altura do ombro."

Em outra experiência (caso 59), um homem desligado do corpo sob o efeito de intenso frio, no alto de uma montanha, assiste conscientemente ao roubo de uma de suas garrafas de vinho e de uma perna de galinha, praticado pelo guia da expedição. Quando consegue reanimá-lo e ele retorna ao corpo físico, conta o que havia presenciado e o guia se apavora, julgando que ele tivesse poderes diabólicos.

Outros casos são narrados, mas o autor se abstém de comentá-los, dizendo apenas, no início, que tais experiências naturalmente não provam a sobrevivência, mas são muito surpreendentes do ponto de vista do epifenômeno da consciência.

• • •

No último capítulo (páginas 156 e seguintes), o autor apresenta suas conclusões finais sob o título "Especulação e reflexão". Entre outras coisas, tenta explicar o que entende ele sobre o que nomeou por "cenarista" (*stagecarpenter*) e o a que chamou "produtor" (*producer*). Diz que não se trata de pessoas; são meros "elementos constitutivos da personalidade humana, fatores da complexa organização da personalidade". (?!)

A hipótese telepática é ainda a favorita do autor. Diz ele, finalmente, que há indícios de que a mentalidade científica começa a aceitar a existência dessa faculdade humana, mas a ideia de que esse conceito novo pode provocar uma revolução, em nossa concepção da natureza das coisas, ainda está longe de ser aceita pelo mundo filosófico e científico.

O autor acha naturais as reações — de indiferença ou de hostilidade — aos fatos que ele traz ao conhecimento público. "A verdadeira razão" — diz ele — "é que os fatos, que trouxemos à luz, se chocam violentamente com o ponto de vista amplamente aceito acerca da natureza das coisas. A telepatia exige uma revolução nas ideias correntes sobre a personalidade humana, e a premonição exige uma revolução nas ideias correntes sobre o tempo" (pág. 159). Mais adiante acrescenta que, a seu ver, trata-se de uma reação em defesa de um credo.

Recomenda, a seguir, a experiência hipnótica como elemento subsidiário de pesquisa psíquica, em lugar das laboriosas técnicas estatísticas utilizadas pelos atuais parapsicólogos. Os processos quantitativos que esses pesquisadores estão utilizando, apesar de úteis na solução de certos problemas, são inadequados à pesquisa psíquica, que deve ser qualitativa, e não quantitativa. Esta é, sem dúvida, uma afirmação muito lúcida do autor. Concordamos plenamente com ele, neste ponto, embora partindo de premissas diferentes. Certamente que, ainda segundo o autor, as novas ideias, qualitativamente avaliadas, acarretarão grandes alterações nos quadros da lógica e do senso comum. "Sem elas, no entanto, não faremos progresso algum, mas ficaremos apenas a remexer, sem cessar, o mesmo material antigo" (pág. 163).

• • •

O subcapítulo final é dedicado ao problema da sobrevivência. Envereda o autor pela sua habitual teorização. A seu ver, a resposta acerca da sobrevivência depende de certo *background* de pensamento admitido quando a pergunta é formulada. A pessoa que pergunta tem sempre em mente um específico *background* intelectual, dentro do qual espera seja colocada a resposta. Na opinião do autor, é por causa da falta de *background* adequado que as grandes experiências religiosas e místicas têm ficado, a maior parte das vezes, como propriedades individuais, incapazes de serem transmitidas a outrem.

Cita, a seguir, um trabalho de E. R. Dodds, que pelo título diz tudo: "Por que não acredito na sobrevivência". Não acredito, diz Mr. Dodds, porque a sobrevivência implica preexistência e os psicólogos "não encontraram traço disso". No dia em que a encontrarem, diremos nós, Mr. Dodds descobrirá novas fórmulas para escapar ao dilema e expressar suas negações estéreis, até que a evidência seja tão esmagadora, que não haverá mais para onde escapar.

Outro aspecto que Mr. Dodds apresenta em favor de sua negação é o de que, dentro da teoria da preexistência, uma criança recém-nascida deveria possuir mente (espírito) amadurecida, ao passo que parece ser simplesmente um espírito infantil num corpo infantil. O argumento final de Mr. Dodds é o mesmo de todos os materialistas e feito da mesma diafaneidade insustentável. Diz ele, vitorioso: "Se a mente decai com o corpo, na velhice, como se pode esperar que ela sobreviva a ele?".

Quanto a Mr. Tyrrell, apresenta também suas conclusões cercadas de tantos subterfúgios e alçapões que quase não conseguimos aprisioná-las em nossa compreensão. Diz ele que se a pesquisa psíquica tem fornecido ou não elementos para uma resposta positiva ou negativa, com respeito à sobrevivência, é uma questão pessoal, que cada um deve resolver a seu modo. Muitos têm mesmo questionado se seria possível obter-se uma prova positiva sobre isso. Na sua opinião, a pergunta direta tem sido sistematicamente afastada e, em lugar duma resposta direta, nos tem sido "revelado algo de uma perspectiva geral, dentro da qual a pergunta deveria ser formulada". Mas, conclui ele — e isto é importante, leitor —,

> acho que podemos dizer que, se a resposta tivesse sido uma simples negativa, os aspectos da personalidade, que nos estão sendo revelados agora, não teriam sido encontrados. A pesquisa psíquica não apresenta uma folha em branco, certamente. Ao contrário, descobriu algo tão grande que as pessoas fogem dela numa reação de medo. Acham que não podem enfrentar os fatos e não estão dispostas a fazer o drástico recondicionamento que o assunto exige, em suas caras convicções (pág. 168).

Lamenta o autor que a pesquisa psíquica não tenha conseguido influenciar o mundo científico e mais culto, levando-o a compreender a importância do assunto ou, pelo menos, a senti-lo sob sua verdadeira luz. Acha que o culto popular do Espiritualismo é o maior inimigo dos pesquisadores, entre os quais se inclui. Finalmente acrescenta que o mundo atingiu um ponto em que o valor do indivíduo não pode mais apoiar-se apenas nas forças da Religião e da Moral, mas precisa da convicção intelectual, baseada na direta exploração do ser humano.

Aí está, a meu ver, o engano fundamental do autor e dos que seguem esta mesma ordem de ideias. A dificuldade em encontrar respostas corretas reside precisamente na teimosa atitude de querer dissociar a concepção filosófica da alma, de sua concepção religiosa. Daí sua má vontade com as doutrinas espiritualistas, porque estas não entendem o espírito sem o sopro divino. Está nas primeiras páginas da *Bíblia*. Mr. Tyrrell ainda está preso à ilusão de que se pode estudar o espírito humano friamente, como uma coisa, quando, em realidade, o espírito é muito mais que isso.

• • •

Vemos assim, como sempre, que as conclusões de tais livros são melancólicas. Um homem culto e inteligente, como se depreende ser o autor do livro em discussão, vem a público debater problemas de natureza espiritual, mas foge medrosamente à ideia do espírito como entidade autônoma, consciente, fagulha inicialmente desprendida do Criador. Realiza os maiores prodígios de ginástica mental para afirmar que a aparição é um drama telepático arquitetado pelo inconsciente dos interessados; que o fenômeno em si é mera alucinação sensorial; que a sobrevivência, simples hipótese, das mais remotas, é constituída de retalhos da personalidade "extinta" e que ficaram a boiar na memória dos sobreviventes. Finalmente, informa que o mundo precisa de convicções intelectuais mais ou menos materialistas, porque Religião e Moral não bastam para sustentação da estrutura filosófica do indivíduo.

É nisso que dá a ciência esterilizada pelo racionalismo materialista, dissociado do pensamento religioso. E por incrível que pareça, é esse o tipo de pesquisa que as chamadas religiões oficiais têm incentivado indiretamente, ao combaterem, com todas as forças cegas da intolerância, aqueles que, iluminados por uma verdade superior, continuam a insistir em que o espírito humano preexistente, sobrevivente e imortal, não pode ser estudado à luz bruxuleante da tosca Ciência humana; é indispensável que sobre ela também incida o facho poderoso do pensamento religioso.

O próprio Dr. Rhine, num momento de lucidez, já declarou que, até onde alcança a pesquisa moderna, a conceituação da alma psicológica não colide com a da alma religiosa.

Por tudo isso, achamos legítimo concluir que Mr. Tyrrell escreveu um livro na esperança de provar que dois mais dois é igual a zero...

5

AS TRÊS FACES DE EVA

Parece que os mentores do plano superior estão, no momento, interessados em oferecer, aos estudiosos dos Estados Unidos, casos do mais alto interesse psicológico e espiritual, com o objetivo de chamar a atenção dos nossos irmãos do Norte, para os grandes problemas do espírito humano.

Primeiro foi o notável episódio de Bridey Murphy, no qual uma jovem senhora americana revelou, em estado hipnótico — e para surpresa dos circunstantes, inclusive seu hipnotizador — fatos e memórias de uma existência anterior, vivida na Irlanda. Com aquele espírito prático dos americanos, os diálogos, entre o hipnotizador e a jovem dona de casa, foram gravados e reproduzidos minuciosamente num livro que conquistou largo público, no mundo inteiro, e foi traduzido em várias línguas.

Sob o impacto da obra, que narra singelamente os fatos, sem procurar interpretá-los, a opinião americana foi profundamente atingida, porque o livro se ocupa da reencarnação — uma doutrina que, até mesmo entre os espiritualistas americanos, não constitui ponto pacífico.

De qualquer forma, a experiência narrada colocou o problema da sobrevivência e da reencarnação, por assim dizer, nas manchetes dos jornais e como tema obrigatório de discussão em reuniões públicas e privadas. Podemos imaginar que ao impulso da curiosidade acirrada muita gente tenha procurado ulteriores esclarecimentos, em obras menos sensacionais, porém mais meditadas. É lícito concluir, portanto, que, num balanço geral, o resultado tenha sido francamente positivo para as doutrinas espiritualistas, de vez que, superada a fase do sensacionalismo, fica um saldo de interesse legítimo e sadio em torno do fenômeno e de suas consequências morais e religiosas.

Depois disso, as baterias da publicidade se assestaram sobre outro caso que se tornou famoso e foi acabar em Hollywood, onde a Twentieth Century Fox produziu um filme de apreciáveis qualidades dramáticas, que até valeu um prêmio à intérprete principal. Mesmo o leitor menos afeito às novidades cinematográficas, saberá que se trata do caso a que foi dado o sugestivo título de *As três faces de Eva*. O livro, do qual saiu o filme, foi escrito pelos Drs. Corbet H. Thigpen e Hervey M. Clerkley. A tradução em português, de Frederico Branco, foi publicada, em 1958, pela Instituição Brasileira de Difusão Cultural (Ibrasa).

Há, porém, uma diferença fundamental entre os dois livros, muito embora tratem ambos dos problemas do espírito. O primeiro é narrado por um leigo que apenas sabia hipnotizar e foi dos que mais se surpreenderam com os resultados de suas experiências. Ele não procura explicar nem construir hipóteses sobre o que observou. O segundo — *As três faces de Eva* (*The Three Faces of Eve*) —, escrito por dois médicos, está eivado de distorções, introduzidas por contingência do próprio raciocínio chamado *científico*, unilateral e intransigente.

O leitor habituado aos estudos espíritas, no entanto, poderá seguir a trama do caso, mesmo por meio da esdrúxula terminologia e das não menos esdrúxulas explicações oferecidas.

Em suma, trata-se de um exemplo típico do que se convencionou chamar cientificamente de personalidade múltipla. Tal como no caso de Bridey Murphy, a personagem principal deste drama da vida real era uma jovem senhora casada. Seu caso, de tão sensacional e notável, extravasou das revistas e jornais médicos para a imprensa leiga, provocando grande celeuma e os mais disparatados comentários.

Já no prefácio do livro, o Dr. J. Mc. V. Hunt, ex-presidente da Associação Americana de Psicologia, tem uma expressão muito reveladora e muito franca, ao apresentar o livro, quando diz que o leitor "compartilha o assombro e a confusão dos autores, que são experimentados profissionais...". É exatamente isso.

A despeito da emaranhada terminologia e do jargão acadêmico dos autores, qualquer leitor de mediana inteligência pode concluir que eles se acham tão perdidos quanto a moça, nas complexidades do caso.

O quadro clínico era um tanto confuso. A jovem senhora se queixava de fortes dores de cabeça, que não cediam à força de nenhuma droga e frequentemente acabavam em desmaios. Era tímida, algo tensa, narrava tudo numa voz meio monótona e baixa. Os costumeiros exames de laboratório, raios X e outros testes, nada revelaram quanto às causas das dores. A paciente era calma, parecia exercer perfeito controle sobre suas emoções e atitudes. Enfim, não era um tipo nervoso. Por motivos óbvios, o médico lhe atribui, no livro, o nome de Eve White, em lugar do nome verdadeiro.

Por longo tempo a moça foi tratada pelos especialistas, com os recursos ao seu alcance. Interpretações de sonhos, análises de fragmentos esparsos da memória, retalhos de recordações infantis, enfim, os métodos clássicos de Psicanálise.

Ao cabo de algum tempo, a dor de cabeça desapareceu e durante um ano a moça passou relativamente bem.

No entanto, durante uma visita a alguns parentes, Eve White e o marido empenharam-se em violenta discussão, da qual chegaram a concluir que não seria mais possível a vida em comum. O marido voltou a casa sem a esposa, esperando que ela viesse apanhar suas roupas e objetos de uso pessoal, para ir embora. Para sua surpresa, porém, ela voltou perfeitamente bem, sorridente, calma e reassumiu seus encargos domésticos. Embora não se diga no livro, foi essa a primeira vez que a segunda personalidade se manifestou conscientemente, por meio de Eve White, pois que a criatura que discutira com o marido não era a mesma que chegara mansamente em casa, de volta. Aliás, Eve White nem mesmo tinha consciência da cena passada em casa dos parentes, como se verificou mais tarde. Para qualquer conhecedor da fenomenologia espírita, aí está a indicação de que Eve White fora controlada por outro Espírito, durante o período em que discutiu com o marido.

Decorrido algum tempo, declarou aos médicos, no consultório, que não tinha a menor lembrança do período que dizia terem passado em casa do parente. Além disso, durante aqueles dias demonstrara alegria e vivacidade inteiramente fora do comum para seu caráter tímido e reservado. Era outra criatura. Queria passear, divertir-se a valer e de fato divertiu-se, mesmo depois que o marido regressou a casa para ficar à sua espera.

E como é que Eve White não se lembrava de coisa alguma do que ocorrera nesse espaço de tempo? Sob ação da hipnose, conseguiu recordar-se dos fatos mais triviais, mas suas observações sobre a discussão com o marido eram confusas.

Depois, a história começa a se desenrolar em lances mais dramáticos.

O marido pediu com a maior urgência que fosse marcada uma consulta para Eve. Sem seu consentimento, ela havia comprado uma quantidade enorme de roupas caras, mandando debitar tudo à conta dele.

Ao ser interpelada, informou ao médico que nunca tinha visto aquelas roupas até o instante em que o marido a levara ao armário para mostrar-lhas. Além do mais, não estavam de acordo com seu gosto pessoal. Eve White vestia-se com discrição e com roupas baratas, pois o orçamento doméstico não dava para luxos. Grande foi seu espanto ao dar com toda aquela roupa de fina qualidade em seu próprio armário. Compreendia perfeitamente a indignação do marido, pois suas compras deveriam ter ficado num dinheirão. Isso ainda mais enfurecia o esposo, que acreditava estar ela mentindo.

O desconhecimento do problema espiritual por parte dos autores é impressionante, constituindo a principal causa das suas perplexidades. Quando recebem uma carta, começada por Eve White e concluída por outra personalidade (Espírito), ficam a imaginar quem teria escrito aquele final, meio desconexo.

Por fim, Eve White, profundamente deprimida e impressionada, narra que estava ouvindo vozes, nitidamente, quando se achava sozinha. Imaginou-se louca. Era uma voz de mulher; às vezes lhe parecia familiar e dizia coisas banais em frases vulgares. Os médicos concluem que se trata de uma simples alucinação auditiva. Nem lhes passa pela cabeça que poderia ser o Espírito irresponsável da outra, procurando criar dificuldades à pobre moça.

Já as dores de cabeça, seguidas de perda de consciência, indicam claramente, ao leitor de obras espíritas, que a jovem senhora lutava desesperadamente para não ceder o controle de seu corpo físico ao Espírito invasor. Aliás, a própria invasora, a que chamariam Eve Black, para diferençar de Eve White, informou isso ao médico, quando a oportunidade se ofereceu.

Um dia, enquanto o médico conversava tranquilamente com Eve White, esta sentiu uma espécie de tontura, modificou sua postura e mudou completamente sua psicologia. Não era mais a moça tímida e recatada, mas uma criatura ousada, maliciosa, de uma vivacidade notável, que o fitava nos olhos, num sorriso franco. Disse-lhe: "Alô, doutor!". O médico confessa sua surpresa e faz uma pergunta ingênua:

"— Como se sente, agora?

— Ora, otimamente, nunca me senti tão bem. E o senhor, como tem passado?".

Desenrola-se, então, o mais incrível diálogo, pois que nem por sombra admite o doutor estar falando com *outra mulher*, máxime na posse do mesmo corpo. Eve Black (pois é ela) entende perfeitamente a situação e se diverte à grande com a perplexidade do analista. Fala sobre a outra, na terceira pessoa, como é natural, coça as pernas, pede cigarros, tagarela sem parar.

O médico, então, faz outra pergunta infantil:

"— Quem é ela?

— Ora, Eve White, claro. Aquela sua pequena paciente, santa e resignada.

— Mas você não é Eve White?

— Não me faça rir. A esta altura, deveria estar mais bem informado, doutor".

Quando o médico lhe fala sobre o marido, responde firme:

"— Não tenho marido algum. Vamos deixar isso claro".

E depois:

"— Bem, mas, então, quem é você?

— Ora, sou Eve Black (dando o nome de solteira da Sra. White). *Eu sou eu e ela é ela*".

Explica, então, o incidente dos vestidos. Assumiu o controle do corpo de Eve White e foi passear, fazer compras e divertir-se, mandando a conta para o marido da outra. E ria.

Mais adiante o médico fala sobre a filha e ela responde prontamente que não tem filha nenhuma. Nada tem com a menina, que é filha da outra. Não negava que o corpo que ocupava no momento era de Eve White e que desse corpo nascera a menina, havia quatro anos. Onde estaria nessa época? Não sabia. Não sabia de muita coisa, infelizmente. Confessou, porém, que frequentemente tinha acesso à memória e aos pensamentos de Eve White, enquanto, ao que se depreendia, a Sra. White não sabia ainda de sua existência.

Quanto às dores de cabeça, foi taxativa:

"— O que lhe causa as tais dores de cabeça é tentar impedir que eu apareça. Ela não sabe bem o que está acontecendo, mas quando tenta deter-me e não consegue, tem uma dor de cabeça infernal".

Deduz-se também, dessa longa conversa do médico com Eve Black, que o objetivo desta é ficar dona absoluta do corpo de Eve White. É tão irresponsável a invasora, que sai à noite, pratica os maiores desatinos e se diverte com a ressaca que a outra tem de suportar no dia seguinte. "Mas você própria não sofre os efeitos da ressaca?", pergunta o médico. Resposta: "Lógico que não sinto nada!".

Confessa, também, que a voz que Eve White tem ouvido é a sua. Fazendo isso, conseguia mais facilmente o controle do corpo da outra, que se perturbava seriamente.

"— Mas o marido não ouve o que ela fala?

— Claro que não, doutor."

• • •

E o caso se complica a cada instante e cada vez mais confusos se acham os médicos. Internam a moça num hospital, onde Eve White e Eve Black se alternam no mesmo corpo, deixando os circunstantes na maior confusão mental. Quando o médico pede a colaboração de Eve Black para aliviar as dores de cabeça da outra, ela responde que, se fizesse isso, talvez não conseguisse *sair* outra vez.

O médico resolve colocar Eve Black em contato com o marido de Eve White. A conversa é penosa e cheia de tropeços, pois parece que o Sr. White não se convence de que a moça com a qual está falando não é a mãe de sua filha. Isso o deixa atônito. É o mesmo físico, são os mesmos olhos, os cabelos, a roupa. Só a atitude mental é outra. Mistério.

"— Faça o que quiser com a menina. Quantas vezes terei de repetir que não tenho nada com a sua filha, nem com você?"

O médico começa, por fim, a anotar as diferenças entre as duas personalidades. Enquanto que Eve White se deixa hipnotizar com relativa facilidade, é impraticável hipnotizar Eve Black. Esta, por sua vez, tem alergia pelo nylon, que a outra não tem. (Daí a coceira que sente nas pernas.)

No capítulo quinto, os autores fazem uma pausa em sua narrativa, para tecer considerações sobre o caso em si. Invocam centauros, unicórnios e a famosa história de Stevenson, *O médico e o monstro*. A certa altura, dizem muito doutorais: "Múltipla personalidade é frequentemente classificada como uma forma de histeria. Alguns casos estudados demonstraram, além de uma dicotomia do consciente, vários e inconfundíveis sintomas clássicos de neurose de conversão..." etc. etc.

Num raro momento de lucidez (pág. 60 da tradução brasileira), os autores têm isto a dizer:

> Nos tratados (sempre a autoridade irrecorrível e incontestável dos tratados clássicos), a dupla personalidade é frequentemente classificada entre outras dissociações do consciente, sob o termo familiar de histeria. Nenhum de nós julgava, contudo, que fosse apropriado classificar nossa paciente dessa forma, nem julgávamos que fosse reagir da forma habitual, como reagem as vítimas daquela moléstia comum. Naquela mulher havia alguma coisa que nos trazia à mente, distintamente, as limitações de nossos conhecimentos, no insondável mistério da entidade humana e da vida, em torno do reduzido volume de fatos e das elaboradas e dúbias teorias da Psicopatologia.

Esta é uma afirmativa sadia e construtiva. A humildade intelectual assume proporções de coragem moral e desejo de procurar novos rumos, em face do problema que os chavões comuns da chamada ciência ortodoxa não conseguiram decifrar.

Mas é inútil, os autores continuam a pesquisar recordações da infância, a remexer a vida pregressa, à cata de complexos que se enquadrem nas suas teorias. Com toda a sua ignorância e irresponsabilidade, Eve Black parece entender mais do caso que os homens encarregados de resolvê-lo.

Infelizmente, os tratamentos clássicos, ditados pelas fórmulas consagradas na ciência oficial, não produziam resultados satisfatórios. Eve Black continuava a fazer das suas e a criar os mais sérios embaraços e humilhações à pobre Eve White. De uma vez tentou estrangular a filha do casal. Deu-se a separação, a moça procurou empregar-se, mas a interferência de Eve Black sempre criava situações insustentáveis e difíceis.

Certa ocasião, Eve White tentou matar-se e, temerosa de perder o instrumento físico com o qual se divertia, Eve Black escreveu assustada ao médico, pedindo sua urgente interferência.

As explicações são óbvias. Em outra ocasião, perguntada como conseguia manifestar-se, Eve Black respondeu:

"— Concentro-me com todas as minhas forças no que ela está pensando e prossigo até que ela pare. Às vezes, isso acontece e nesse caso eu tenho que agir depressa, a fim de impedir que ela volte. Como se estivesse saindo no momento em que ela vem entrando, ou vice-versa".

Continuam os médicos com os exames psicológicos. Fazem testes numa e noutra personalidade. Chegam, como é claro, a resultados inteiramente diferentes. Há dois Espíritos distintos, lutando pela posse do mesmo corpo. São filmadas, separadamente; suas caligrafias são examinadas; fazem-se encefalogramas de ambas. São anotadas as reações de cada uma delas. Eve Black se diverte ao ver a outra na tela, chama-lhe afetada, enquanto Eve White, muito tensa e algo envergonhada, se sente visivelmente desgostosa ao assistir ao filme no qual uma outra criatura se apossa de seu próprio corpo e se porta de maneira tão insólita.

A certa altura, o médico resolve convocar as duas personalidades ao mesmo tempo, mas provoca tal crise de dor de cabeça que é obrigado a desistir.

De outra feita, desejosa de "dar uma espiada" (sua a expressão) no local onde trabalha a outra, Eve Black se manifesta, escreve desajeitadamente uma piada grosseira, com a máquina que a outra operava, e se retira deixando tudo na maior confusão. Note-se que Eve White era datilógrafa, ao passo que a outra não.

São, enfim, dois tipos inteiramente diferentes, opostos, nos gostos, inclinações e no caráter. Uma é calma, concentrada, modesta, grave, trabalhadora, virtuosa, algo contemplativa. A outra, turbulenta, irresponsável, superficial, espalhafatosa. Uma tem alergia pelo nylon, que lhe provoca urticária; a outra, não.

Ao fim de muita observação, o médico concluiu que a amnésia de Eve White ocorria sempre nos períodos em que Eve Black se manifestava, o que é mais que evidente.

Um belo dia, uma terceira personalidade se manifestou. Declarou chamar-se Jane. Não havia a menor dúvida de que não se tratava de Eve White, nem de Eve Black. Era mais amadurecida, parecia mais inteligente, estava bem acima, intelectualmente, das duas Eve. Jane tinha conhecimento do que faziam as duas Eve, mas não tinha acesso à experiência acumulada de suas companheiras. Nada sabia sobre elas, com relação ao período anterior à sua própria manifestação. Era uma criatura boa, com elevada dose de ternura humana, interessada no bem-estar de Eve White e de sua filhinha. Só conseguia manifestar-se através de Eve White, nunca através de Eve Black. Desde o início, os médicos sentiram que somente Jane poderia resolver os problemas das três entidades. De fato, mais tarde, a própria Jane, comovida ante certa atitude de Eve White, com quem simpatizava, propôs sacrificar-se para que Eve White vivesse, e não ela, Jane. Em Eve White, dizia ela, "a virtude da caridade não é uma compulsão".

Jane não possuía nenhuma consciência do que lhe ocorrera antes de abrir os olhos no consultório do médico. No entanto, apresentava-se digna, confiante, amadurecida, constituindo profundo mistério para o médico, que continua a encará-la como uma resultante das personalidades primitivas, quando na realidade se trata de um Espírito autônomo, consciente, mas com a memória obliterada. Nenhuma das Eve tinha conhecimento da terceira entidade. Em pouco tempo esta última começou a ter acesso ao consciente de ambas e acompanhava uma e outra nas suas atividades opostas.

Jane desenvolveu-se rapidamente, pois que absorvia todo o conhecimento que passava pelo consciente das companheiras. Estava bem certa de que as experiências das outras não eram suas. Às vezes tinha curiosas observações, como esta: "Sou completamente possuída por uma impressão de solidão... Espero poder ser útil a Eve White de alguma forma. Talvez disponha de muito pouco tempo para viver este meu curioso fragmento de vida".

No entanto, os médicos continuavam a crer que Jane era uma espécie de fusão, algo como uma combinação, um acordo entre as duas personalidades anteriores de Eve Black e Eve White. Por fim, confessam que se foi tornando difícil ajustá-la ou mesmo forçá-la dentro desse conceito. Era, definitivamente, outra entidade. E mais perplexos ficavam os cientistas, pois ainda não podiam aceitar a ideia de que, naquele pobre corpo, três Espíritos diferentes lutavam desesperadamente pela supremacia: um deles (Eve Black) com a frívola disposição de se divertir; outro (Jane) com a intenção cristã de ajudar a resolver um problema; e, finalmente, o terceiro (Eve White), desorientada, sendo aos poucos dominada pelas demais.

O caso provocou celeuma nos meios científicos. As três senhoras (expressão dos autores) foram estudadas por um grupo de cientistas da mais alta categoria. Não se percebeu um lapso, uma contradição, uma falha, por menor que fosse, nas três manifestações, consultadas independentemente. Um dos investigadores perguntou a Jane sobre um fato que ocorrera há cerca de um ano, e obteve a seguinte resposta: "Mas, doutor, o senhor esquece que só tenho sete meses!". Outro quis sugerir que Eve Black participava dos sentimentos e reações de Eve White, insinuando que seriam irmãs gêmeas. E ela, enfática: "— Mas não gêmeas idênticas!".

O que ainda mais confundia os médicos era o fato de que as três personalidades eram absolutamente normais. Com isso não poderiam simplesmente encaminhar a questão para o lado da esquizofrenia. Mas, perguntavam, como se formavam as três personalidades? Não havia e não há explicação, a não ser que se recorra à Doutrina Espírita, pois que se tratava de três Espíritos diferentes. Alinham, porém, várias suposições outras: as três seriam talvez um desdobramento de uma entidade primitivamente unificada. Ou seria possível que os elementos funcionais que compunham cada uma nunca se haviam unificado? Imaginavam, então, um meio de as integrar numa única personalidade! Enfim, não sabem, honestamente, o que fazer, como não sabem — e confessam claramente — o que fizeram para "curar" a moça. Confundem o caso em estudo com esses que ocorrem, quando dizemos que uma pessoa convertida *assume* outra personalidade. Ou de outra que *se transformou* depois do casamento. Ou daquele outro que depois da guerra *não era mais* o que fora. Ou do homem que *se encontrou* depois que o pai perdeu o dinheiro. Ou da mulher que de tanto se dedicar ao lar e aos filhos *perdeu a personalidade.*

O curioso é que dois Espíritos conhecem perfeitamente a situação em que se acham. Somente Eve White não tem noção exata do que se passa. Já vimos que Eve Black, logo na primeira entrevista, faz observações perfeitamente pertinentes ao médico. Jane, por sua vez, escreve estas palavras reveladoras:

> Eve White e Eve Black são dois indivíduos destacados e muito diferentes, assim como eu também sou delas destacada e diferente. Contudo, *há ainda qualquer coisa que nos mantém unidas, de certa forma, remotamente. Ao que parece, nenhuma de nós pode ser eliminada sem causar danos fatais às outras duas...* (Grifos meus).

Este trecho é importante, leitor, porque revela a trama toda do caso.

Confesso que quando li o livro, há cerca de um ano, não pude compreender, em todos os seus pormenores, a mecânica das três manifestações espirituais. Sabia perfeitamente que se tratava de um fenômeno mediúnico, mas alguns pontos ficaram obscuros, como, por exemplo, a personalidade de Jane, que surgiu sem consciência do passado. Afinal, quem era a verdadeira dona do corpo da jovem senhora?

Os autores julgam ter resolvido o enigma, explicando-o em termos psicanalíticos: Quando menina, Jane fora obrigada a beijar uma parenta morta. O horror daquela cena teria, na opinião dos médicos, provocado o estranho fenômeno de múltipla personalidade.

Ao contar essa recordação, Jane desferiu um grito inumano, comprimiu as têmporas e saiu desesperada a correr até à sala próxima. Depois tudo se aquietou. Mas a personalidade que ficou não era mais nenhuma das Eve e não era também Jane. Era uma quarta, que não sabia ao certo o próprio nome. Estava abaladíssima, como se acabasse de ser vítima de um terremoto. Deram-lhe o nome de Evelyn White e não se ouviu mais falar nas outras três personalidades. Por algum tempo ela se sentiria confusa, vazia e solitária. Sentia falta de Eve Black, por estranho que pareça. Quanto à menina, filha de Eve White, assumiu logo a atitude de dizer que era como se fosse sua própria filha, pois que o fora de Eve White. A falta que sentia das companheiras era bem explicada: não sabia onde estavam agora, *mas sentia que continuavam a existir*. Antes, era como se tivesse duas irmãs atrás de uma cortina. Sabia que estavam ali. Agora não, estava sozinha e deprimida. Com essa personalidade sobrevivente, o livro se encerra num tremendo emaranhado de teorias, com citações de Adler, Jung, descrição dos testes, divagações e suposições de toda a ordem. Que foi feito de Jane?

Qual a sua opinião, leitor? Ao que parece, quatro Espíritos diferentes atuaram sobre aquele corpo. Parece correto admitir que a personalidade, que se chamou Jane, não fazia parte do grupo. Deve ter sido um Espírito encarregado de ajudar a desfazer a dolorosa situação. Vimos como era nobre, inteligente e superior. Vimos também que podia acompanhar uma e outra indistintamente, sendo que as duas Eve não tinham consciência de sua existência. Sentia ter uma espécie de missão a desempenhar, embora não a visse muito claramente. Por outro lado, seu estado de consciência, *quando incorporada*, vai somente até o momento em que começou a se manifestar por intermédio da moça. Nessa ordem de raciocínio, como poderíamos explicar a eclosão da entidade que se chamou Evelyn? Poderíamos aventar uma hipótese: Evelyn seria a dona efetiva do corpo físico e que, sufocada pela manifestação permanente das demais, tenha ficado sempre à margem.

No notável livro de André Luiz, *Evolução em dois mundos*, vamos encontrar este esclarecimento precioso que parece adaptar-se ao caso de *As três faces de Eva*. Vejamos o que contém o capítulo 15 — "Vampirismo espiritual", no subtítulo "Parasitismo e reencarnação":

> Nas ocorrências dessa ordem (obsessão), quando a decomposição da vestimenta carnal não basta para consumar o resgate preciso, vítima e verdugo se equiparam na mesma gama de sentimentos e pensamentos, caindo, além-túmulo, em dolorosos painéis infernais, até que a Misericórdia Divina, por seus agentes vigilantes, após estudo minucioso dos crimes cometidos, pesando atenuantes e agravantes, promove a reencarnação daquele Espírito que, em primeiro lugar, mereça tal recurso.
>
> E, executado o projeto de retorno do beneficiário, a regressar do Plano Espiritual para o Plano Terrestre, sofre a mulher, indicada por seus débitos à gravidez respectiva, o assédio de forças obscuras que, em muitas ocasiões, se lhe implantam no vaso genésico por simbiontes que influenciam o feto em gestação, estabelecendo-se, desde essa hora inicial da nova existência, ligações fluídicas através dos tecidos do corpo em formação, pelas quais a entidade reencarnante, a partir da infância, continua enlaçada ao companheiro ou aos companheiros menos felizes, que integram com ela toda uma equipe de almas culpadas em reajuste.

Teria sido esse o caso da Sra. White? Não o poderemos, certamente, afirmar em sã consciência, primeiro porque nos faltaria autoridade para tanto, segundo porque, mesmo que dispuséssemos da necessária autoridade, não teríamos ao nosso alcance os elementos imprescindíveis ao julgamento do caso, que foi examinado exclusivamente à luz (?) dos postulados materialistas da moderna Psicanálise. Leram bem? Sim, postulados materialistas, pois que é precisamente entre os homens que mais de perto lidam com os problemas da alma, que se encontram, paradoxalmente, os menos preparados para aceitar o Espírito como entidade autônoma, real, inteligente e sobrevivente. Como poderão esses homens entender do Espírito humano, cuidar de seus males e iniciar uma tentativa de cura, se nem ao menos conseguem aceitar a existência do Espírito? Essa é uma das grandes contradições da Ciência moderna, que se recusa até mesmo a examinar a possibilidade de estar errada. No entanto, o que temos visto no passado e o que por certo continuaremos a assistir no futuro, é que precisamente aquele que não se dá por satisfeito com os antigos métodos, e não se conforma com os dogmas científicos, é quem descobre novos rumos, cria novas possibilidades ao crescimento espiritual do homem. A História está cheia de exemplos. Santos Dumont não seria o "Pai da Aviação" se não se rebelasse contra o dogma de que o mais pesado que o ar não poderia voar. A expedição de Colombo era uma refinada loucura, em face da mentalidade e dos conhecimentos predominantes em sua época, pois que a Terra não podia ser redonda. A despeito de todas as lições do passado, continuamos a nos deixar enganar pelas aparências da realidade, sem acuidade suficiente para penetrar o âmago da realidade. O átomo, que ainda ontem era considerado como fronteira avançada da matéria, a partícula indivisível por definição, está sendo desintegrado a cada instante nos modernos laboratórios, tendo mesmo provado sua tremenda força devastadora, sobre núcleos humanos, onde Espíritos de todas as tendências cumprem a jornada pela carne. Falamos em matéria, mas que é matéria? É outra ficção científica, cuja conceituação aluiu fragorosamente, quando se descobriu que matéria é energia concentrada e que energia é matéria liberada. É tudo uma questão vibratória! E ainda mais: outros mistérios do átomo se desvendam aos poucos. O núcleo está de tal forma distanciado das demais partículas atômicas, que, no dizer de um cientista, parece uma simples mosca no centro de uma catedral. Os conceitos que nos parecem irremovíveis, hoje, serão obsoletos amanhã. Por quê, então, não admite o psicólogo, apenas para raciocinar, que existe, de fato, essa *coisa* chamada Espírito? É chocante verificar, num livro tão doloroso como *As três faces de Eva*, que os autores, médicos de nomeada, cuidando de distorções espirituais, não consigam ver, no caso, nada mais que um conjunto de manifestações freudianas ou adlerianas. O próprio Freud, que tão fundamente estudou o comportamento da criatura humana, quantas vezes deve ter tropeçado na iniludível evidência do Espírito? Por que não a proclamou aos quatro ventos, com o peso de sua autoridade? Talvez não quisesse arriscar-se a jogar a sua autoridade contra a autoridade maior do dogmatismo científico. Talvez nem mesmo tivesse examinado a hipótese de seguir as pistas que o levariam fatalmente ao reconhecimento da existência do Espírito. Cientificamente, dentro dos preceitos e preconceitos da Ciência unilateral, o Espírito não deve e não pode existir; o pensamento é mera função do organismo físico, como qualquer secreção vulgar. Em todos eles, vamos encontrar a mesma argumentação superada, repetida e cansativa: a consciência nasce, cresce e morre com o nascimento, desenvolvimento e desintegração do corpo físico. Como é que pode existir independente deste? Se o peixe pudesse raciocinar cientificamente, não admitiria que alguém fosse capaz de viver fora d'água!

De modo que, voltando ao livro, vemos que dois cientistas tomam de um caso de múltipla personalidade, isto é, a dolorosa tragédia de três Espíritos desorientados e infelizes, lutando pela posse do mesmo corpo físico, e ficam a imaginar hipóteses de personalidades conscientes, inteligentes e independentes a se formarem (como?) de fragmentos de outras personalidades. Os próprios fatos e dados que apresentam, desacreditam essa tese. Os testes psicológicos lá estão para dizer que se trata de três criaturas diferentes, fundamentalmente diferentes e individualizadas.

Colocadas face a face com experimentados analistas de alto nível, a todos surpreendem com as respostas coerentes que dão. Os únicos surpreendidos, no entanto, são os próprios analistas, porque as entidades sabem muito bem que nada têm em comum, a não ser aquele pobre corpo físico, campo de batalha em que se digladiam penosamente. Releiam esta resposta de Eve Black ao analista: "Não me faça rir. A esta altura, deveria estar mais bem informado, doutor". Nem a essa altura, nem mais tarde, o doutor estaria bem informado. Ele apenas segue a trama, de olhos vendados, ao sabor da imaginação e da iniciativa dos próprios Espíritos, que lutam pela posse do veículo físico.

O método terapêutico que empregam parece mais um encadear de tentativas e experimentações. No final de contas, o resultado que obtêm, sem mesmo saberem como (e isso eles próprios o confessam), lhes parece ter sido possível graças a uma sintetização ou integração de duas ou três personalidades originárias em uma só que prevalece e sobrevive! Mas o leitor, com alguma tintura de conhecimento espiritualista, fica convencido de que, dos Espíritos que assaltavam o mesmo organismo físico, três conseguiram finalmente desprender-se, deixando aquele que parecia mais apto a continuar a vida material, aquele que realmente era o dono do corpo.

Perdeu-se, dessa forma, excelente oportunidade para um estudo completo, racional e esclarecedor do fenômeno.

Acha o Dr. J. B. Rhine que as entidades espirituais deveriam ajudar a provar sua própria existência e sobrevivência. É o que têm feito, como acabamos de ver. E que faz a Ciência com um caso destes? Soterra-o impiedosamente sob um emaranhado de teorias abstrusas e superadas.

Mas tenhamos paciência. Novos casos virão e outros mais, até que a Ciência, num momento de humildade e lucidez, possa dizer: “De fato, não há outra saída, o Espírito preexiste, vive e sobrevive”. Esperemos. O tempo, que para nós, metidos na carne, parece tão longo, é apenas uma convenção contida pela nossa própria limitação. Para Deus, o tempo não existe, apenas a Verdade eterna sobrenada, serena, o mar da inquietação humana.

6

MAIS UM LIVRO DO DR. RHINE

Associado ao seu antigo colaborador, Dr. J. G. Pratt, o Dr. J. B. Rhine, chefe do Laboratório de Parapsicologia da Duke University, dos Estados Unidos, publicou em 1957 o livro intitulado *Parapsichology — Frontier Science of the Mind*.

O objetivo do livro é o de apresentar um resumo dos conhecimentos sobre a Parapsicologia, no seu estado atual. Destina-se, em primeiro lugar, aos vários grupos profissionais ligados à Medicina, à Psiquiatria e às Ciências Sociais. O livro poderá interessar, também, aos professores, clérigos etc. Finalmente, confessam os autores, no prefácio, que ao escreverem a obra tinham em mente produzir um livro didático, destinado, eventualmente, à adoção em cursos universitários.

• • •

O livro é dividido em duas partes que, por sua vez, são subdivididas em vários capítulos. A primeira é expositiva e intitula-se "Conhecimento atual"; a segunda é de caráter mais prático e se destina a fornecer os instrumentos e os métodos de avaliação àqueles que desejarem pesquisar o fascinante assunto. Chama-se, esta segunda parte, "Técnicas de aplicação dos testes".

No primeiro capítulo da primeira parte, os autores procuram delimitar o campo da Parapsicologia, dando as definições principais, as subdivisões e suas relações com outras áreas de atividade científica, além de uma explanação geral sobre os termos e os conceitos fundamentais. Esclarecem que os fenômenos de que cuida a Parapsicologia se enquadram perfeitamente na ciência natural, de vez que são fatos da Natureza, ainda que os fenômenos parapsíquicos sejam totalmente inexplicáveis em termos de princípios físicos. Na realidade, continuam os autores, a conceituação do que é "natural" se apoia nas descobertas da Ciência e, portanto, está sempre crescendo à medida que os métodos de pesquisa vão revelando novas ciências. Por fim, acrescentam: "Está claro agora, contrariamente ao que proclamam algumas das limitadoras filosofias vigentes, que a Natureza se estende além dos domínios das leis puramente físicas".

Esta é uma afirmativa importante, porque representa um ataque direto à tola argumentação da ala materialista da Ciência. Não escapará a ninguém o fato de que o ataque, desta vez, não partiu dos filósofos e pensadores espiritualistas, mas de gente da sua mesma espécie, isto é, de cientistas em busca de uma verdade transcendental, doam a quem doerem as conclusões.

Todo ramo de conhecimento começa, necessariamente, com um conjunto de fatos desconhecidos que não encontram explicações nas ciências existentes. A Parapsicologia, no entanto, no dizer de Rhine e Pratt, já superou essa fase e pode ser, agora, caracterizada "como um ramo da pesquisa que trata de operações pessoais e fenômenos não físicos".

As principais divisões são derivadas da natureza dos próprios fenômenos observados, isto é, percepção extrassensorial (ESP) e psicocinesia (PK). A primeira se subdivide em telepatia, clarividência e presciência.

Os autores prosseguem, dizendo que a presente distinção entre a Parapsicologia e a Psicologia Geral é temporária. Com o tempo, os fenômenos parapsíquicos se integrarão no corpo da Psicologia. Outra afirmativa de grande mérito, nesta obra, é a de que a "interação dos sistemas psíquicos e físicos implica, para a mente lógica, uma unidade básica, sugerindo que os fenômenos da Parapsicologia e os da Física pertencem ao mesmo conjunto de leis universais. Se é assim, então há um campo mais vasto na realidade a ser descoberta do que aquele que já foi revelado".

Mais além, dizem os autores que a descoberta, no homem, de propriedades não atribuíveis à lei física, "empresta à teoria e à filosofia das relações humanas uma qualidade distintamente antimaterialista, que é revolucionária e de profundo alcance. Para a Religião, essa descoberta fornece a refutação da Ciência ao Materialismo".

Perdoe o leitor as extensas citações. Queria apenas deixar patente que as descobertas da Parapsicologia não acrescentam nada de novo à substância da Revelação Espírita, apenas confirmam os pontos importantes da Doutrina. O Espiritismo sempre afirmou que a manifestação espírita, como o chamado milagre, as aparições, premonições, fenômenos de transporte, levitação, de telepatia, clarividência e outros, não são derrogações das leis do equilíbrio universal. Se o fossem, teríamos que admitir alguém com capacidade de modificar leis de origem divina, ou que o próprio Deus as alterasse ao sabor de sua fantasia, em benefício de alguns escolhidos. Ao contrário, os mestres do Espiritismo — encarnados e desencarnados — sempre proclamaram que os aludidos fenômenos, longe de desrespeitarem leis conhecidas, são manifestações de outras leis que desconhecemos. Daí a conclusão lógica do Espiritismo — agora também alcançada pela Parapsicologia — de que há um conjunto universal de leis que regem todos os fenômenos, sejam eles de origem física ou psíquica. A própria Ciência é uma só, que dividimos e subdividimos em minúsculas frações, para podermos estudá-las a contento, pois que nossa mente limitada não pode alcançar todo o conjunto de uma só vez. A despeito das divisões, no entanto, não podemos fugir ao fato de que o Universo é uma unidade integrada por miríades de leis que se completam harmoniosamente, divinamente. É também óbvia, por conseguinte, a conclusão de que é maior a parte desconhecida da realidade, que a conhecida.

Por último, ainda em concordância absoluta com a Doutrina Espírita, os cientistas estão proclamando que a própria Ciência abriu luta contra o Materialismo.

Ainda no capítulo inicial, os autores procuram apresentar as principais diferenças entre a Parapsicologia e algumas práticas ou conceitos populares, como o Ocultismo. Quanto ao Espiritismo ou Espiritualismo, dizem eles, também tem sido largamente confundido com a Parapsicologia. Não obstante, acrescentam, “o Espiritualismo é uma religião, tendo como ênfase central a crença na existência de um mundo de personalidades desencarnadas supostamente capazes de se comunicarem com os vivos, principalmente através da mediunidade”.

Dizem ainda que, como em todos os sistemas religiosos, “há certas doutrinas no Espiritualismo baseadas na presunção de capacidades que não foram verificadas por métodos científicos em Parapsicologia".

Será a palavra da Parapsicologia assim, tão final e infalível que lhe caiba decidir, sem apelação, da autenticidade das doutrinas espiritualistas? Aí está uma lamentável distorção. Não que tenhamos receio; pelo contrário, desejamos que façam todas as pesquisas que quiserem. Sabemos que a pesquisa confirmará integralmente as principais verdades espíritas. Mas que se atribua à Parapsicologia tal força oracular é anticientífico, porque os conhecimentos humanos estão em constante processo de revisão evolutiva.

• • •

No segundo capítulo se cuida dos métodos objetivos de pesquisa científica e sua aplicação à Parapsicologia.

Ao examinarem os métodos para usos clínico e outros, os autores dão notícia, a certa altura, das dificuldades que — também eles — têm tido com os que se opõem às suas ideias. Com ligeiras adaptações, poderíamos fazer nossas as palavras que escreveram a respeito. Vejamos: "As contra-hipóteses ao fenômeno psíquico — que nunca tiveram base alguma nos fatos (como, por exemplo, o cochicho involuntário da parte do agente, num teste de telepatia) — e às quais tem sido dada exagerada importância, somente por causa da controvérsia acerca da percepção extrassensorial, podem ser, com real proveito, esquecidas num teste prático".

Vemos, assim, que não é só a Doutrina Espírita que tem enfrentado toda uma série de contra-hipóteses, das mais ridículas; a própria pesquisa científica as tem igualmente encontrado pelo caminho. E, como seria de esperar, as objeções que se levantam à explicação psíquica fornecida pela Ciência são praticamente as mesmas que sempre foram colocadas contra as explicações de origem espírita.

Outro ponto sobre o qual os autores chamam a atenção dos eventuais pesquisadores é quanto às precauções que devem ser tomadas. Os próprios autores observam que raramente esses pontos são discutidos com relação a outros ramos da Ciência. De fato, é curioso. Nas demais Ciências, sempre se admite a boa-fé do pesquisador, a legitimidade de seus propósitos. Parte-se, enfim, do princípio de que o pesquisador é honesto, a não ser que se prove em contrário. E ninguém aparece com interesse bastante para prová-lo. Quando, porém, o objeto de seus estudos é o fenômeno psíquico, a ideia é totalmente outra: admite-se, aprioristicamente, que o pesquisador é desonesto e que seu objetivo único é enganar toda a gente. Desse curioso e lamentável julgamento não escaparam nem mesmo homens do porte moral e científico de *Sir* Oliver Lodge, Conan Doyle e *Sir* William Crookes, para citar apenas alguns. A mesma distorção ocorre agora, com os pesquisadores da Parapsicologia e disso eles próprios se veem na contingência de se defenderem. Segundo a palavra dos Drs. Rhine e Pratt, isto se deve ao fato de ser revolucionário o caráter das descobertas e à novidade do assunto.

É bom que os cientistas modernos estejam manifestando tais pontos de vista, porque, assim, se colocarão em posição favorável para compreender as objeções que certos grupos ainda levantam contra o Espiritismo.

Por outro lado, descobriram, também, que não podem colocar muitos pesquisadores ao lado do indivíduo sob observação. Se o fizerem, os resultados são nulos ou inexpressivos. Este é outro ponto que os autores espíritas sempre mencionaram e que tem sido tão mal interpretado por aqueles que nos combatem. Disto se valem nossos opositores para tentar invalidar, sem mais exame, a experiência mediúnica, sob alegação de que, estabelecidas certas condições, que reputam indispensáveis ao controle, o fenômeno nem sempre ocorre satisfatoriamente.

• • •

O capítulo terceiro trata dos fatos acerca dos fenômenos psíquicos e seus tipos.

De início, os autores previnem o leitor contra a ideia preconcebida. "A Ciência" — dizem eles — "não precisa e não aceita nenhuma autoridade; seu roteiro é determinado pelos fatos." E prosseguem: "As descobertas aqui resumidas estão merecendo atenção, não somente por causa da segura evidência na qual se apoiam, mas também porque são manifestamente importantes para muitas áreas do interesse humano".

Logo a seguir, escrevem esta afirmação definitiva: "É seguro dizer agora — apesar de que só recentemente isto se tornou possível — que o acervo de material proveniente de casos espontâneos constitui valiosa evidência em favor da ocorrência de fenômenos psíquicos".

Em outras palavras, a pesquisa científica, já realizada nesses domínios, confirmou amplamente o que estava indicado nos fatos espontâneos ocorridos. Até mesmo pesquisadores que, de início, se opunham tenazmente à ideia, se deram por vencidos sempre que se dedicaram, honesta e corajosamente, ao estudo e à experimentação. É o caso do cientista inglês Soal, citado por Rhine e Pratt, que se converteu, de crítico impiedoso, em pesquisador valioso da Parapsicologia.

Sobre a clarividência, por exemplo, os autores afirmam (estão atingindo a fase das afirmativas sem qualificações): "O caso em favor da demonstração experimental da clarividência parece estar suficientemente definido para as presentes exigências da questão".

Também a telepatia está perfeitamente demonstrada pela Ciência. Leiam a afirmativa dos autores: "Uma pessoa pode apreender o pensamento de outra sem o emprego de registros objetivos intermediários".

Não há, pois, nenhuma restrição — a coisa é taxativa.

Consideram igualmente esmagadora a evidência em favor da presciência. Advertem, no entanto, que para alguns a evidência já era suficiente, mesmo em estágios anteriores das pesquisas, enquanto para outros, para os quais "a presciência é uma impossibilidade filosófica", as provas acumuladas continuam a ser insuficientes. Os autores, porém, estão prevendo que eles cederão eventualmente, sob a pressão irresistível dos resultados positivos das experiências científicas.

• • •

Quanto à telecinesia, os resultados são igualmente positivos.

Se, porém, como diz o capítulo quarto, ficar demonstrado à farta (as demonstrações preliminares o confirmam) que as operações de telecinesia não estão condicionadas às limitações físicas, a "Parapsicologia se revelará uma ciência mais fundamentalmente revolucionária do que foi até aqui imaginado até mesmo pelos seus próprios representantes". Os fatos indicam, como já o afirmaram os espíritas, "a integração dos fenômenos psíquicos na ordem física do Universo".

Por outro lado, os autores já admitem a existência de uma energia mental, não física, que escapa às dimensões espaço-tempo. "Impossível?", perguntam. E respondem:

"Não, o observador sagaz, lá adiante, nas fronteiras dos conhecimentos físicos, seria o último a rejeitar a ideia de uma energia mental natural".

Não interessa aos pesquisadores da Parapsicologia se essas descobertas irão revolucionar a Física. Fatos são fatos e as demais condições têm que se adaptar a eles. "É muito cedo para se dizer se a Física mudará suas próprias fronteiras e ajustará seus conceitos mais rapidamente do que tem feito a Psicologia; mas, tanto para uma como para outra, será apenas uma questão de reconhecer os fatos e ter tempo para se ajustar a eles. O caso em favor do fenômeno psíquico é, logicamente, uma refutação à filosofia mecanicista da Natureza, que se tornou praticamente universal em todas as ciências atuais".

Acresce que, como os próprios autores o admitem, o parapsicólogo terá sempre que enfrentar maiores dificuldades do lado de fora de seu laboratório, quando tiver que expor ao público os resultados de suas pesquisas e suplantar a "pré-fabricada e irredutível rejeição do seu caso, a despeito da qualidade de seu trabalho científico". Isto, porém, tem acontecido com todas as grandes revelações e todas as grandes e novas ideias. Os espíritas sabemos o que é a chacota da ignorância presunçosa, em face da evidência, só porque os fatos observados e comprovados se chocam impiedosamente contra as ideias preconcebidas da maioria. Se nem os frutos da mesma árvore amadurecem por igual, como poderíamos esperar que toda a Humanidade já estivesse pronta para as verdades superiores da Revelação Espírita? O próprio Jesus teve esta palavra reveladora: "*Eu tenho ainda muitas coisas que vos dizer, mas vós não as podeis suportar agora*". (*João*, 16:12.) Ele sabia que a imaturidade dos homens seria longa, e, por isso, não poderiam suportar todo o brilho fulgurante da Verdade. Daí a promessa da Revelação Suprema, por meio do Consolador, que viria para ficar.

Os Drs. Rhine e Pratt já estão avistando os objetivos superiores da Parapsicologia, quando mencionam que eventualmente será fixado o lugar do princípio extrafísico no conjunto das leis naturais.

• • •

No capítulo seguinte (quinto), cuidam os autores da psicologia dos fenômenos psíquicos. Tornam a expor, enfaticamente, a tese já defendida em outras obras, segundo a qual as faculdades de percepção extrassensorial são absolutamente normais, ocorrem em pessoas sadias e nada tem a Parapsicologia com a Psicopatologia. Vejam só a afirmativa final: "Não há, pois, razão para pensar que a doença mental favorece tanto as manifestações espontâneas quanto as experimentais". Pelo contrário, tais faculdades aparecem, com os mais altos índices, nas pessoas bem ajustadas. Quanto melhor a saúde mental, mais alto o índice. Ainda mais: a capacidade de percepção extrassensorial "faz parte do equipamento normal das espécies".

• • •

Tudo quanto ficou dito, neste rápido e certamente imperfeito relato sobre o livro dos Drs. Rhine e Pratt, poderia levar-nos a crer que eles estão inclinados a aceitar a explicação espírita. Não. Isso veremos agora no capítulo sexto, subtítulo "Parapsicologia e Religião" (pág. 118).

Começam por reconhecer que as relações entre a Parapsicologia e a Religião são muito íntimas. "O estabelecimento da percepção extrassensorial, como capacidade extrafísica, fornece pelo menos uma limitada confirmação experimental desta afirmativa de todas as religiões." Por conseguinte, a relação da Parapsicologia com a Religião seria, por exemplo, como a da Física com a Engenharia ou a da Biologia com a Medicina.

Enfim, leiamos o que segue: "Ao confirmar a presença de um elemento não físico ou *espiritual* (grifo meu) na personalidade, parece que a Ciência, pela primeira vez, fez uma contribuição positiva aos domínios defendidos pela Religião. Refutando a afirmativa da teoria mecanicista do homem, os resultados das investigações parapsicológicas já feitas minaram a mais ameaçadora oposição à Religião".

Quanto à sobrevivência do espírito, "o problema ainda não está solucionado", na opinião dos autores, nem mesmo através das manifestações mediúnicas. Isto porque, acham Rhine e Pratt, o médium poderá sempre, por meio de sua capacidade de ação telepática e clarividente, obter a informação revelada em transe, seja no próprio subconsciente do seu consulente, seja em outras fontes normalmente ocultas. Essa, no entender dos autores, é a grande dificuldade com que esbarra a pesquisa parapsicológica da mediunidade. No entanto, a simples ocorrência da faculdade de percepção extrassensorial já "melhorou o *status* da hipótese da sobrevivência espiritual" (pág. 121), que se tornou mais razoável desde que foi estabelecida tal propriedade (existência de um fator espiritual) nos vivos. Por outro lado, a investigação psíquica ampliou de tal forma o grau da possibilidade do que o médium pode fazer com seus próprios poderes, "que se tornou difícil verificar como os fatos comunicados, por meio do médium, poderiam ser comprovadamente originários de alguma fonte, fora de suas próprias capacidades".

Em outras palavras: a eterna confusão entre Animismo e Espiritismo. Os Drs. Rhine e Pratt raciocinam que é difícil separar as revelações mediúnicas, oriundas da simples capacidade de percepção extrassensorial do médium, daquelas que lhe teriam sido transmitidas por Espíritos desencarnados. A falha, que tal julgamento representa, terá de ser superada um dia. De outra forma, a pesquisa parapsicológica desse aspecto ficará andando em círculos, infrutiferamente. Testes, satisfatórios para os cientistas, terão que ser criados a fim de se verificar que a informação obtida de Espíritos desencarnados não poderia ter origem em nenhuma outra fonte, seja através da telepatia, seja através da clarividência.

Os autores acham, por isso, que o problema da sobrevivência, por ora, tem que ser deixado nesse estado de "ambiguidade". É pena, pois que certamente outra conclusão tirariam se conhecessem a vasta literatura espírita a respeito.

Sem dúvida alguma, porém, o livro de Rhine e Pratt representa algum avanço sobre qualquer dos anteriores. Já consideram provado, cientificamente, o seguinte:

1) a existência de um princípio não físico no homem. Chegam mesmo a chamar-lhe *espiritual*;

2) a existência de capacidades de percepção extrassensorial na criatura humana normal. As principais dessas capacidades são: clarividência, telepatia, presciência, telecinesia. Outras poderíamos acrescentar, com a psicometria, clariaudiência, psicografia etc.

3) essas faculdades independem da limitação espaço-tempo, estando, pois, situadas numa outra dimensão.

Estas conclusões estão solidamente baseadas na experimentação e na lógica. Que são revolucionárias, reconhecem os próprios autores, pois que contrariam os mais queridos princípios da Ciência materialista. Está explícito, também, que a Física, a Filosofia, a Biologia, a Psicologia e inúmeros outros ramos do conhecimento humano terão que "mover suas fronteiras" e se ajustarem aos novos fatos revelados pela Ciência.

Ficou, assim, bem claro que apenas um aspecto do pensamento humano não arredou (e nem arredará) um passo: a ideia de que o homem tem um princípio não físico, a que chamamos espírito.

Estamos certos de que a Parapsicologia ainda nos dirá, da maneira mais enfática possível, que o homem é um Espírito que preexiste, vive e sobrevive, ao longo de uma infinita escala evolutiva reencarnatória. Esperemos...

7

A SOBREVIVÊNCIA

I — ARGUMENTAÇÃO FILOSÓFICA

A Sra. Eillen J. Garrett, médium americana e autora de vários trabalhos sobre os problemas do Espiritualismo, reuniu num livro chamado *Does Man Survive Death*? uma série de ensaios acerca da sobrevivência, apreciada de diferentes pontos de vista. Convém acrescentar que a Sra. Garrett é presidente da Fundação de Parapsicologia e também editora da publicação *Tomorrow* (*Amanhã*).

A despeito de estar lançado dentro de um esquema bem estudado e bem executado, sinto-me obrigado a manifestar minhas reservas quanto às consequências de uma obra deste tipo no espírito do leitor desprevenido. Veremos por que digo isto.

O livro está dividido em cinco partes. Na primeira se define e estuda o problema da sobrevivência, do ponto de vista filosófico. Na segunda parte, cuida-se da Parapsicologia e as possibilidades das pesquisas modernas. Na terceira parte, trata-se de configurar o problema da sobrevivência no campo da Ciência pura. A quarta parte apresenta uma síntese do pensamento oficial, ou pelo menos oficioso, das diversas tendências religiosas, a propósito da sobrevivência. A quinta e última parte traz o relato de sete casos bem documentados, nos quais a sobrevivência é a explicação plausível.

Cada uma das partes mencionadas — exceção feita à quinta, que é simples relato — contém de quatro a seis ensaios de outros tantos autores das mais variadas tendências filosóficas e religiosas. Aí é que eu vejo a dificuldade do livro para o leitor desprevenido. Após examinar tão diferentes e contraditórios argumentos e concepções, estará o leitor em condições de chegar, são e salvo, às suas próprias conclusões? Não ficará ele em maior confusão mental que dantes? Seja como for, não desmereço o livro por isso. Na vida prática, tanto aqui como no Além, estaremos sempre colocados diante de alternativas diferentes que nos cumpre escolher, no uso de nosso livre-arbítrio. Afinal de contas, o próprio processo de evolução espiritual nada mais é que uma série imensurável de escolhas acertadas no sentido do bem, entre as diversas e antagônicas soluções que se nos oferecem a cada momento no plano moral.

O meu receio é o de que um livro desta envergadura, lido à pressa, sem meditação e sem crítica, possa gravar a imaturidade emocional do nosso tempo, em vez de contribuir para reduzi-la. Talvez seja um receio infundado, porém.

Sobre o aspecto filosófico do problema, manifesta-se, na primeira parte do livro, a própria Sra. Garrett com um artigo muito caracteristicamente intitulado: “A resposta é ainda não”. Os outros autores são Gabriel Marcel, C. J. Ducasse e o conhecido Dr. H. H. Price. Creio que vale a pena examinar, embora de maneira bastante perfunctória, o que têm a dizer os autores desses ensaios.

A Sra. Garrett começa por dizer que um esforço semelhante ao que o homem está colocando, nas pesquisas físicas, deveria ser dirigido para a investigação dos horizontes da mente. Acrescenta que seu testemunho sobre a realidade do Espírito, como o de muitos outros, é baseado em experiências de fato, e não em teorias. A autora mantém contatos com o mundo espiritual e as personalidades do Além, através de seus dons mediúnicos. Por quê, então, a tintura de dúvida contida no próprio enunciado do título de seu artigo? A autora o explica da seguinte forma: não há dúvida quanto à realidade das comunicações que ela recebe; "sua causa e origem, no entanto, é que apresentam um problema". Essa afirmativa é algo desconcertante, mas não de todo surpreendente, pois sabemos que não basta ter poderes mediúnicos para penetrar a essência da verdade contida nas manifestações do Além.

A autora informa que já recebeu inúmeras comunicações e viu milhares de aparições dos chamados "mortos", mas que não pode assegurar categoricamente como e por que ocorre o fenômeno, de vez que os métodos de cálculo e de medição não alcançam o campo de ação do Espírito. Por isso, conclui ela, "devo conservar sempre uma ligeira desconfiança desses fenômenos mentais e, por conseguinte, de mim mesma". Não obstante, narra algumas experiências concludentes para as quais imagina prováveis explicações. A visão, por exemplo, que teve de um homem — do qual notou até mesmo a forma peculiar do anel — seria uma impressão deixada por aquele ser que sofreu ali mesmo naquele quarto? Ou seria resultado de uma ligação telepática entre a vidente e o médico que conheceu o agora fantasma? Seria, por outro lado, consequência do precário estado de saúde da médium? E outras e outras hipóteses são alinhadas.

A certa altura pergunta a autora: “Onde estão os mortos?”. E ela mesma responde, dizendo que no atual estado de nosso conhecimento não há uma resposta científica, direta. Inicialmente ela experimentou, durante vários anos, descobrir se esses fenômenos são em parte produzidos pela mente do médium. Mas a questão é que, se fosse assim, eles poderiam ser reproduzidos à vontade por qualquer um. Ela acha até que a mediunidade física pode ser que nada tenha a ver com as entidades estranhas ao médium ou com o problema da sobrevivência.

Certa, contudo, da existência desses seres do Além, que ela pode tocar com a mão, sente-se a autora colocada num estado de confusão mental para compreender o fato e dele retirar as conclusões que encerra. E se pergunta: “Essas entidades estão realmente vivas e levando a vida que descrevem?”. Se estão, “às vezes fico a imaginar por que o processo da morte é necessário, desde que suas atividades parecem ter mudado tão pouco e não serem mais que uma continuação mais elevada da vida, tal como a conhecemos aqui neste momento”. Sua perplexidade aumenta quando, ao ver “essa gente” do Espaço, como frequentemente acontece, não nota neles nenhuma grande mudança como seria de se esperar naqueles que passaram pela iniciação da morte. Contudo, continua, “há uma mudança sutil. Eles são mais distintos, mais decididos, mais seguros, mais alertas; em muitos casos, mais jovens, mais vigorosos e mais cônscios de si mesmos do que eram antes da transição”. Às vezes, caminhando por uma estrada, a autora se vê diante de uma velha igreja, de uma fazenda, de uma casa ou de um bosque. De repente, tudo desaparece. No entanto, o fenômeno tem o aspecto intrínseco da realidade. Ela esteve em condições de examinar os mínimos detalhes, até mesmo de sentir o perfume das árvores, as vestimentas das pessoas que porventura encontrou em trânsito naquela realidade astral.

Com o objetivo de ajudar a Ciência a descobrir algumas das explicações pelas quais anseia, a autora tem colocado, à disposição dos pesquisadores, suas qualidades mediúnicas. Por si mesma, como se viu, não está em condições nem mesmo de formular hipóteses razoáveis. Sente os caminhos abertos à sua frente, mas, infelizmente, falta-lhe luz para iluminar seus passos na treva das suas dúvidas. A luz que lhe falta não se encontra, porém, nas experiências das quais participa; se assim o fosse, a autora já teria encontrado a "sua" resposta.

• • •

O segundo ensaio da primeira parte é de autoria de Gabriel Marcel, filósofo, teatrólogo e crítico francês muito premiado em sua terra. Narra ele algumas interessantes experiências pessoais que o levaram a enfrentar, face a face, o problema da sobrevivência. A uma dessas experiências a explicação simplória e muitas vezes invocada da telepatia ou da leitura do pensamento alheio, foi de todo inaplicável, pois que os presentes não conheciam os fatos narrados e posteriormente verificados em arquivos. Em outras experiências o autor foi levado a enganos e a falsas pistas, o que comumente acontece com os pesquisadores desprevenidos. De qualquer forma, o autor rejeita qualquer teoria que procura explicar o fenômeno da manifestação dos "mortos", e isso por um cômodo processo de autoilusão, como se o consciente e o inconsciente estivessem brincando de esconder entre si. Acha o autor que "nenhuma teoria coerente e significativa, acerca da sobrevivência, pode ser formulada, a não ser dentro de uma filosofia de amor" (*sic*). Essa conclusão é um tanto nebulosa, reconheçamos. Tanto quanto podemos concluir, procurando traduzir, para a linguagem corriqueira do nosso entendimento, a curiosa terminologia do autor, parece que ele pretende dizer que a experiência tem um caráter pessoal entre dois ou mais seres humanos, não podendo ser entendida fora do campo do sentimento.

• • •

C. J. Ducasse, nosso terceiro ensaísta, começa perguntando no título "What Could Survive?" ("Que poderia sobreviver?"). É, pois, uma pergunta dubitativa. As respostas que ele se esforça por apresentar são ainda mais dúbias. Toma um exemplo de comunicação mediúnica, atribuída ao Espírito da Srta. Marguerite Le Hand, ex-secretária do Presidente Roosevelt, e conclui que, como o Espírito não quis ou não pôde enunciar o apelido pelo qual era conhecida, ficou prejudicada a tese da sobrevivência, pelo menos tal como a conhecemos. Sua explicação é então relatada nestes termos:

"Este e certamente outros itens dos textos sugerem que as comunicações se originaram não realmente da Srta. Le Hand em pessoa, sobrevivente, mas sim de um conjunto sobrevivente de suas memórias e hábitos, que funcionavam, no entanto, tal como acontece nos sonhos, sem o controle do julgamento inteligente".

Infelizmente o autor não explica como um conjunto de memórias e hábitos pode sobreviver e apresentar, mediunicamente, um relato coerente. Acha o autor que para discutir a sobrevivência é necessário delimitar e equacionar o problema. Até aí estamos de acordo. Se uma parte da personalidade sobrevive, certamente não é a parte que constitui a feição física do organismo, a cor dos olhos, dos cabelos, a forma do rosto, o tom de voz. Aqui já começamos a divergir, mas não vamos discutir por pouca coisa. Uma vez que essas características estritamente físicas são destruídas pela desintegração do corpo, a parte sobrevivente constituiria uma fração relativamente sem importância da personalidade, diz o autor. Logo — ainda dentro do raciocínio de que apenas os hábitos e as memórias da pessoa teriam sobrevivido no caso da Srta. Le Hand ("se é que sobreviveram", diz ele em dúvida) —, fica implícito que "devemos distinguir algumas subpartes, dentro da parte não física da personalidade". Enfim, o espírito humano, na hipótese do autor, seria uma engrenagem algo complicada, da qual algumas partes sobrevivem e outras não; por isso, o conjunto funciona mal depois da morte! Mas continuemos. O primeiro conjunto de subpartes (memórias e hábitos) sobreviveria; o segundo (capacidade crítica de julgamento), não. Ou, se este sobrevivesse, poderia estar mais ou menos separado das memórias e dos hábitos adquiridos durante a vida terrena. Neste caso, atuando a capacidade de julgamento sobre material diferente daquele a que estava acostumado em vida, e despojado da organização somática, ficaria desorientada. Daí os lapsos, como aquele da Srta. Le Hand, que não declarou seu apelido. Espero que o leitor tenha acompanhado o homem através de seu labirinto de "explicações", mas reconheçamos logo, com honestidade, o absurdo de uma personalidade fragmentária, com as "subpartes" funcionando interindependentemente umas das outras, sem o controle consciente do julgamento. É um absurdo filosófico de tal porte que não se admite em autor de tão alta nomeada. Outras conclusões, no entanto, apresenta ele ao desenvolver sua complexa teoria da alma. Acha que a Ciência demonstrou recentemente que a personalidade humana — em desacordo com a "alma" dos teólogos — não é uma entidade indivisível, mas "um complexo de vários componentes". Normalmente, continua ele, esses componentes funcionam mais ou menos integrados, mas, às vezes, se dissociam e passam a atuar isoladamente do conjunto, do qual parecem libertar-se. De minha parte, acho que a vaidosa Ciência sabe ainda muito pouco da personalidade humana, para afirmar, com todo esse dogmatismo, que as partes atuam com autonomia. Que partes? Que tipo de atividade exercem? Como e por que se dissociam e desobedecem ao comando? O artigo termina numa nova série de dúvidas. Primeiro, diz o autor, é preciso saber se a concepção da sobrevivência é teoricamente possível, isto é, "livre de contradições intrínsecas"; se for, então é preciso verificar se é cientificamente possível, isto é, se não é incompatível com certos fatos empíricos ou Leis da Natureza. Se a concepção da sobrevivência passar por esses testes, então caberá verificar as provas. O primarismo do autor — que me perdoem a impertinência — é inacreditável num filósofo: ele parte de duas premissas falsas ou, na melhor hipótese, suscetíveis de sérios reparos: a primeira, de que o homem já conhece tudo quanto é teoricamente possível e impossível. Estas palavras terão sempre que ser tomadas com uma pitada de sal, porque é muito relativo, dentro da condição humana, fixar o que é possível e o que é impossível. A cada momento que passa, as fronteiras entre essas duas concepções são desrespeitadas pelos fatos. O que era impossível ontem, torna-se rotina hoje. (Lembro ao leitor a curiosa frase de Churchill: "O difícil é o que se pode fazer imediatamente; o impossível é o que demora um pouco mais".) Essa é a primeira premissa falsa do nosso autor. A segunda, do mesmo tipo, e não menos falsa, é a de que podemos enquadrar nitidamente tudo quanto é cientificamente possível, dum lado, e tudo quanto for cientificamente impossível, do outro. Para isso precisaríamos conhecer *todas* as Leis da Natureza. Se um móvel ou o corpo de um médium levita — e isso é fato incontestável —, uma Lei da Natureza está sendo *aparentemente* desrespeitada — a da gravidade; portanto, dentro do raciocínio do autor, o fato é impossível. Mas quem pode desmentir um fato? A conclusão é óbvia: o fato observado indica a existência de outra Lei da Natureza ainda não conhecida, pois que, se um corpo que deveria cair ao solo, de conformidade com os postulados da lei de gravidade, se eleva ou paira no espaço, é porque alguma força o impulsiona e sustém. Cabe ao cientista descobrir que lei está operando, e não dizer doutoralmente que o fenômeno é científica ou teoricamente impossível. Dessa dificuldade não sai o autor do nosso ensaio; apenas acrescenta novas dificuldades às já existentes...

• • •

Enquanto isso, nosso conhecido Dr. H. H. Price, respeitável filósofo da não menos respeitável Universidade de Oxford, questiona logo no título: "Que espécie de 'Outro Mundo?'" ("What Kind of Next 'World'?"). Acha ele que para discutir o problema da sobrevivência é preciso, antes, formar uma ideia do que seria a vida depois da morte. Concordemos com ele, de início, para não criar dificuldades insuperáveis. Diz ele que quando se fala em vida depois da morte, não temos em mente a vida no sentido fisiológico, de vez que, "por definição, a vida cessa com a morte". Já começamos a divergir. Com a impertinência própria dos ignorantes (que é a mesma impertinência dos sabichões), eu diria que com a crise da morte cessa um determinado *tipo de vida*, mas não a *vida*, que continua com outras características. O Dr. Price, no entanto, continua dizendo que "vida", neste caso, quer dizer consciência ou experiência, e, portanto, consciência de alguma coisa, ao mesmo passo que a experiência deve ter algum objeto. Assim, a ideia da vida depois da morte, isto é, da sobrevivência, está intimamente ligada à ideia de um "outro mundo", que seria o objeto das experiências do "morto" e campo de suas novas experiências. Segue-se, diz o Dr. Price, que necessitamos de uma espécie de corpo para as experiências no outro mundo. Menciona então o corpo astral, sem porém endossar sua aceitação. Acrescenta, não obstante, que essa "concepção da sobrevivência é compatível com a nova versão do materialismo". De fato, uma vez que a escola materialista não admite a sobrevivência, porque faltaria um organismo pelo qual se manifestasse a consciência, suprido esse organismo, feito de uma espécie de matéria sutil, estaria resolvido o "impasse". O Dr. Price, num gesto nobre e generoso, chega a conceder que possivelmente a aceitação de um "corpo de matéria superior" prevalecerá entre os pensadores do século XXI.

Retomando a ideia do "outro mundo", diz o Dr. Price que o Além seria, então, uma espécie de mundo material, ou seja, o habitat do corpo astral, composto do mesmo tipo de matéria sutil que este. O próprio corpo astral teria órgãos que poderiam ser diferentes dos nossos órgãos físicos. (Vê o leitor que a especulação filosófica, às vezes, passa rente à verdade, mas o racionalismo frio não sabe encontrá-la.) Nesse outro mundo, continua o doutor, haveria possivelmente corpos etéreos de outros seres humanos sobreviventes e "possivelmente também seriam encontradas algumas personalidades que *nunca tiveram* corpos físicos".

O Dr. Price admite, mais adiante, a existência de dois mundos, ambos espaciais, mas sem relação espacial entre eles. Poderia ser até uma nova e diferente espécie de espaço, fora da concepção euclidiana.

Depois de admitir certas premissas mais ou menos autênticas, embora algumas suscetíveis de sérios reparos, sai-se o autor com esta: que o objetivo da vida presente (que ele certamente admite ser uma só) é o de prover-nos de um estoque de memórias que nos vão fornecer o *material* para construção do mundo imaginário no qual habitaremos depois da morte. Isto é fantástico! Então, viemos a este mundo para colher retalhos de imagens, nada mais! E esse mundo-fantasia teria, então, toda a aparência de realidade... mas não seria regido por leis físicas conhecidas, e sim por leis psicológicas, exploradas por pesquisadores como Freud e C. G. Jung. Por conseguinte, conclui o Dr. Price, esse "outro mundo" seria puramente particular e subjetivo, e os desencarnados que nele habitassem teriam um mundo próprio, sem acesso ao *mundo* das outras entidades desencarnadas... Veja o leitor a que absurdos pode levar uma teoria construída à base de pura especulação, sem fundamento na observação prática. Sabemos perfeitamente que o plano astral é objetivo tal como as entidades que nele passam a viver. De outro modo, dois Espíritos diferentes seriam incapazes de descrever a mesma cena ou o mesmo objeto ou se verem mutuamente, pois que cada um deles estaria delimitado pelas imagens de sua própria elaboração. Como um Espírito não poderia criar outro e com essa "imagem" fictícia dialogar, chegaríamos à absurda conclusão de que o Além é uma colcha de retalhos independentes uns dos outros, um mundo desordenado, sem leis, um imenso tumulto em permanente contraste com o resto da obra divina, que é toda ordem, método, superiormente sustentada por um conjunto de leis eternas e perfeitas. Não, Dr. Price, não podemos aceitar sua tese.

Para resolver a dificuldade, o autor imagina que as entidades, existentes nesse mundo, poderiam comunicar-se pela telepatia. Como? Muito simples: As imagens criadas por *A* manifestariam não somente seus próprios desejos e memórias, como também os desejos e memórias de outras personalidades *B*, *C*, *D* etc., desde que estas fossem suficientemente similares às suas próprias. Teríamos, então, um mundo imaginário para cada grupo de personalidades similares. Tais imagens seriam uma espécie de propriedade comum a todas as personalidades daquele grupo específico. Haveria, assim, muitos mundos astrais; tantos quantos fossem os grupos de entidades similares. O conteúdo desse mundo — "se é que existe", diz o autor — ficaria a meio caminho, entre matéria e sonho, isto é, mais material que as imagens-sonhos e mais imaginário que os objetos materiais comuns.

Não sei qual a ideia do leitor sobre as teorias do Dr. Price. Quanto a mim, acho que ele não produziu nada mais que uma peça literária meramente especulativa, sem fundamento algum na realidade, numa tentativa de criar um mundo "faz de conta". Seu objetivo, como vimos, era primeiro imaginar como seria o "outro mundo", para, então, discutir a possibilidade da sobrevivência. Os espíritas conhecemos os fatos da sobrevivência por fontes mais límpidas, libertadas das distorções do intelectualismo estéril, e, por isso mesmo, podemos assegurar ao caro Dr. Price que suas teorias não têm nem mesmo o atrativo do pensamento lógico, porque trazem em seu bojo as contradições próprias da fantasia, embora engenhosa, daqueles que, incapazes de aceitar os fatos, buscam desesperadamente explicações complicadas para o que é tão óbvio, simples e racional, isto é, a sobrevivência do espírito humano.

II — DEPOIMENTO DA PARAPSICOLOGIA

A segunda parte do livro *Does Man Survive Death?*, cuida da Parapsicologia. O subtítulo do capítulo é "Que poderá fazer a pesquisa?".

O primeiro dos quatro ensaios desta série é de H. Addington Bruce, veterano pesquisador americano, que revela, desde o título, a firmeza de sua convicção: "Por que acredito na sobrevivência".

O artigo começa com uma pergunta que Frederic W. H. Myers fez, em 1869, ao seu antigo professor e íntimo amigo, Henry Sidgwick. A pergunta era: "Você pensa que, apesar de a tradição, a intuição e a metafísica não terem conseguido resolver o enigma do Universo, ainda exista uma oportunidade de solvê-lo, retirando dos fenômenos reais, observáveis, de fantasmas, Espíritos ou o que seja, conhecimentos válidos a respeito do mundo invisível?".

Esta pergunta tem bastante profundidade, porque revela um estado de espírito. Soprava, naquela época, um vendaval de dúvida e de inquietação. O materialismo, bem fortalecido, experimentava suas forças. As doutrinas evolucionistas de Darwin, mal interpretadas pelos estudiosos da época, levavam a crer que o homem não seria mais que um "mecanismo animado". Não tardou muito a afirmativa de que "o cérebro segregava o pensamento da mesma maneira que o fígado segrega bile".

Era necessário, pois, uma aproximação ao problema da sobrevivência. Daí a pergunta de Myers. Praticamente foi daquela conversa que nasceu a famosa *Society for Psychical Research*, em Londres, a famosa S.P.R, que começou um longo e paciente trabalho de coletar e classificar informações autenticadas sobre a fenomenologia espiritualista. O exemplo da S.P.R. foi seguido por outras entidades e hoje se contam várias organizações dedicadas à pesquisa científica desses problemas, sendo que, na América do Norte, o mais destacado cientista nesse ramo é, sem dúvida, o Dr. J. B. Rhine.

O Sr. Addington Bruce continua dizendo que hoje em dia "tanto os pesquisadores como os parapsicólogos acumularam milhares de exemplos bem documentados na experiência humana, que comprovam não somente a espiritualidade essencial do homem, mas a sobrevivência da personalidade humana após a morte do corpo". "Tanto durante a vida de Myers, como depois, temos, na verdade, assistido à adesão de muitos eminentes homens de ciência ao crescente número dos trabalhadores em pesquisa psíquica."

E logo a seguir: "A evidência de que o homem não é um mero mecanismo, de que o homem é verdadeiramente um ser espiritual e, como tal, um ser capaz de sobreviver à morte física, pode ser dividida em duas classes: evidência inferencial e evidência direta, específica. Na primeira se incluem os fenômenos conhecidos por telepatia, clarividência, precognição e retrocognição. Entre os últimos estão pronunciamentos mediúnicos escritos ou orais, aparições e algumas das chamadas alucinações que fornecem evidência".

Diz o prof. Bruce que já possuímos amplas razões para afirmar que esses fenômenos, da "chamada alucinação", constituem parte da herança humana. Qualquer pessoa pode experimentá-los ocasionalmente. Muitos não atribuem aos aludidos fenômenos o valor que têm, pondo-os de lado, como curiosos, singulares, fantásticos. Com algumas pessoas, eles ocorrem mais frequentemente do que com outras. Contudo, os estudos realizados "convenceram-me da sobrevivência como realidade. Minhas experiências", diz ele, "tanto inferencial como diretamente, constituíram evidência de que o homem pode, às vezes, transcender o tempo ou o espaço, outras vezes conjuntamente o tempo e o espaço, sendo um ser espiritual capaz de sobreviver após a morte".

A seguir, narra o professor algumas experiências pessoais e as provas que recebeu da sobrevivência de amigos seus, retirando delas os ensinamentos que continham, não se furtando de referir até mesmo às alternativas que se oferecem. A certa altura comenta que há ainda muito estudo a ser feito, para melhor definir o problema, e, citando Frank Podmore, diz que, no seu entender, a telepatia era antes um obstáculo que um auxílio à sobrevivência, pois que muitos dos fenômenos ocorridos poderiam ser explicados pela telepatia. Acrescenta que certos exemplos de aparições e fatos mediúnicos são produtos da telepatia entre pessoas "ainda na carne". Não contestamos isso. Podemos, no entanto, informar com a maior segurança, apoiados nas exaustivas pesquisas de Aksakof e Bozzano, que o caro professor Bruce, como tantos pesquisadores bem-intencionados (Dr. Rhine inclusive), ainda não distingue Animismo de Espiritismo. Bozzano, com a lucidez que caracteriza sua argumentação, chegou a demonstrar que o Animismo reforça, comprova, evidencia o Espiritismo, pois que se o fenômeno é possível com o Espírito atado à carne, muito maior será sua latitude, quando ele estiver em liberdade. Esses dois aspectos do fenômeno têm em comum o fato de que promanam ambos da atividade do espírito humano.

Essa ressalva, porém, não prejudica a tese do prof. Bruce, antes, pelo contrário, a valoriza, pois que nos indica que pesquisadores independentes podem chegar às mesmas conclusões, se adotarem uma atitude de honestidade de propósitos e coragem para aceitar os fatos como eles são, e não forçá-los dentro da estreiteza de suas próprias convicções pessoais. Tem esse crédito ao professor Bruce, porque, depois das observações que acabamos de comentar, diz ele que a telepatia, no seu atual modo de ver, sendo uma função não física, reforça a ideia da sobrevivência. Se os seres humanos podem comunicar-se numa fração de segundo, através de milhares de milhas de distância, enquanto "vivos", "é absurdo supor que aquela personalidade deve cessar de existir com a desintegração do corpo. A probabilidade matemática é pesadamente contrária a isso".

As palavras finais deste equilibrado ensaio do professor Bruce são dignas de menção *in extenso*. Diz ele: "Felizmente, o trabalho dos pesquisadores e dos parapsicólogos, com mais e mais cientistas de outras especializações aderindo àquele trabalho, promete que as cidadelas da Ciência materialista serão forçadas a capitular, fazendo raiar um dia mais luminoso para a Humanidade. Bem entendido, a não ser que a capitulação não venha antes que a própria Civilização seja varrida pelo poder do mais recente "triunfo" da Ciência materialista, a criação da bomba atômica e da bomba de hidrogênio".

• • •

O segundo trabalho deste capítulo é de autoria de William R. Birge. O tema: "Como poderemos estudar a mediunidade?".

O Sr. Birge é também um homem ilustrado e responsável, disposto a aceitar a sobrevivência à vista da informação colhida pela pesquisa psíquica. Cita, por exemplo, o exame científico a que se submeteu a célebre médium Piper, informando que todos os investigadores rejeitaram vigorosamente as hipóteses de fraude deliberada ou adivinhação hábil. Foi eliminada também a possibilidade de coincidência, pois que matematicamente tal probabilidade se colocaria muito acima dessa hipótese. Ficaram, assim, os pesquisadores reduzidos a duas hipóteses: telepatia e sobrevivência.

Menciona, a seguir, o fenômeno da correspondência cruzada, do qual muita experiência se fez, informando também que o curioso deste fato é que o método não foi criado por pessoas vivas para testar a hipótese da sobrevivência. "Tem toda a aparência de ter sido criado por pessoas *do outro lado*" (pág. 59).

Note-se a linguagem cautelosa do autor. Muito mais cauteloso é ele, um pouco além, quando, ainda sobre a correspondência cruzada, informa que por causa do desconhecimento (por parte dos cientistas) da capacidade extrassensória dos médiuns (a que ele chama automatistas) e da capacidade histriônica e organizadora de suas mentes subliminais, não se pode considerar a evidência em favor da sobrevivência como conclusiva. No entanto, as referências contidas nos textos eram tão características das personalidades "falecidas", das quais supostamente derivavam, que "essas considerações geraram forte presunção na mente dos pesquisadores de que a sobrevivência era a hipótese explicativa mais provável. Infelizmente, faltou-lhes técnica para tornar científica essa presunção".

Desejo chamar a atenção do leitor, mais uma vez, para a linguagem cheia de rodeios do autor, quando se trata de concluir. Nada temos a censurar; pelo contrário, queremos que os cientistas só afirmem quando, de fato, estejam convencidos da realidade do fenômeno, como o professor Bruce, que acabamos de estudar. Observe, porém o leitor, a restrição que o pesquisador moderno sempre faz ao pesquisador do passado, ao afirmar que seu colega de antanho não se cercou das necessárias medidas de segurança, nem estava preparado cientificamente para concluir, em face do estado dos conhecimentos de então. Sempre que se descobre um novo método, como a contagem estatística imaginada pelo Dr. Rhine, os cientistas tendem a invalidar as experiências do passado, porque a estas não foi aplicado o novo método. Este, por sua vez, será substituído por um mais novo e tido por mais eficiente, enquanto a pesquisa se vai retardando, pois que cada pesquisador quer sempre recomeçar tudo da estaca zero. Que o façam, se quiserem, mas que tenham, também, a coragem de proclamar os resultados que encontrarem após a aplicação dos novos testes e métodos de controle. Que não destruam pelo prazer de destruir ou movidos pela vaidade muito humana, mas prejudicial, de se julgarem superiores em conhecimentos e em técnicas, aos seus antigos colegas. Aquele que destrói uma casa velha deve estar em condições de levantar, em seu lugar, um edifício moderno, mais amplo, mais belo, mais sólido.

Por outro lado, o Dr. Birge não escapa à nossa restrição habitual: é outro que confunde Animismo com Espiritismo. Uma personalidade desencarnada, por meio de um médium, dá o texto de uma nota que apareceria no *Times* do dia seguinte, em certa página. O autor do artigo informa, então, que esse teste parecia ser uma prova mais segura da hipótese da sobrevivência do que o teste do livro, segundo o qual um médium cita trecho de uma página de livro colocado na prateleira entre muitos outros. No entanto, a conclusão do autor é desconcertante. Diz ele que a "presciência dos vivos deve ser considerada certamente mais provável que a presciência dos mortos". Por quê?, perguntamos nós. Em que se baseia ele? Eis aí uma afirmativa inteiramente gratuita e em socorro da qual não cita nenhum argumento. Certamente porque não o tem.

Passa então o autor a mencionar experiências de vários pesquisadores independentes entre si e dos métodos que imaginaram para testar a mediunidade, do ponto de vista psicológico ou por processos estatísticos. Não sei como poderão esses bem-intencionados investigadores chegar a algum resultado positivo, tentando avaliar quantitativamente fenômenos e condições puramente qualitativas. Enfim...

Um deles, o Dr. Robert Thouless, propôs um teste de sobrevivência codificando uma mensagem da qual somente ele conhecesse a chave. Depois de sua morte, ele procuraria transmiti-la por meio de um médium, devidamente decifrada. Mesmo assim, levanta-se uma objeção: O próprio Dr. Thouless poderia, ainda enquanto vivo, transmitir telepaticamente a chave de sua mensagem codificada, que assim perderia todo o valor comprobatório. Em resposta, o Dr. Thouless ponderou que, para efeito de controle, vários médiuns poderiam tentar descobrir telepaticamente a chave da mensagem, enquanto ele, Thouless, estivesse vivo.

O Dr. Birge conclui seu ensaio dizendo que a solução final da hipótese da sobrevivência está na confecção de um teste superior a todos quantos foram até agora imaginados. Aí está, a seu ver, um desafio à argúcia dos pesquisadores.

• • •

O terceiro trabalho desta série é do conhecido Dr. J. G. Pratt, companheiro do Dr. Rhine em muitas pesquisas e seu coautor, num livro recente sobre Parapsicologia. O Dr. Pratt faz um histórico das pesquisas realizadas, nos últimos 75 anos,[5] sendo fácil ao leitor perceber, desde o início de seu ensaio, que o autor ainda não está satisfeito com a evidência recolhida. Acha ele que é muito difícil investigar os fenômenos “sob condições satisfatórias”, especialmente

---

[5]Até 1960.

por causa da ausência de qualquer pesquisador qualificado na cena, no momento em que ocorrem fatos espontâneos.

Cita a obra de F. W. H. Myers, acrescentando que os fenômenos narrados por esse autor não puderam ser trazidos ao controle experimental. Menciona o depoimento de cientistas de destacada reputação (Oliver Lodge, Crookes) que apresentaram depoimentos sobre fatos que "não indicavam claramente a hipótese da sobrevivência, *mas se adaptavam facilmente a tal interpretação*" (*sic*).

Relata os estudos feitos com a médium Piper, por William James, o famoso psicólogo americano, como também os processados através da *Society for Psychical Research*, de Londres, bem como as experimentações feitas com prancheta e correspondência cruzada. Termina, no entanto, por dizer que mesmo essa última não escapou aos perigos da "apreciação subjetiva e restou sempre a possibilidade alternativa de interpretação em termos de faculdades extrassensoriais de pessoas vivas".

Este é mais um que não distingue entre Animismo e Espiritismo.

Por outro lado, quando a informação é obtida sob todos os controles, não havendo possibilidade de nenhuma falha, surge a hipótese da coincidência... É preciso então apurar, estatisticamente, qual a possibilidade de coincidência. Nesses métodos, o Dr. Pratt deposita sua confiança quanto ao futuro da Parapsicologia.

Mais adiante, comenta os testes da sobrevivência imaginados sob forma de documentos selados, tal como fez *Sir* Oliver Lodge. Acha, porém, que a hipótese da clarividência inutiliza a evidência, pois que o médium clarividente poderia ter tido acesso à informação contida nos documentos. Refere-se também à mensagem cifrada imaginada pelo Dr. Thouless, que comentamos há pouco. Mesmo assim, o

Dr. Pratt encontra meios de objetar, dizendo que pode haver enganos ao traduzir a mensagem de acordo com a chave fornecida pela personalidade sobrevivente que a imaginou. Vai mais longe: mesmo que tudo corresse dentro das mais rigorosas normas, ele acha que a experiência se limitaria a produzir "resultados de pequena importância acerca do problema da sobrevivência...".

Enfim, o Dr. Pratt é um cientista dos mais cautelosos, que desconfia de todos os controles e imagina toda sorte de objeções. Não temos de nossa parte nenhuma objeção às suas cautelas. Queremos, no entanto — e nisto sempre insistimos —, que quando topar com a verdade — o que certamente ocorrerá mais dia, menos dia — que a proclame humilde e corajosamente. Nada mais.

III — DEPOIMENTO CIENTÍFICO

Seis autores diferentes discorrem sobre o problema da sobrevivência, na terceira parte do livro *Does Man Survive Death*?, organizado pela Sra. Eileen J. Garrett.

O primeiro é Martin Ebon, que se reporta à onda publicitária que se desencadeou logo em seguida à morte do jovem e conhecido ator cinematográfico, James Dean, em 30 de setembro de 1955, num desastre automobilístico. O leitor não acostumado a acompanhar a grandeza e decadência dos astros de Hollywood, talvez não saiba que James Dean foi praticamente idolatrado em vida, sendo considerado um ator de grandes recursos cênicos. Fez apenas três filmes e, ao morrer, deixou incontável multidão de admiradores, especialmente entre a juventude feminina americana. O caso James Dean veio parar neste livro porque, pouco depois do acidente que o privou da vida física, apareceu nos Estados Unidos uma publicação que transcrevia mensagens ditadas pelo Espírito do ator.

Não temos elementos para avaliar a autenticidade das comunicações e das declarações da jovem que narra seus contatos com o Espírito de James Dean. O autor do artigo também não discute esse aspecto do problema: seu objetivo é o de chamar a atenção para o fato de que existe um clima psicológico que a Ciência não pode ignorar, especialmente após a publicação do famoso livro *The Search for Bridey Murphy*, de Morey Bernstein, no qual são narradas as experiências de um hipnotizador que descobriu no seu *sujet* informações sobre uma existência anterior.

A publicação do artigo sobre James Dean desencadeou uma série de experimentações mais ou menos desorientadas, por grupos constituídos principalmente de mulheres, com o objetivo de invocar o Espírito do astro desaparecido e com ele entrar em contato. Temas como hipnotismo e reencarnação voltaram a ser discutidos nas primeiras páginas dos jornais e em extensos artigos de revistas populares. Mas, comenta o autor, os cientistas não gostam de atacar esses problemas abertamente, ao calor das emoções do povo; preferem a solidão e o silêncio dos laboratórios.

No entanto — é ainda o Sr. Ebon quem o diz —, "a pesquisa psíquica não pode fechar-se numa torre de marfim. Não pode deixar de observar o que se está passando em torno dela, aqui mesmo, neste momento. Nem pode ignorar sua própria responsabilidade".

Seria muito fácil dizer que se trata de um movimento de lunáticos irresponsáveis, porém há muito mais que isto atrás dos fatos.

O artigo do Sr. Ebon é bastante lúcido e direto, ao criticar a atitude da Parapsicologia, que deseja aplicar métodos quantitativos de repetição estatística a fenômenos psíquicos que são essencialmente qualitativos. A dificuldade prática é quase que insuperável, pois a reprodução do fenômeno depende muito do fator emocional, difícil de ser "criado" em laboratório.

Cita um exemplo curioso e ilustrativo: o fenômeno Johann Sebastian Bach. Em quase seiscentos anos de música polifônica, apenas um Bach ocorreu na História, reunindo tamanho poder inventivo, originalidade, espontaneidade, pureza melódica. A probabilidade estatística da existência de um Bach seria talvez — diz o autor — de um para várias centenas de milhões. No entanto, Bach existiu. Por isso, nem o autor nem nós acreditamos na eficácia dos métodos de pesquisa matemática, quando aplicados ao mecanismo do espírito humano.

Acha também que o mal não está só no encastelamento da Parapsicologia em sua torre de marfim, está igualmente nas ciências conexas, que têm suas próprias dificuldades. É recente a admissão da Psicologia no santuário da Universidade inglesa de Oxford. Não se admira, pois, diz o Sr. Ebon, que os psicólogos ainda hesitem em confessar seu interesse por um assunto que se recusa a comportar-se razoavelmente nos laboratórios. Há, no entanto, um crescente arejamento em torno desses problemas. Cada dia é maior o número de psicólogos nos Estados Unidos, que aceitam a percepção extrassensorial como fato ou, pelo menos, a consideram como "possibilidade".

Os cientistas devem enfrentar as dificuldades e agruras da pesquisa e aventurarem-se pelo campo que ela oferece, conclui o autor.

• • •

O segundo ensaio é de autoria de Emmanuel K. Schwartz, um psicanalista que *explica* o fenômeno da maneira mais simples do mundo, com toda a sabedoria doutoral e negativista da sua Ciência. Para ele, a experiência psíquica, como, por exemplo, uma aparição, é mera resposta a uma necessidade íntima, que, por sua vez, foi desencadeada por um estímulo. Para satisfazer esse desejo íntimo, ocorre então a evidência externa de um fenômeno psíquico.

O Dr. Schwartz perde-se em longas explicações, usando sempre o jargão psicanalítico já conhecido, sem, a meu ver, acrescentar nada de substancialmente novo ao tema. No final de seu artigo, atribui o atual interesse coletivo pela reencarnação e pela sobrevivência à crise mundial que ameaça "as fontes de segurança e satisfação de quase todo o mundo". Sua conclusão é inacreditável. Diz ele: "Uma compreensão mais racional e realista dessas tendências poderá levar a meios mais satisfatórios de sobrepujar a insegurança". Em outras palavras, o Dr. Schwartz acha que essa história de aparições e sobrevivência é uma tolice muito grande, uma espécie de mecanismo de fuga que o homem emprega porque se sente inseguro. No momento em que ele for mais "realista e racional", descobrirá a segurança em outras paragens e abandonará essas crendices. É de pasmar!

• • •

O artigo seguinte, muito curto — três páginas e meia do livro — é do Dr. Julius Weinberger, mestre da Ciência Física. É um trabalho extremamente lógico, sóbrio e lúcido. Do ponto de vista de ciência pura, no meu entender, é um dos melhores ensaios deste livro.

Começa por destacar a atuação da Ciência na sociedade moderna, no seu papel de contribuir para melhor entendimento da possível sobrevivência da personalidade depois da morte; contudo, acha que não se pode dizer que a Ciência já se tenha pronunciado sobre o assunto, seja contra, ou a favor. O assunto não foi investigado experimentalmente como outros campos mais acessíveis à pesquisa. Parece que o Dr. Weinberger não conhece (ou subestima) os trabalhos de William Crookes, *Sir* Oliver Lodge e William James. Em todo caso, vamos prosseguir. Ele acha que é possível estabelecer uma cadeia de raciocínios, partindo do estado atual do conhecimento nos vários campos científicos, e chegar a um bom argumento em favor da sobrevivência.

Vejamos.

O ponto de partida seria a lei da conservação da energia, segundo a qual a energia pode apenas mudar de forma, mas não pode ser destruída. Muda-se energia calorífica em energia elétrica ou energia mecânica em calor, ou energia elétrica em luz, mas não se pode, de forma alguma, destruí-la. Ora, pode-se admitir que a personalidade humana é uma forma de energia organizada, embora muito mais complicada que a elétrica ou a mecânica. Aceito esse ponto de vista, formula-se a pergunta: que ocorre com essa energia quando o corpo morre? Sabemos que ela tem que continuar de alguma forma, pois que a energia não pode simplesmente desaparecer. A questão é saber se ela se mantém organizada. O Dr. Weinberger acha perfeitamente aceitável, à base da lei da conservação da energia, que a alma que ocupou o corpo humano, na existência física, pode continuar a existir num mundo não físico, num diferente plano de consciência.

Passa então a especular em torno desse mundo não físico, em favor do qual também podem ser encontrados argumentos na Ciência moderna. Comecemos pela pesquisa atômica. A Física ensina que o átomo consiste em um núcleo rodeado de elétrons. O núcleo contém unidades chamadas prótons, nêutrons e várias outras. Todas elas são tidas como *partículas finais*. Já se descobriu, no entanto, que tais partículas não são, de forma alguma, pedaços permanentes ou indestrutíveis de matéria. Aparecem e desaparecem à medida que se experimenta com elas. Ninguém pode dizer onde estará determinada partícula atômica em um dado momento. Pode ser localizada aqui e depois acolá, sem que se saiba onde esteve nesse meio tempo. Não se sabe, mesmo, se o elétron, "visto" aqui e ali, é o mesmo. Eles às vezes se assemelham a focos luminosos que aparecem e desaparecem. Com as partículas nucleares é, ainda, pior. Estas se transformam de uma espécie para outra, sob determinadas condições, enquanto novas espécies são criadas, sem que saibamos como. Elas se combinam umas com as outras e se transmudam em energia radiante. Além do mais, desde Einstein, energia e matéria são a mesma coisa, em estados diferentes. Esses fatos levaram muitos cientistas a considerarem as partículas atômicas como aspectos externos ou superficiais de algo mais fundamental. Esta realidade fundamental, de que as partículas são a realidade externa, seria então o mundo não físico, onde certamente operam nossos pensamentos, emoções, memórias e tudo aquilo que caracteriza a personalidade humana. Logo, não é absurdo concluir que a personalidade do homem continue a viver nesse mundo não físico, depois da morte do corpo físico, uma vez que "se os atributos essenciais da personalidade não são compostos de matéria física, estão, portanto, em condições de existir em seu mundo próprio, depois que o corpo morre", conclui o Dr. Weinberger.

Novos argumentos científicos em favor dessa tese podem ser encontrados nas recentes pesquisas sobre o metabolismo da nutrição. Ficou amplamente demonstrado, por meio de indicadores isotópicos, que nada há de permanente no material que compõe o corpo humano. Isto foi determinado por um processo tão engenhoso quanto simples: os cientistas impregnaram certas substâncias de átomos radioativos, a serem ingeridas pelo organismo humano. Assim, por intermédio de um contador Geiger, puderam verificar que essas moléculas alimentares, ou parte delas, penetram na célula orgânica e substituem uma parte da estrutura celular que lá se encontra. Ali ficam por algum tempo e depois saem novamente, dando lugar a uma outra molécula. Assim sendo, todas as moléculas orgânicas são substituídas ao cabo de algum tempo, a intervalos regulares. É como se os tijolos de uma casa fossem constantemente substituídos por outros, ao mesmo tempo em que a estrutura da casa é sempre a mesma. Surge, portanto, uma pergunta de transcendental importância: Que parte do ser humano é, então, permanente? O próprio Dr. Weinberger responde: "Sua personalidade, naturalmente. Seus pensamentos, seu caráter, suas emoções, suas memórias. *E, também, o plano ou o desenho, mas não seu corpo material*". O grifo é nosso, porque desejamos chamar a atenção do leitor para o fato de que esse plano imaterial, permanente, que mantém a unidade do organismo físico, é o perispírito. É reconfortante, para nós espíritas, encontrarmos, na exposição científica, avançada e atualizada, conclusões que atestam a veracidade e autenticidade dos ensinamentos espíritas de mais de um século. Outros virão, com a graça de Deus.

E prossegue o Dr. Weinberger, para concluir: "O material vem e se vai, mas o plano permanece o mesmo. Se isto é um fato cientificamente verificável, não é lógico dar mais um passo à frente e dizer que — ainda que seja removido todo o material que forma o corpo humano visível — seu plano ou desenho, isto é, a personalidade, continuaria a existir? Se isto é admitido, equivale a admitir a continuidade da existência depois da morte".

• • •

O ensaio seguinte é de autoria de C. C. L. Gregory, um pesquisador de fenômenos psicofísicos. Seu trabalho é curto, difuso e algo hermético. Sua preocupação é saber se os cientistas da Física poderão ajudar a esclarecer o problema do Espírito. O leitor certamente teria mais paciência e acuidade que eu para interpretar a esdrúxula linguagem do Dr. Gregory. A conclusão do Dr. Gregory é a de que métodos muito diferentes de experimentação e raciocínio serão necessários para investigar "os supostos níveis integrativos, mais altos e mais baixos, respectivamente, que o nível normalmente inspirado pela consciência humana. Pode ser que a investigação dos níveis mais altos, em lugar das de níveis mais baixos, seja mais suscetível de suprir informação acerca do destino do homem e sua sorte final". Confesso-me inteiramente incapacitado para interpretar o pensamento do autor. A falha certamente é minha, e não dele.

• • •

O artigo seguinte chama-se "Novos princípios de Física" e é de autoria de R. A. McConnell, um físico.

Sua pergunta inicial é: "Poderá a Física provar a sobrevivência?". Responde dizendo que a pergunta é difícil porque as palavras estão mal definidas. No entanto, informa, a questão é digna de consideração. O professor McConnell também não escapa muito à maçuda terminologia de seu colega Dr. Gregory, que acabamos de ver. A certa altura começa a divagar em torno do Princípio da Incerteza, do professor Heisenberg, Prêmio Nobel de 1932, e me deixa a mim, ignorante em Física superior, inteiramente confuso, com as suas "variáveis canonicamente conjugadas" que não podem ser medidas "com precisão ilimitada". Mais adiante consigo entender uma frase mais objetiva e simples que nos informa que "o aspecto espiritual da vida do homem é complementar à sua existência física e, portanto, inacessível à mensuração física. Por conseguinte, não há razão para duvidar de que o aspecto espiritual do homem possa sobreviver à sua morte corporal". É uma afirmativa confortadora. Sua conclusão final, no entanto, é mais dubitativa. Diz ele: "De um ponto de vista geral, a mais esperançosa afirmativa que parece justificável é esta: os métodos da Física podem ser úteis no estudo da personalidade viva do homem, e isto, por sua vez, pode levar-nos à subsequente questão da existência depois da morte". Nada mais reticente. É como se o autor quisesse afirmar algo, mas deixando sempre uma porta aberta à retirada, caso se prove o contrário. Aí ele voltará e dirá: Não. Eu disse apenas que os métodos *poderiam* ser úteis e, se o fossem, *poderiam* levar-nos a *formular* o problema da sobrevivência. Apenas formular o problema, não resolvê-lo...

• • •

O ensaio seguinte chama-se enfaticamente "A unidade da Natureza". Seu autor: Giulio Cogni, cientista italiano, que começa dizendo que a verdadeira ciência é baseada na experiência direta ou diretamente observada. Por conseguinte, "métodos verdadeiramente científicos não podem ser aplicados à questão de saber se há ou não há vida em Marte". Vemos, pois, que o Dr. Cogni é partidário intransigente da observação, espécie de Tomé moderno que só admite o que toca, sente, vê, mede, examina sob os olhos. Admite, no entanto, para atenuar a aspereza do primeiro conceito, que a Ciência pode formular hipóteses, inclusive sobre a possibilidade da sobrevivência, com base nos crescentes conhecimentos psíquicos e biológicos oferecidos pelas várias ciências. Passa, então, a examinar o que os diferentes ramos do conhecimento têm a dizer sobre o assunto.

Começa pela Religião, concluindo que dentro de certos limites (que ele acaba de estabelecer) "a aspiração pela imortalidade tem todas as possibilidades de atingir profundamente a verdade. Contudo, seu conteúdo é exclusivamente simbólico. Literalmente, ele contém apenas harmonia, beleza e consolo".

E a Física? — pergunta ele. O Dr. Cogni não nutre grandes esperanças. Seu raciocínio é materialista e pode ser encontrado, quase que nos mesmos termos, em todos os pensadores materialistas que se pronunciam sobre o problema. Invoca o caso das operações cerebrais que mudam as condições do psiquismo, citando especificamente a lobotomia que pode transformar o caráter de um bandido. Ou as operações endócrinas, que também alteram a situação psíquica do paciente. Ou os tóxicos. Não há, pois, lugar para a alma, na opinião do Dr. Cogni. Mais adiante, insiste na argumentação cediça de que, removendo certas partes do cérebro, desaparecem funções correspondentes, como imaginação, memória, faculdade lógica etc. Mas é claro, meu Deus! Há cem anos, Kardec já ensinava que o Espírito age sobre a matéria, por meio do corpo físico, que por sua vez obedece ao impulso do perispírito. A cadeia é assim: "o Espírito quer, o perispírito transmite, o corpo executa" (Kardec). Como é que o corpo vai executar uma ordem no campo material, se lhe falta o instrumento apropriado, isto é, o órgão correspondente àquela ação?

Voltemos, porém, ao Dr. Cogni. Ele acha que a sobrevivência e a imortalidade nunca estiveram tão desprestigiadas como agora, em face dos *conhecimentos* da Ciência atual. Admite que a organização mental do homem é mais complexa que a dos animais, mas se apressa em acrescentar que o cérebro humano se deteriora tão facilmente quanto o dos animais, bastando, para isso, algumas gotas de uma substância corrosiva qualquer.

E a Psicanálise? Fala o Dr. Cogni na psique ancestral e na psique cósmica, que nada mais são que a memória ancestral e a memória cósmica com que muitos dos nossos oponentes desejam obscurecer inutilmente a verdade espiritualista. Cita Freud, Jung, Adler, mencionando, de raspão, a terminologia rebarbativa daqueles pesquisadores, tal como o "id", que coincidiria com a "inconsciência coletiva". Acha que, se o controle orgânico é exercido pelos nervos e pelo sistema vago-simpático, para que a hipótese do Espírito? Funciona tudo tão bem... Esquece-se ele de que basta retirar-se o Espírito para que tudo apodreça irremediavelmente, a despeito de todas as teorias freudianas e quejandas.

Em alguns parágrafos adiante, reconhece a legitimidade das experiências científicas sobre telepatia, clarividência e psicometria, classificando-as como "contágio" psíquico entre as criaturas ou entre estas e as coisas ou animais. A hipótese da intervenção espiritual no fenômeno é "muito menos sustentável" que a teoria da ondulação, que por sua vez ele já considera gratuita.

O Dr. Cogni incide no velho engano de considerar os fenômenos espíritas como simples produto da evocação da memória cósmica, de onde são retirados fatos e pessoas do passado. Neste parágrafo, o autor é categórico; não deixou sequer uma portinha por onde pudesse escapar mais tarde: "a explicação espiritista é mais engenhosa que a dos teólogos. Contudo, nenhum dos conhecimentos científicos, que temos hoje do homem e da vida psíquica e orgânica, coincide com a explicação espiritista; na verdade, eles se opõem agudamente a essa explicação". Não nos resta alternativa senão a de rogar a Deus, para que no momento oportuno assista o endurecido coração desta ovelha tresmalhada pelos caminhos da orgulhosa e falsa Ciência. Um dia, quando este irmão acordar no Além e verificar que continua vivo, a despeito de todas as suas teorias e de todas as suas redondas negativas materialistas, algum Espírito se compadecerá de sua tragédia e o reorientará na direção da Luz.

Mas o Dr. Cogni não somente nega. Ele gosta de filosofar também e expor suas próprias teorias. Afirma, pois, que "não somos almas isoladas, mas sim momentos num grande mar cósmico psíquico; apenas nossos corpos são coagulações momentâneas da matéria do mundo".

E prossegue, doutoral: "Agora está claro o que é a morte: a dissolução do momentâneo complexo psicofísico — coagulado no momento da concepção, desenvolvido por meio da nutrição física e pelo complexo das ações e reações na experiência ambiente — no grande mar da profunda psique do mundo, que também hoje, enquanto vivemos, constitui nossa verdadeira e profunda personalidade".

Sua conclusão final: "O terror da morte, que de tempos em tempos toma conta de nós, é, acima de tudo, o terror de ficar sozinho, fechado no túmulo. É o medo de desaparecer do concerto da vida". Na sua opinião, a vida é uma unidade contínua de fenômenos e de criaturas. Essa unidade é que, a seu ver, assegura a imortalidade.

• • •

Por aí já pode o leitor ver que havia razão para dizer, no começo desta série, que tenho minhas dúvidas sobre a utilidade de livros como este, em que as opiniões mais fantásticas são expendidas com um ar de suficiência e de autoridade impressionantes. O leitor desavisado certamente se perderá nesse mar psíquico do professor Cogni.

IV — CONTRIBUIÇÃO DAS RELIGIÕES

Os ensaios contidos neste capítulo representam depoimentos de figuras representativas do Protestantismo, do Catolicismo, do Judaísmo, do Islamismo, do Budismo indiano e do Budismo tibetano, nessa ordem.

Cornelius Van Til, autor do primeiro ensaio, começa afirmando que o protestante procura sempre nas Escrituras sua resposta aos problemas básicos da vida e da morte, estando, a seu ver, colocado em melhor posição do que aqueles cuja fonte de verdade é a experiência humana. Aponta, a seguir, algumas divergências internas entre as modernas escolas teológicas do Protestantismo de um lado, e os crentes ortodoxos, de outro. Os expoentes das escolas modernas não aceitam as Escrituras como revelação direta e final de Deus. Na verdade, não acreditam que haja qualquer espécie de revelação divina à disposição do homem. Sustentam, apoiados na autoridade de Kant, que todo o conhecimento humano depende do próprio homem. Informa, também, que a ortodoxia protestante difere — "apesar de que não tanto radicalmente" — da ortodoxia da Igreja Católica Romana.

Mais adiante o autor protestante doutrina:

"Todos os homens foram envolvidos no pecado de Adão, porque todos estavam representados por ele". E cita, em apoio de sua fatal conclusão, a *Epístola de Paulo aos Romanos*: "*Portanto, assim como por um homem entrou o pecado neste mundo e pelo pecado a morte, assim passou também a morte a todos os homens por um homem, no qual todos pecaram.*" (*Romanos*, 5:12.) A interpretação literal dessa passagem, que por sua vez é uma interpretação literal do que se contém no *Gênesis*, nos levaria a ter que admitir que Deus condenou todos os seus filhos à morte por causa da falha de um deles.

Enfim, não vamos discutir esse problema porque este não é o lugar apropriado nem a ocasião oportuna. Continuemos com o Sr. Van Til.

Fica-nos a amarga concepção de que todos somos culpados e de que "*não há, pois, nenhum justo*" (*Romanos*, 3:10). Logo, os homens "são totalmente incapazes de praticar qualquer bem e são inclinados para o mal", segundo o catecismo de Heidelberg. Esta sombria conclusão, este pessimismo, este desairoso conceito que se formula da grandeza de um Deus perfeito, justo, bom, constitui, a meu ver, a grande tragédia das Religiões que se amarram à letra que mata e se esquecem do espírito que vivifica. "Deus", continua o Sr. Van Til, citando o já mencionado catecismo de Heidelberg, "está terrivelmente descontente com o nosso pecado original, tanto quanto com os nossos atuais pecados e os punirá por um julgamento temporário e eterno."

O artigo do Sr. Van Til é todo sombrio, pejado de citações bíblicas das mais dramáticas. Sobre suas palavras paira, da primeira à última, a ideia do pecado e da consequente e inevitável punição determinada por Deus. Quanto à questão da sobrevivência, objetivo principal do ensaio, o Sr. Van Til acha que para o protestante ortodoxo o problema deve ficar rigidamente enquadrado no que dizem as Escrituras. A certa altura, informa ele: "Conhecendo Deus e, portanto, reconhecendo em si mesmos criaturas de Deus e pecadores contra Ele, todos os homens procuram suprimir a verdade".

Suas conclusões são nebulosas e unilaterais. Desde que, no seu entender, o homem foi criado para a glória eterna ou para o eterno sofrimento, segundo sirva a Deus ou o ofenda, o problema da sobrevivência é uma questão de fé, não de raciocínio. E a fé se apoia na *Bíblia*, nada além disso. Quanto às objeções científicas, lógicas e morais à sobrevivência, o autor assume a cômoda atitude de que aqueles que objetam a autoridade da *Bíblia* não têm base onde se apoiarem.

"Assim", diz ele, "a simples sobrevivência não pode ser provada ou desmentida porque a prova não ocorre no reino puramente irracional do acaso. E a sobrevivência significativa não pode ser provada ou desmentida, porque, se há um sentido, nesta base, então não há indivíduo para perceber o sentido. Quando o indivíduo fala, não é mais o indivíduo que fala."

Espero que o leitor tenha entendido algo; quanto a mim, confesso humildemente que não compreendi coisa alguma desse arrazoado final. Isso de dizer que a sobrevivência é uma questão de fé, baseada na *Bíblia*, não é novidade. Já sabíamos. O que desejamos é aplicar a pedra de toque formulada por Kardec quando ensinou que a fé deve encarar a razão, altaneira, segura de si, e não se limitar apenas a aceitar cegamente o que lhe é imposto.

• • •

James Collins fala, no artigo seguinte, pelos católicos, embora frisando de início que procurará descrever apenas uma perspectiva da sobrevivência do seu ponto de vista pessoal, sem expressar naturalmente o pensamento oficial da Igreja.

Esclarece que a questão da sobrevivência não é simples acessório do Catolicismo, mas o seu tema central. Por isso, vem expresso no próprio Credo que termina dizendo: "Creio na ressurreição da carne, na vida eterna. Amém!". Os ritos católicos, ainda segundo o autor, desde o batismo até a extrema-unção, levam em conta essa ideia predominante. Discute, a seguir, a conceituação da sobrevivência, terminando por informar que "a morte não é um simples episódio, mas o término radical da vida terrestre" e o tipo de "existência *post mortem* não é simples prolongação de nossa condição presente". Para determinar com maior precisão, a posição católica em face do problema da sobrevivência, é necessário, segundo o Sr. Collins, explorar três aspectos distintos: imortalidade pessoal, ressurreição e presença de Deus no julgamento.

Afirma, a seguir, que a convicção católica é a de que, depois da morte, o princípio espiritual do homem permanece em existência não temporariamente, mas para sempre; não impessoalmente, mas pessoalmente. A prova disso tem sido fornecida não somente pela inquirição do próprio homem, como pela revelação divina, diz ele. Os pensadores católicos — continua o autor — não apoiam sua "defesa filosófica da imortalidade nos relatos acerca dos fenômenos de *poltergeists*, comunicações dos mortos e outros fenômenos do Espiritismo". No entanto, logo a seguir, o autor faz uma ressalva preciosa, dizendo que "parece impossível recusar satisfatoriamente a hipótese de que tais manifestações psíquicas sejam produzidas por seres inteligentes extra-humanos, cujas intenções morais nos são obscuras". Ainda bem.

Depois de discutir alguns aspectos de natureza filosófica, o autor informa que, do ponto de vista católico, a alma separada existe como entidade individual, conservando seus pensamentos pessoais, lembranças e caráter. "Não é absorvida por nenhuma espécie de massa cósmica, nem identificada com Deus, nem despojada de toda a atividade consciente." No entanto, além dessa afirmação de integridade pessoal, a especulação católica acerca da alma, após a morte, limita-se ao mínimo indispensável, colocando sob suspeita qualquer elaboração imaginativa.

Acha, porém, que a atividade da alma *só é completa quando unida ao corpo*. A morte é um seccionamento tão profundo que "a alma desencarnada não experimenta a integral realidade humana". E acrescenta: "Somente o final reencontro da carne com o espírito pode satisfazer nosso anseio de gozar a vida eterna como homens integrais, em lugar de restos fragmentários".

Por conseguinte — e o autor está perfeitamente identificado com o pensamento católico —, a felicidade eterna com que sonham os filósofos da Igreja somente será possível quando ocorrer a chamada ressurreição, isto é, quando corpo e alma se unirem outra vez. As dificuldades morais, filosóficas e materiais desse ponto de vista são insuperáveis, mesmo admitindo que fosse possível à alma, depois de decorridos séculos e até milênios, reencontrar, na poeira do mundo, os átomos que uma vez foram parte integrante de seu arcabouço físico, e então reconstituir, célula por célula, seu antigo organismo, muitas vezes defeituoso, doentio e até monstruoso. Sei que para cada uma destas objeções foram imaginadas, através de séculos de meditação, respostas engenhosas. O tema, no entanto, extravasa os objetivos desta simples notícia que desejamos dar sobre o livro organizado pela Sra. Garrett.

O Sr. James Collins prossegue dizendo que o fato de os católicos considerarem o Cristo como Homem-Deus, e não como um grande profeta ou um gênio religioso, tem profunda influência sobre a questão da sobrevivência. Acha que a ressurreição do Cristo contém uma promessa de ressurreição a cada um em seu próprio corpo. Para nós, espíritas, a questão está formulada com uma deficiência intrínseca que a invalida completamente. O Cristo se apresentou àqueles a quem amava, na plenitude de sua glória e de seu poder, em seu corpo perispiritual, feito da mais pura e nobre essência etérea. Para que iria Ele desejar um corpo físico, material, cheio de limitações e necessidades, para com este pobre instrumento ascender às alturas inconcebíveis da mais elevada esfera espiritual? Que fazer naquele ambiente diáfano, altamente espiritualizado, onde nem o nosso pensamento de imperfeitos seres humanos pode alcançar — que fazer lá, dizíamos, com um pesado e inconveniente corpo físico? Como arrastar para a Pátria da Luz, domínio do Espírito puro, a massa densa do organismo físico que, como matéria que é, está sujeita às vicissitudes da nutrição, da decomposição, dos achaques?

Deixemos, porém, essas perguntas perturbadoras. Tanto católicos como espíritas têm suas próprias respostas a essas indagações.

Não posso, no entanto, deixar de sentir a fragilidade dessa argumentação, segundo a qual o corpo físico é indispensável, *essencial* (palavra do autor) ao homem integral. Se há algo "insatisfatório e ilusório", como diz ele, acerca de qualquer teoria da sobrevivência que despreze essa conceituação, não sei como situar a atuação *post mortem* dos santos do próprio Catolicismo. Como podem eles ouvir súplicas, praticar o bem, derramar tanta bênção sobre a Terra — e isso inegavelmente eles o fazem — se dispõem apenas da alma? Se a alma desencarnada, como acabamos de ler no Sr. Collins, "não experimenta a integral realidade humana”, de que forma esses grandes Espíritos podem atender a súplicas e praticar o bem? Não teriam eles que esperar pelo Juízo Final e pela ressurreição da carne, para, então, munidos novamente do corpo físico, voltarem a ser homens e mulheres integrais e sentirem a realidade humana? Francamente não compreendo e não compreenderei a sutileza da argumentação, a despeito de todo e qualquer raciocínio filosófico que queiram oferecer.

Assim, o conceito católico da sobrevivência, tal como o expõe o Sr. James Collins, não atende a séria objeção da lógica: isto é, como poderá a sobrevivência, ou seja, a imortalidade, se compor de um fator imperecível — o Espírito, e outro facilmente deteriorável, como o corpo físico, material, grosseiro e pesadão?

• • •

O terceiro ensaio desta série é de autoria de Samuel S. Cohon, que desenvolve o tema da imortalidade à luz da doutrinação judaica.

Começa por dizer que nossa atitude diante da vida e da morte é contraditória. Nossa experiência comum nos força a reconhecer a irrecorribilidade da morte. A decadência e a desintegração atingem tudo quanto vive e cresce. Na própria *Bíblia* encontramos tanto afirmativas em favor da imortalidade como a expressão da eterna dúvida daqueles que ainda não descobriram a Verdade. Ao lado de Jó, que perguntava vacilante: “Se o homem morre, poderá ele viver novamente?”, há Isaías, que afirma enfático: “Os mortos viverão”. Contudo, a crença na imortalidade tem sobrevivido através dos milênios, sob as mais adversas condições.

O Sr. Cohon acha que o paradoxo decorre da defeituosa apreciação da natureza humana. Julgamos as coisas pelas aparências, e, para muitos, o homem nada mais é que simples membro do reino animal, e, como os outros, possui um corpo que cresce e entra em decadência. No entanto, se nos analisarmos mais profundamente, descobriremos que possuímos invisíveis poderes de sentimento, consciência e mente, que "se identificam com o espírito ou alma, dentro de nós". O problema, então, consiste em saber se, depois que os nossos corpos morrem, os nossos espíritos também têm que perecer. As religiões têm ensinado sempre que o túmulo não é o fim de tudo. Também o Judaísmo se identifica com essa corrente imortalista. O autor cita abundantemente os profetas, os reis e os salmistas bíblicos em apoio da proposição. Informa, no entanto, que de início Israel não cuidava seriamente do problema da alma. O autor do *Gênesis* informa simplesmente que Deus tomou o lodo da terra, fez o homem e soprou-lhe a vida. Já nos salmistas, a menção ao Espírito é constante. Sob a influência dos persas a ressurreição do corpo tornou-se conhecida em Israel.

Afinal, na concepção do Sr. Cohon, a imortalidade não é uma simples questão de "duração do espírito depois da morte, mas também da preservação dos valores que emprestam significado à existência humana. Vivemos nas ações que praticamos e que nos ligam aos nossos semelhantes". E mais adiante, concluindo, acrescenta que "somente a pessoa que se esforça por contribuir, muito ou pouco, para a vida mais ampla da Humanidade, pode viver depois que a vida física atinge seu fim. A imortalidade, assim considerada, surge não como um atributo intrínseco da alma, mas como uma conquista da ânsia criadora".

Já na página anterior, o autor havia afirmado que sua corrente religiosa não tem interesse em discutir as diversas escolas filosóficas e psicológicas modernas sobre a alma, e que vão desde a sua negação total até a identificação da alma com a mente, com o inconsciente ou com o próprio indivíduo. A posição assumida pelo Judaísmo é a de que a "alma do homem é o cerne vital do ser físico, intelectual e moral, sem o que não poderia existir o que chamamos pessoa".

Parece até que o Sr. Cohon defende a tese de que a alma do homem está mais nas coisas que este faz do que naquilo que ele é, em essência. Sua palavra final é reveladora desse estado de espírito. Citando os rabis de sua religião, diz: "Os bons vivem mesmo na morte; os maus estão mortos mesmo em vida".

• • •

O artigo seguinte é de Ali Othman e manifesta o pensamento islâmico. Esclarece, de início, que o Islamismo rejeita o conceito do pecado original. O homem não é criado para salvar-se. Ele é o membro de uma espécie de fundação, um vice-presidente de Deus na Terra, participando, assim, dos processos criadores da Divindade, por intermédio do conhecimento e da experiência das obras de Deus.

O ensaio do Sr. Othman é mais uma explanação sobre a filosofia islâmica do que propriamente uma especulação em torno da imortalidade. A certa altura, informa que há três maneiras de ser. A primeira, na qual o ser tem um conhecimento parcial de si mesmo e dos "mundos" de Deus. No segundo estágio, o ser abandona a procura dos prazeres e seu coração cede a uma das grandes fontes de desenvolvimento, fechando-se para as demais. Finalmente, no terceiro estágio, alcança a tranquilidade, completando sua jornada. O ser adquiriu completa consciência de si mesmo e o total conhecimento e experiência das obras de Deus. Está pronto para retornar às suas origens.

Será esta a ideia de imortalidade do Islamismo? Confesso, com toda a humildade, caro leitor, que não me dei por satisfeito com o trabalho do Sr. Othman. Certamente que a ignorância é toda minha ao captar sua mensagem, e não dele em transmiti-la. Falta-me, talvez, um conhecimento mais extensivo da filosofia do Islamismo e de seu grande livro — o *Alcorão*.

Vamos, porém, traduzir, palavra por palavra, a conclusão final do autor. Diz ele: "Em suma, o indivíduo, por si mesmo, poderá ou não descobrir seu espírito, na sua verdadeira natureza, e, ainda, se é imortal ou não". Relembrando ao homem seu próprio valor, o *Alcorão* lhe pergunta: "Julga, homem, que ele será posto fora (depois da morte) como um objeto inútil?".

Acho muito insatisfatória esta conclusão, mas disse e repito: a falha deve estar no meu desconhecimento da doutrina do Islã. De qualquer forma, aqueles caros irmãos admitem a sobrevivência, mas parece-me, pela amostra oferecida, que também eles se atam demasiadamente à letra dos seus livros sagrados e se colocam à margem do espírito que neles se contém.

• • •

O artigo seguinte chama-se "Liberação e renascimento" e é de autoria de Gerrit Lansing, que começa por relatar as ideias de Gautama Buda, quinhentos anos antes do nascimento de Jesus. Informa que os problemas metafísicos sempre gozaram de grande preponderância na filosofia do povo hindu. Em consequência da atitude introvertida a respeito do espírito, o Oriente é muito mais "sofisticado" do que nós, do Ocidente, diz o autor. "Daí serem correntes as doutrinas da reencarnação e da sobrevivência na Ásia

Indiana, onde constituem parte de um sistema coerente de crenças e de práticas." Tais crenças são pacíficas, fazem parte da vida diária do povo e da ordem natural das coisas. A existência *post mortem* é considerada normal, tal como o retorno à carne. A grande maioria dos atuais 360 milhões de habitantes da Índia[6] acredita em uma forma ou outra de reencarnação, o que acarreta sérias consequências em todas as esferas da vida, tanto no seu aspecto moral e religioso, como no econômico e político.

Passa o autor a citar a antiquíssima e abundante literatura religiosa indiana, na qual o conceito fundamental, o *leitmotiv*, é formado pelas doutrinas da imortalidade e da reencarnação, bem como a ideia cármica da ação e reação.

A certa altura, diz o autor que "tanto no Budismo como no Hinduísmo populares de hoje existe a crença no renascimento do caráter individual. A recordação das passadas encarnações é frequentemente praticada como parte dos exercícios de meditação ioga".

No final de seu trabalho diz o Sr. Lansing que "em nenhuma parte do mundo foram tão exploradas as mais profundas riquezas do psiquismo".

Na expressão do autor, "enormes abismos de tempo" foram contemplados pela civilização hindu, muito antes que a Ciência ocidental invocasse suas próprias perspectivas astronômicas. "Nossa Ciência ainda nem sequer feriu de leve a relação do tempo com a eternidade."

Esta é, naturalmente, uma conclusão razoável. Ela vem reconhecer que a Ciência oficial do Ocidente ainda não conseguiu descer às profundidades da alma humana, atingidas pela milenar meditação dos filósofos do Oriente. A história do pensamento humano tem demonstrado,

---

[6] 1960.

constantemente, que a intuição está sempre na fronteira avançada do conhecimento, enquanto a Ciência, na esteira desse avanço, procura seu próprio rumo. Aliás, a filosofia ocultista informa que nada existe no mundo real que não tenha antes existido no mundo mental. E André Luiz, na sua série maravilhosa de livros, não se cansa de repetir que, muito ao contrário do que poderíamos pensar, as instituições terrenas são copiadas das que existem no astral. Podemos, assim, sentir-nos perfeitamente identificados com o pensamento do Sr. Lansing, pois que sentimos, no fundo do nosso ser, que a Ciência ainda há de proclamar a existência do Espírito, tal como reconhece hoje a existência do átomo, a lei da conservação da energia e milhares de outros princípios válidos e comprovados. É tudo uma questão de tempo. E tempo é o que não falta no imenso desvão da eternidade.

• • •

Temos, finalmente, o trabalho do Sr. W. Y. Evans-Wentz sobre a sobrevivência. Chama-se "O Guia do Tibete à vida *post mortem*". O Sr. Evans-Wentz é autoridade reconhecida no estudo comparativo das religiões, particularmente as da Índia. Em consequência do seu longo contato com esses problemas, confessa ter chegado à "convicção pessoal de que aquilo a que chamamos morte não é a cessação da consciência, mas o prelúdio necessário ao que chamamos nascimento". E prossegue: "Quando, talvez em algum tempo não muito distante, a Ciência psíquica ocidental estiver preparada para fazer seu próprio pronunciamento, ela, também, tal como a amadurecida Ciência do Oriente, perceberá, estou certo, como os antigos videntes o fizeram, que os vivos procedem dos mortos".

Essas palavras colocam tão bem o problema que seria desnecessário comentar o resto do artigo. No entanto, é oportuno esclarecer que o autor considera que existe o mais amplo testemunho em favor dessa convicção. Pitágoras reconheceu a armadura que usara como guerreiro troiano em sua encarnação anterior. Buda recordava-se de muitas de suas vidas, tal como Krishna. O próprio Jesus afirmou que João Batista era a reencarnação do profeta Elias. Passa, então, o autor a analisar minuciosamente o *Livro dos Mortos do Tibete*, comentando suas principais referências.

• • •

E com isto concluímos esta notícia sobre os diversos depoimentos contidos no livro compilado pela Sra. Garrett. Espero ter conseguido transmitir ao leitor um pouco das tumultuadas e, às vezes, contraditórias ideias que o livro reuniu. Como dizia de início, receio muito pela utilidade de um livro deste tipo. As correntes filosóficas que se entrechocam, em suas páginas, podem acarretar as mais graves inquietações no espírito do leitor desprevenido. Aquele que possui a tranquilidade da fé — seja ela qual for — não se deixará confundir. É de se temer, no entanto, pelo leitor indeciso, pouco esclarecido ou menos afeito à especulação filosófica. Envolvido na correnteza tumultuária de tantas ideias que se opõem entre si, qual seria sua conclusão em face do que ficou dito no livro? Deverá acreditar nos cientistas que negam a existência do espírito? Ou naqueles que a afirmam? Se acredita naqueles, firma-se no seu próprio materialismo e envereda por esse caminho estéril. Caso se decida por estes, vê-se envolvido numa floresta de novas perguntas. Que pensar dos argumentos religiosos? Prevalece a autoridade literal da Escritura? Não parece tão assentada, sólida e clara a concepção imortalista e reencarnacionista dos orientais? Que pensar das marchas e contramarchas da pesquisa liderada pela Parapsicologia?

Uma conclusão geral, no entanto, é inescapável: prevalece o peso irremovível em favor da sobrevivência do espírito ao apurar-se a média geral das opiniões. Quanto à reencarnação, o pensamento oriental está a milênios de distância da mentalidade ocidental. Acrescentaríamos que a reencarnação não é uma concepção metafísica de caráter místico e improvável, é uma necessidade filosófica, moral e religiosa, porque nos leva a compreender a Justiça Divina e o encadeamento lógico e racional da evolução espiritual do homem, na sua ascensão para Deus. Que outra concepção existe que a substitua ou que se lhe possa ao menos comparar?

De modo que, em suma, podemos dizer que a esmagadora maioria das religiões aceita a existência do espírito e admite sua sobrevivência, embora possam ter divergências doutrinárias quanto à preexistência. Quanto à reencarnação, as religiões orientais lhe são francamente favoráveis, considerando-a um fato mais que demonstrado, aceito pacificamente. Do ponto de vista científico é que o tumulto é grande, porque as correntes materialistas do pensamento ainda se esfalfam por documentar suas "razões" e seus representantes se imiscuem até mesmo entre aqueles que procuram investigar a própria alma humana. É uma das grandes incongruências do Materialismo, a meu ver, pesquisar o fator não físico da personalidade do homem, com a fugaz esperança de provar que esse mesmo fator é uma ilusão dos sentidos, ou uma inutilidade filosófica e moral.

Não nos exasperemos, porém, com as contradições do pensamento humano em torno do problema transcendental do espírito. A luz interior é uma questão de estágio evolutivo. Não se pode exigir que um homem de pé num caixote vazio, no fundo de um vale, descortine o horizonte que se estende por detrás das montanhas. Só depois que ele subir a montanha poderá ver a grandeza e a majestade da obra maravilhosa do Criador. Ajudemos, pois, humildemente, dentro de nossos modestos e parcos recursos, com paciência e amor, o irmão menos esclarecido a subi-la conosco.

V — OS FATOS

Os comentários anteriores desta série contêm uma nota de cautela quanto aos resultados que o leitor possa obter do livro *Does Man Survive Death?*, da Sra. Eileen Garrett. De fato, o leitor desprevenido e sem uma sólida orientação doutrinária ou religiosa ficará, provavelmente, em maior confusão mental ao sair do livro que ao nele entrar. É que a obra apresenta, sem nenhuma orientação crítica, os pronunciamentos mais contraditórios que se possam imaginar. É bem verdade — e isso também ficou dito — que mesmo na vida prática, aqui e no Além, estamos, a cada momento, nos defrontando com alternativas que precisamos escolher. De outra forma não teríamos o mérito das decisões acertadas que tomarmos; muito menos, a responsabilidade pelas faltas cometidas.

Não deixa, porém, de ser algo estranho que sendo a Sra. Garrett, organizadora do livro, uma criatura dotada de notáveis dotes mediúnicos, presumivelmente convencida da realidade da sobrevivência, deixe medrar, no próprio artigo que escreveu, a erva amarga da dúvida. E isso está no título mesmo de seu trabalho que, como vimos, chama-se "A resposta é ainda não". Ela mesma, mantendo contatos frequentes com seres libertos da condição física, sente-se envolvida pela perplexidade. Parece que essa perplexidade se transferiu para o livro, no qual a Sra. Garrett reuniu trabalhos contraditórios sobre um tema de tamanha seriedade, após ela própria ter escrito, à guisa de apresentação, um artigo igualmente contraditório.

Poder-se-ia alegar, com certa tintura de autenticidade, que a autora não quis tomar partido ou influenciar as conclusões do leitor. De minha parte, não aceitaria totalmente esse raciocínio. Sou de opinião que, ao escrever um ensaio, um livro, um artigo, o autor deve dizer ao que vem, que pontos pretende estabelecer, quais as conclusões que alcançou, quais as ideias que aceita ou combate e por quê. Se ele apenas lança o problema sobre a mesa, não está contribuindo para o esclarecimento da questão levantada; limita-se, ao contrário, a passar adiante as suas e as alheias dúvidas. Ainda que seu ponto de vista seja de difícil defesa, ele deve torná-lo conhecido, sem meias palavras e sem deixar alçapões mal disfarçados por onde possa, na emergência de uma polêmica, retirar-se com honra.

Estranho, pois — e isso muitas vezes tenho referido nos descoloridos comentários que subscrevo —, que tantos autores, que discorrem sobre temas espirituais, armem a equação e sintam, depois, uma inexplicável inibição ao concluírem seus trabalhos. É pena, porque muitos deles estão investidos de autoridade científica ou prática para tanto. Seria uma simples manifestação do respeito humano? Seria por que a conclusão é tão revolucionária que se atira ao arrepio das ideias predominantes da época? Ou por ambas as razões?

Enfim, no estágio evolutivo em que está a média da Humanidade, o espírito é, na verdade, um conglomerado de contradições. Nessa mesma linha de raciocínio, vamos encontrar até homens do calibre do Dr. J. B. Rhine que, num livro a ser analisado, nos assegura estas coisas muito sérias:

1) que há no homem um princípio não físico (a que nós chamaríamos logo espírito);
2) que essa mesma criatura humana é dotada de certa percepção psíquica, a que ele chama extrassensorial;
3) que a aludida capacidade de percepção não está subordinada às limitações de espaço nem às de tempo, pois que já se demonstrou cientificamente a existência da telepatia — que transcende o espaço, e a de presciência — que extravasa os limites do tempo.

Qual a conclusão óbvia que daí decorre? Não é preciso ser nenhum gênio, habituado às lides filosóficas e aos imperativos da lógica, para descobri-la. Basta ter bom senso. Se há no homem um princípio imaterial que escapa ao domínio do tempo e do espaço, não é filosoficamente perfeita a conclusão de que esse princípio (Espírito) sobrevive à morte do corpo físico?

Da mesma forma, é surpreendente que a Sra. Garrett, que mantém relações das mais estreitas com os habitantes imateriais de um mundo imaterial, escreva um artigo para dizer que a resposta ainda não foi alcançada. Que lhe estaria faltando?

• • •

A surpresa ainda mais se acentua quando chegamos à parte final do livro, isto é, ao último capítulo, justamente porque a compiladora da obra reservou para o fim o relato de casos bem documentados, dos quais a ideia da sobrevivência ressalta na sua pureza incontestável. Os casos são sete e foram selecionados dentre os mais bem documentados existentes nos arquivos oficiais da pesquisa psíquica.

Com este final, o livro fica, de certa forma, redimido, pois que, ao lado das contradições filosóficas, científicas, doutrinárias e religiosas evidenciadas entre os diversos autores escolhidos, foi colocado um conjunto de fatos. E fatos são fatos.

Ainda que o relato de tais casos venham, como é natural e usual, cercado das habituais precauções, é inegável que representam verdades irremovíveis, como veremos.

A propósito das precauções dos comentaristas, julgo oportuno transcrever as palavras de Frederic W. H. Myers, ao analisar o 1º caso, em seu livro *A personalidade humana e sua sobrevivência à morte corporal*. Diz Myers que a aparição referida pode ser considerada como "manifestação de uma persistente memória pessoal, ou como uma indicação de que alguma espécie de força está sendo aplicada após a morte, a qual, de alguma forma, está ligada a uma pessoa previamente conhecida na Terra".

Vejam só os rodeios que faz o autor para dizer uma coisa tão simples como esta: que o Espírito apresentou provas de identidade.

O caso em si é bastante conhecido e tem sido muito citado.

O autor da narrativa, um representante comercial, nove anos depois da morte de sua irmã — a quem muito estimava —, tem a oportunidade de vê-la de maneira tão real que notou cada detalhe de seu rosto, suas roupas, a cor da pele, o brilho dos olhos etc. Pouco depois, narrando o fato em casa, a seus pais, e com a intenção de convencer o pai incrédulo, mencionou que notara até mesmo um arranhão do lado direito, no rosto da aparição. Nesse momento, sua mãe levantou-se muito pálida e quase desmaiou. De fato, havia um ferimento no rosto da moça, tal como descrevia seu filho, mas somente ela, a mãe, sabia disso, porque jamais contara a ninguém o que se passou. Ao preparar o corpo da filha para o sepultamento, involuntariamente a arranhara na face, o que a deixara angustiada. Por meio de cremes e de pó de arroz, ela conseguira encobrir a marca no rosto da filha sem que ninguém o percebesse.

É pena que em respeito à exiguidade de espaço e ao tempo do leitor, não nos possamos estender nos comentários que se seguem à apresentação do caso.

Acho que o Dr. Rhine e seus colaboradores diriam, deste caso, que o fenômeno é de simples telepatia e nada prova quanto à sobrevivência. O arranhão era conhecido da mãe, que esta transmitiu esse conhecimento telepaticamente ao filho, que, então, teve a visão.

Qual seria, porém, a explicação do Dr. Rhine para o caso nº 4 deste capítulo da obra da Sra. Garrett? Vejamos.

Trata-se de um fazendeiro — James L. Chaffin, residente em Davie County, North Carolina, nos Estados Unidos. Este homem, em 1905, redigiu um documento devidamente testemunhado, segundo o qual deixava todos os seus bens para o terceiro filho, de nome Marshall. Os outros três filhos e a esposa ficavam deserdados. Em 1919, arrependido do primeiro testamento, redigiu, do próprio punho, novo documento, no qual declarava que seus bens deveriam ser igualmente repartidos pelos quatro filhos. Recomendava, ainda, que eles tomassem conta da mãe, se fosse viva. Sobre este segundo testamento — lavrado sem testemunhas — não falou a ninguém. Colocou-o entre as páginas correspondentes ao 27º capítulo do *Gênesis*, de uma velha *Bíblia* que pertencera ao seu pai. Em outro pedaço de papel escreveu: "Leia o 27º capítulo do *Gênesis*, na velha *Bíblia* do meu pai". Este segundo papel foi costurado cuidadosamente na parte de dentro de um velho sobretudo. Ao que se apurou mais tarde, ninguém tomou conhecimento de tais providências.

Ao morrer o velho, como apenas o primeiro testamento era conhecido, suas propriedades passaram legitimamente para as mãos do terceiro filho, Marshall. No entanto, decorrido algum tempo, o segundo filho, James, começou a ter sonhos muito frequentes e muito vívidos com seu falecido pai, até que, num dos sonhos, o velho lhe indicou o sobretudo que vestia e lhe disse: "Você encontrará meu testamento no bolso do sobretudo". E desapareceu.

O jovem James levantou-se de manhã e descobriu que o sobretudo havia sido dado a John, o irmão mais velho, que vivia em outra localidade. Para lá foi James que, afinal, numa costura interna do bolso descobriu o papel que mandava ler o 27º capítulo do *Gênesis*, na *Bíblia* velha do seu avô. A muito custo descobriram a *Bíblia*, da qual ninguém sabia, e, entre as páginas correspondentes ao mencionado capítulo, encontraram o testamento que, de acordo com as leis locais, foi dado como válido pela Justiça, de vez que a letra do velho Chaffin foi reconhecida como autêntica, *até mesmo pelos membros da família que contestavam judicialmente o documento.*

Num caso assim, em que a hipótese de fraude fica afastada com segurança — de vez que os próprios prejudicados pelo papel reconheceram sua autenticidade — e a da telepatia entre os vivos também invalidada, porque ninguém sabia da existência dos documentos, o Dr. Rhine ainda seria capaz de oferecer uma objeção sob forma de alternativa provável: clarividência. O filho James teria descoberto o documento por intermédio de sua capacidade de percepção extrassensorial clarividente. Admitamos, para raciocinar, essa possibilidade. Como é, então, que seus poderes não lhe revelaram logo a existência e a localização da velha *Bíblia* que foi encontrada já meio desintegrada, num abandonado sótão? Se fosse simples clarividência — e esta se encontra suficientemente comprovada — James teria logo a revelação do local onde se encontrava o testamento, e não a indicação de um documento intermediário que continha a chave do mistério. Além disso, seu mecanismo de clarividência seria tão prodigioso a ponto de criar a imagem do pai falecido que lhe ordenava a procura de um papel do qual ele, filho, sequer sabia a existência? É insustentável a hipótese, que me perdoe o Dr. Rhine. Eu convidaria o ilustre Dr. Rhine a aceitar, mesmo a título precário, a hipótese muito mais simples, lógica e racional da sobrevivência.

• • •

Mas vejamos outro caso. Tem o nº 7 sete no livro *Does Man Survive Death*?

Uma senhora, de nome Talbot (Sra. Hugh Talbot), recebeu, por meio de um médium, comunicação segundo a qual seu falecido marido — após fornecer abundantes provas de identidade e mencionar fatos somente conhecidos de ambos — lhe pedia que procurasse determinado livro de notas (não era um livro impresso, e sim uma espécie de caderno) e lesse o que continha à pág. 12 ou 13 (A entidade comunicante não estava bem certa do número exato da página). Para resumir, a Sra. Talbot, após muito procurar, localizou o livro de notas que jamais abrira para ler. À pág. 13 achou um curioso trecho acerca da sobrevivência, no qual se narrava o encontro de um Espírito com aqueles de sua família que o haviam precedido na viagem para o

Além. A certa altura dizia o texto, na letra do falecido marido da Sra. Talbot: "Vi minha mãe, meu pai e minhas irmãs. Todos haviam sobrevivido. Eles não falaram comigo; contudo, transmitiram-me sua inalterada e inalterável afeição. No momento em que eles apareceram, fiz um esforço para compreender minha situação corpórea, isto é, tentei ligar minha alma ao corpo que jazia na cama, em minha casa... a tentativa falhou. Eu estava morto...". (Ext. de *Post Mortem*, autor anônimo, ed. Blackwood and Sons, 1881.)

Esse trecho é particularmente significativo, pois que se relaciona com a situação real do contato entre a viúva e seu "falecido" esposo. Este quis transmitir-lhe uma noção mais exata da realidade da sobrevivência, mas encontrava grande dificuldade, por assim dizer mecânica, em vencer a barreira material da médium, segundo se verifica através de toda a comunicação. O único meio que ocorreu ao Espírito foi o de indicar aquele texto escrito nas páginas de obscuro e desaparecido caderno de notas, cujo conteúdo era totalmente desconhecido da Sra. Talbot e de que somente o "morto" tinha notícia.

É preciso muito esforço e muito boa vontade para aceitar a tese de que a Sra. Talbot (ou a médium) descobriu o livro e a página por clarividência. Ela nem sequer sabia que aquele caderno existia! Ainda que o soubesse, como iria acertar com o texto que se adaptava perfeitamente à situação, localizado na pág. 13? De mais a mais, as provas até agora acumuladas a respeito da sobrevivência constituem tal acervo de fatos que se torna pueril obstinação insistir em explicações que não levem aquela realidade em consideração.

Outros casos interessantes há no livro, como o 5º, no qual um menino recém-desencarnado revela a causa que lhe produziu a doença fatal. Como aplicar aqui a clarividência ou a telepatia (entre vivos)?

• • •

Vamos encerrar esta série inspirada no livro *Does Man Survive Death*?, da Sra. Eileen J. Garrett.

Espero ter conseguido transmitir ao leitor as principais impressões colhidas na referida obra.

A controvérsia em torno da sobrevivência deverá prosseguir, a despeito da impressionante massa de informação colhida pelos mais variados pesquisadores. A tormenta pode surgir lá fora, agitada pela fatuidade de muitos cientistas, pelo ceticismo de outros, pelo entranhado materialismo de alguns; do lado de cá, no entanto, nas hostes espíritas, estamos tranquilos, graças a Deus, porque convencidos da realidade do espírito.

Segundo Paulo de Tarso, examinamos tudo que nos é oferecido e aceitamos o que nos parece solidamente acorde com a Verdade. Temos a coragem de exibir nossa humildade e de reconhecer que a Verdade é maior que todos nós; curvamo-nos à sua realidade insofismável e deixamos de lado a tola, insubsistente e frágil argumentação da Ciência materialista. Há muita gente que só aceita conclusões que não lhe revolucionem os conceitos preestabelecidos. Tudo que daí escapa, esbarra na vaidade ou na intransigente e inflexível caturrice filosófica. A luz, porém, chegará para todos, no devido tempo, pois que Deus é bom, sábio, justo e de infinita paciência.

8

UMA REVISÃO DOS ENSINOS DE SWEDENBORG

No livro *Introdução ao estudo da Doutrina Espírita*, págs. 101 a 103 da primeira edição (1946), encontramos algumas notas extraídas de *Reformador* de junho de 1945, sobre Emmanuel Swedenborg, um dos grandes precursores do Espiritismo. Creio que vale a pena reproduzir a nota, modelo de concisão e clareza, a fim de que possamos mais adiante apresentar alguns comentários sobre a personalidade e a obra daquele grande Espírito.

"Emmanuel Swedenborg, vidente sueco nascido em 1668 e desencarnado em Londres, em 1772, era um homem de enorme e variada cultura, engenheiro de minas, autoridade em metalurgia, engenheiro militar, astrônomo, físico, zoólogo, anatomista, financista e economista. Foi enérgico na juventude e amabilíssimo na sua velhice.

"A vidência lhe surgiu na infância, seguida, logo depois, da clarividência a distância. Educado entre a nobreza sueca, transportou-se mais tarde para Londres, onde as suas teorias apareceram em 1744, através dos livros que escreveu.

"Ensinava que o Universo se compunha de esferas diferentes, com vários graus de luminosidade e felicidade, e que essas esferas nos servirão de morada depois da morte na Terra, de conformidade com as condições espirituais que aqui tenhamos conseguido. Nesses mundos seremos julgados automaticamente por uma Lei espiritual, de acordo com o que houvermos realizado na Terra.

"Há casas, templos, clubes e palácios nessas esferas, e os seres, que nelas habitam, recebem os recém-chegados que, após um período de repouso, recobram a consciência do seu novo estado. Não há qualquer mudança com a morte. O homem nada perde ao falecer, pois continua até mais perfeito que no estado corpóreo, conservando suas faculdades, modo de pensar, crenças e opiniões. As crianças, batizadas ou não, são recebidas e encaminhadas por criaturas que lhes servem de mães.

"Não há castigos eternos. Os que habitam os infernos, desde que se desenvolvam, que progridam, passam para mundos melhores, e os que se encontram nos céus, não o estão de modo permanente, pois todos trabalham para atingir um mundo superior.

"Há, por lá, arquitetos e mecânicos, flores e frutos, bordados, arte, música, literatura, ciência, colégios, museus, escolas, livrarias e até esportes, o que nos faz lembrar os tronos e as coroas do céu dos católicos e os ensinamentos magistrais que vêm sendo transmitidos, no Brasil, mediunicamente, através dos livros *Nosso Lar*, *Os Mensageiros* e outros.

"Os velhos, os doentes e os aleijados renovam-se e recobram gradualmente o seu vigor, e os casados continuam juntos se os seus pensamentos mútuos os atraem.

"Se levarmos em conta a época em que ele viveu, podemos dizer que Swedenborg expôs as suas ideias com clareza; não o fez, porém, com a perfeição, a experiência e a direção que mais tarde orientaram a Allan Kardec.

"Seus discípulos não lhe compreenderam a obra e fecharam-se num estacionamento lamentável, tanto assim que, ao aparecerem os primeiros trabalhos de André Jackson Davis, em 1848, grande foi a hostilidade que moveram a Davis.

"Os ensinos desse homem extraordinário estão contidos nas suas obras — *Céu e Inferno, A Nova Jerusalém* e *Arcana Cœlestia.*"

• • •

Figuras eminentes, como Helen Keller, sentiram-se atraídas pelos ensinamentos do sábio filósofo sueco e adotaram seus princípios religiosos, que se transformaram em religião organizada. No entanto, o grande drama daqueles que procuram de alguma forma transmitir aos seus irmãos um pouco de suas ideias quando encarnados, é exatamente a luta contra a névoa que desce sobre o entendimento da realidade espiritual. Enquanto estamos na vida espiritual, livres das ilusões e desenganos da matéria, vemos com clareza nossos objetivos, compreendemos com serenidade as verdades espirituais. Uma vez descidos à carne, porém, torna-se difícil entender, sem assistência superior, o problema da vida, da morte, da dor. Somente depois que Allan Kardec organizou para nós a Codificação do Espiritismo, tornou-se relativamente fácil acertar com as verdades da evolução espiritual. Isso porque Kardec teve a superior inspiração de erguer os edifícios da nova doutrina sobre os alicerces do mais puro e legítimo Cristianismo.

Não um Cristianismo complexo, cheio de dogmas e envolto em bizantinices teológicas de direito canônico, mas um Cristianismo que nós, os do povo, podemos entender sem dificuldades; um Cristianismo tal como o Cristo pregou ao povo de seu tempo: pescadores, carpinteiros, donas de casa, militares, como também doutores da lei e sacerdotes das religiões organizadas de então.

Nos 29 volumes que escreveu sobre assuntos religiosos, Swedenborg deixou na Terra uma preciosa bagagem de ensinamentos; não obstante, ao regressar à vida espiritual, entregando-se certamente à meditação, procurou rever e recordar suas ideias, readaptando-se à nova realidade que tinha diante de si.

Foi talvez num desses momentos de análise que ditou as seguintes palavras ao médium George William Sharpe:

> Estou no gozo da liberdade de que todos podem gozar... a liberdade de progredir e de se expressar, e, por vosso intermédio, espero indicar os erros que cometi quando na carne, na Terra. Muitas das declarações que hoje faço, não as poderia eu ter aceito durante minhas existências passadas (vê o leitor que o Espírito é reencarnacionista) e nem mesmo depois de meu regresso à vida espiritual, pois que não havia razão alguma para pensar que eu estava errado em minhas crenças terrenas. Quando o despertar ocorre, acode-nos a ideia de rever as velhas concepções e, então, o que era incorreto é percebido.

Nessa mensagem de humildade e grandeza, evidencia-se também que, como afirma Kardec, o Espírito evolui tanto na carne como no mundo espiritual.

E assim, para proclamar algumas de suas novas concepções e rever a sua obra, Swedenborg escolheu, em 1943, a médium inglesa Sra. Stella Myers. Tenho aqui diante de mim o livro que resultou desse entendimento. Chama-se *Herein Know Thyself* e se divide em duas partes. O livro I, denominado igualmente *Herein Know Thyself*, é escrito pela médium, que procura resumir e interpretar o pensamento do Espírito, tal como lhe foi transmitido nas conversações que com ele manteve. O livro II, sob o título *The True Jesus* (*O verdadeiro Jesus*), é escrito pelo próprio Espírito, através da psicografia, já então desenvolvida.

No seu longo prefácio, a Sra. Myers descreve os acontecimentos que a levaram a escrever o livro e a publicá-lo, bem como as razões que a fizeram acreditar que o Espírito manifestante, a que ela chama seu Mentor, era de fato aquele cujo nome lhe era anunciado. Convém acrescentar que somente depois de publicado o livro lhe foi permitido revelar a identidade do autor espiritual. Essa notícia é assim reservada para a orelha da sobrecapa, pois que no texto do livro não há menção ao nome de Swedenborg.

• • •

O primeiro capítulo é ainda, de certa forma, uma narrativa de caráter pessoal, na qual a Sra. Myers revela como viu seu interesse despertado para o Espiritismo.

A certa altura de seu depoimento, a autora informa que um dia chegou à conclusão de que, de modo geral, os recursos da mediunidade estão concentrados em torno de questões de ordem material e em mensagens de caráter pessoal, em detrimento das comunicações de verdadeiro conteúdo espiritual. Essa é uma observação muito pertinente. Nossa condição humana imperfeita leva, muitas vezes, a melhor sobre nossos legítimos interesses espirituais e nos deixamos vencer pela simples curiosidade ou pelo desejo de receber ajuda dos amigos espirituais para resolver questões que, no fundo, não interessam ao nosso desenvolvimento espiritual, antes, pelo contrário, frequentes vezes põem em perigo nossa marcha evolutiva. Daí o risco das perguntas que têm por objeto problemas materiais. Nossos amigos espirituais do Além, colocados num plano superior de entendimento e tendo uma visão mais completa das leis que nos governam, das condições do nosso passado e até mesmo das nossas possibilidades futuras, estão em posição muito mais segura para nos aconselhar ou deixar de intervir quando isso lhes parece mais acertado. Qualquer atuação que possam desenvolver dentro do nosso roteiro terá que ser feita sempre dentro do mais absoluto respeito ao nosso próprio livre-arbítrio; de outra forma, nosso mérito seria nulo como também nossa responsabilidade uma farsa. Por isso, muitas vezes deixam de nos responder ou oferecem conselhos velados ou, ainda, orientação que nos parece até mesmo contrária ao nosso interesse imediato. É que, envolvidos pela névoa da carne, nem sempre sabemos o que é melhor para o nosso próprio bem-estar futuro. Certamente por isso é que a Sra. Myers conclui seu pensamento dizendo que sem demora ela percebeu que "vivia em dois mundos ao mesmo tempo e mantinha dois pontos de vista; ademais, o ponto de vista do mundo NÃO era o mais importante, a despeito de tudo quanto os outros dissessem".

É verdade. De modo geral, as normas que governam o mundo espiritual frequentemente estão em choque com as que são tidas como normais no mundo material.

Já o capítulo segundo do livro começa propriamente a discussão em torno dos temas escolhidos pelo Espírito. Seu título: "Que é Religião? O Espiritismo é Religião?". Uma discussão prática e de certo alcance é feita logo de início. Creio que vale a pena transcrevê-la: "Os credos e os dogmas são frequentemente tidos como Religião, mas não são a mesma coisa, pois que a Religião pertence a Deus e os credos e dogmas foram concebidos pelo homem. A crença neste credo ou naquele dogma não livrará ninguém da responsabilidade de seus atos e é pelas leis espirituais que o homem, lutando para dominar aqueles desejos sensuais e emoções que aprisionam sua divindade quando na Terra, pode viver de tal forma que não ponha em perigo sua alma imortal por um indefinido período de purgação".

A exposição é muito lúcida e seria impraticável traduzi-la toda. Procuraremos mencionar apenas os pontos de maior relevo. Na opinião de Swedenborg, todos os grandes líderes espirituais foram inspirados por Deus; no entanto, o que hoje conhecemos por Religião "perdeu o seu verdadeiro sentido — como norma de vida — quando gradualmente se transformou em Igreja e tudo quanto a Igreja significa. A Humanidade não estava satisfeita com a simplicidade da verdadeira Religião demonstrada por Jesus e teve que rodear seus ensinos de formas e cerimoniais, credos e dogmas e, de tudo isso, surgiu o segundo tipo de cristão, o cristão paulino". O primeiro, no dizer do autor, seria o cristão verdadeiro, simples, que procura singelamente seguir os ensinos de Jesus. Por outro lado, prossegue, "a Religião de Jesus não tinha barreiras; todos quantos, consciente ou inconscientemente, experimentarem viver de acordo com as suas normas, são cristãos, sejam membros de quaisquer dos credos aceitáveis, livres-pensadores ou "gentios". Segue-se uma longa análise da influência de Paulo de Tarso sobre o Cristianismo nascente. Isso, porém, é um tema dentro de outro e talvez merecesse um comentário à parte, tal a sua importância. Quanto ao problema do Espiritismo, em particular, acha que a palavra Espiritismo contém hoje muita coisa que não é espiritual em essência.

A atividade espiritual legítima é aquela que "enriquece e eleva a mente, conduzindo-a a um conhecimento superior, à mais ampla compreensão da Verdade Divina".

O autor apresenta a mais formal objeção ao uso da palavra Espiritismo — em conexão com certas manifestações, por mais genuínas que sejam, até mesmo com fenômenos de materialização, clarividência etc. A isso chamaria ele — psiquismo. Se, de um extremo, as qualidades psíquicas são utilizadas para os mais nobres objetivos, há o outro extremo que usa os recursos da mediunidade para interesses pessoais e imediatos, numa "prostituição de tais poderes", na palavra franca do autor espiritual.

Esse ponto merece destaque especial. As mais puras correntes do pensamento espírita, especialmente no Brasil, têm dado combate sem tréguas àquilo que Swedenborg classificou duramente de prostituição da mediunidade. O objetivo superior dos dons mediúnicos não é adivinhar o número que vai dar na loteria, nem revelar tesouros materiais ocultos, é contribuir para difundir-se cada vez mais a verdade superior que emana de Deus. Não queremos dizer que estejamos a salvo da reprimenda, no Brasil, mas a preocupação exagerada com o fenômeno e a utilização da comunicação mediúnica para fins práticos têm sido o grande empecilho ao desenvolvimento espiritual dos povos da corrente anglo-saxônia. Na órbita latina do mundo, tivemos a ventura de contar com a Codificação de Allan Kardec, que não se estacionou na aparente frivolidade do fenômeno das mesas girantes; pelo contrário, sentindo, na intuição segura de seu Espírito, que ali havia muito mais que uma brincadeira, dedicou-se ao estudo aprofundado dos fatos e emergiu com observações lúcidas, racionais, da mais inatacável pureza doutrinária e científica. O fenômeno psíquico é um simples instrumento de revelação, não um objetivo final de si mesmo. Para demonstrações de materialização, clarividência ou psicografia, por exemplo, não valeria a pena deslocarem-se no Espaço tantos Espíritos já libertos das limitações e das agruras deste mundo inferior em que vivemos. Se eles descem em missão de sacrifício e trabalho para nos mostrarem os fatos psíquicos, é porque desejam que deles tiremos nossas próprias conclusões, as quais trazem no bojo tremendas implicações morais, filosóficas e religiosas. Se o Espírito se manifesta depois de tido como "morto" pela ciência materialista da Terra, é porque sobrevive à desintegração do corpo físico. Se sobrevive, então é preciso rever a conceituação do materialismo dominante. A revisão do materialismo há de revelar à Humanidade, como já revelou a nós espíritas, que toda a estruturação filosófica, religiosa e científica, hoje em vigor, terá que ser reformada da base ao tope. Essa é que é a finalidade do fenômeno psíquico. Damos pois razão a Swedenborg quando nos diz que a simples repetição de fenômenos de materialização e clarividência não é Espiritismo. "A filosofia do Espiritismo", diz o autor, "não é um credo, mas uma revelação de verdades que trazem a concepção das realidades da vida."

• • •

Para não alongar demais o trabalho, passaremos mais rapidamente pelos capítulos de menor interesse. O terceiro, por exemplo, sob o título "O poder do pensamento", transmite noções sobre o poder criador, sem, no entanto, apresentar conceitos particularmente notáveis àqueles que estão familiarizados com os ensinamentos espíritas.

• • •

O capítulo quarto intitula-se "Todos os planos de vida são substanciais". A ideia central é a de que o mundo espiritual não é situado em algum planeta desabitado, mas sim numa faixa vibratória diferente daquela que constitui nosso mundo material, tal como nos vem ensinando, com maior clareza, o Espírito André Luiz.

• • •

Chama-se "Livre-arbítrio e reencarnação" o capítulo quinto. E aqui entramos em assunto de maior profundidade doutrinária. Começa a autora, reproduzindo os ensinamentos do Espírito, por fazer um apelo aos leitores para os quais a ideia da reencarnação seja "repugnante" (*sic*). Sugere que procurem ler o capítulo, sem paixão, como algo que não lhes diga respeito. Continua afirmando que "se eles não gostam da ideia de retornar a esta Terra, não há poder no Céu ou na Terra que possa compeli-los àquele retorno".

Em Kardec, *O Livro dos Espíritos*, 224-b, encontramos esta pergunta:

> *Essa duração* (intervalo entre uma encarnação e outra) *depende da vontade do Espírito, ou lhe pode ser imposta como expiação*?
> "É uma consequência do livre-arbítrio. Os Espíritos sabem perfeitamente o que fazem. Mas também, para alguns, constitui uma punição que Deus lhes inflige. Outros pedem que ela se prolongue, a fim de continuarem estudos que só na condição de Espírito livre podem efetuar-se com proveito".

Preferimos, naturalmente, ficar com *O Livro dos Espíritos*. A afirmativa de que não há poder no Céu ou na Terra que possa compelir o Espírito a reencarnar é muito ampla. Nas instruções dos Espíritos a Kardec ficou entendido que em alguns casos a reencarnação é infligida como punição; logo, deixa de ser livremente decidida pelo Espírito. No meu modo de entender, não poderia ser de outra maneira, pois que se os Espíritos endurecidos e estacionários fossem abandonados à sua vontade indefinidamente, jamais teriam a oportunidade de realizar os progressos que só na carne podemos conseguir. Nas obras de André Luiz o assunto se acha amplamente exposto e de acordo com os ensinos dados ao Codificador.

Prossegue a autora dizendo que o Espírito comunicante ensinou que a reencarnação é um fato, mas foi bastante enfático na sua afirmativa de que é um ato voluntário da parte do ser espiritual. "Não existe uma lei universal que obrigue todo Espírito a voltar à Terra uma porção de vezes", diz ela. Na verdade, a lei não se aplica a *todos* os Espíritos indistintamente, mas alguns deles precisam, como ensina Kardec, ser trazidos à reencarnação, em seu próprio benefício, pois que se acham tão fundamente mergulhados na confusão mental, que perderam praticamente a capacidade de julgamento.

Mais adiante encontramos outro ponto em que nossos pontos de vista, sempre com base nos ensinos de *O Livro dos Espíritos*, não coincidem. Diz a autora, reproduzindo afirmativa de Swedenborg, que, ao deixar o corpo físico pela "morte", o Espírito se encontra em completo estado de liberdade, nos limites do seu grau evolutivo, com o que concordamos. Mais além, no entanto, acrescenta que tal liberdade de ação "nem sempre significa progresso, podendo também representar retrocesso".

Já em Kardec, à pergunta 118 — "Podem os Espíritos degenerar?", respondem os instrutores: "Não; à medida que avançam, compreendem o que os distanciava da perfeição. Concluindo uma prova, o Espírito fica com a ciência que daí lhe veio e não a esquece. Pode permanecer estacionário, mas não retrograda".

Também aqui preferimos ficar com o Código kardequiano.

De outro lado, justificando o fato de que muitos Espíritos, quando se comunicam, deixam de mencionar a reencarnação, diz a autora que estão eles tão satisfeitos com a existência nos planos astrais que nem sequer contemplam a ideia da reencarnação.

Como, porém, chega o Espírito a se convencer de que deve reencarnar? A explicação de Swedenborg, sobre este ponto, também não entra em choque com a nossa concepção. Segundo explica ele, através da Sra. Myers, o Espírito, "ao rever sua vida passada, com seus pecados e omissões e os consequentes resultados", acaba chegando à conclusão de que outra existência terrena é a melhor e mais rápida maneira de superar uma deficiência. Depois da decisão, o guia espiritual ajudará o Espírito na escolha dos seus pais e do ambiente mais indicado para o treinamento a que se propõe.

Embora reconhecendo que a vida astral é cômoda, porque livre das agruras da matéria que obscurece o entendimento, junto dos seres que ama, o Espírito acaba por reconhecer que não pode deixar-se ficar indefinidamente no astral, ainda que também lá possa realizar progressos. É que a vida terrena é uma excelente escola que nos ministra uma espécie de curso intensivo, colocando num curto espaço de tempo — em relação à eternidade — uma grande intensidade de lições e oportunidades úteis à nossa evolução.

Também esses conceitos poderemos facilmente subscrevê-los.

• • •

O capítulo sexto é curto e trata da humildade, "uma das maiores qualidades que podemos possuir, entretanto, a mais difícil de conseguir".

• • •

No capítulo sétimo volta o livro ao problema da reencarnação. Já agora, procurando de certa forma restringir a amplitude da conceituação contida no capítulo anterior sobre o mesmo assunto, diz a autora, sempre repetindo as ideias do seu Mentor: "Declaro com toda a ênfase possível que a reencarnação é um fato e que é um ato voluntário por parte do Espírito que regressa à carne; mas, no caso de Espíritos inferiores, parece haver alguma força competidora na reencarnação".

Logo, corrigindo o que havia dito, os ensinamentos do livro se colocam em linha com os de Allan Kardec. Ainda bem!

O contra-argumento, muito usado, de que não nos lembramos das vidas anteriores é também refutado, pois que, segundo a autora — e com ela concordamos —, "o consciente alcança apenas uma fração do conhecimento armazenado na mente do Espírito".

Também é discutida a inconveniência de recordar-se a criatura de suas vidas anteriores. Tais recordações só nos poderiam perturbar e dificultar ainda mais a nossa evolução. O mais certo é mesmo receber, em cada dia, uma nova folha de papel em branco e nos deixar a liberdade de escrevermos nela um poema de amor ou uma tragédia.

Ao encerrar o capítulo, a autora declara que, a seu ver, deixou bem claro que a "força diretora da experiência espírita é o amor. Não há ditadores endurecidos, nem compulsão, mas a orientação amorável e a compreensão indicam o caminho para cada Espírito, a fim de que ele possa alcançar a verdadeira felicidade".

Este final não está muito de acordo com a frase inicial do capítulo que declarava muito enfaticamente que "parece haver alguma força compelidora na reencarnação" de Espíritos inferiores.

No correr do livro encontrei, algumas vezes, passagens como esta em que os pontos de vista da médium parecem ter emprestado algum colorido pessoal às concepções do Espírito comunicante.

• • •

O capítulo oitavo cuida da lei de causa e efeito, sobre a qual temos o livro magistral de André Luiz — *Ação e reação*.

Discute as desigualdades sociais, observadas no mundo, o que ao observador menos avisado poderia parecer uma injustiça divina.

A certa altura, diz o livro: "A cadeia da sequência é contínua; tudo quanto acontece em a Natureza é resultado de alguma causa e, por sua vez, torna-se causa de algum acontecimento futuro. O resultado de toda ação é duplo: primeiro, com referência à ação em si mesma; segundo, com referência ao motivo que a determinou". Desse ponto, passa a autora a exemplificar o funcionamento da lei de causa e efeito sobre a reencarnação, dizendo que há muitas provas em favor da reencarnação, cada uma com seu valor próprio e com sua força. E continua: "Todas as provas mais fortes da reencarnação foram aceitas por alguns dos maiores sábios e pensadores, especialmente do Oriente; a existência da reencarnação, como dogma fundamental em muitas Religiões, é de suprema importância". Por outro lado, há sábios e pensadores que a negaram ou simplesmente a ignoraram. Mas, a reencarnação, prossegue a autora, é um efeito da lei cármica e o carma é uma consequência da reencarnação. Estamos a cada instante agindo em função das ações que praticamos em vidas passadas e provocando reações que ocorrerão fatalmente nesta ou em vidas futuras. "Estamos, neste momento, aqui mesmo, construindo nosso futuro caráter. A respeito disso, temos a maior liberdade enquanto na Terra. O pensamento é uma das mais poderosas forças e podemos utilizá-lo livremente no desenvolvimento do caráter e, como a tendência para a ação é o resultado direto do pensamento, estamos, de fato, constantemente semeando as nossas futuras ações."

• • •

O capítulo nono cuida da prece. Acha a autora que certa racionalização da prece tem concorrido para que essa magnífica forma de expressão tenha perdido um pouco de sua influência sobre certos Espíritos. Há quem assuma, por exemplo, a atitude de pensar que, sendo Deus Todo-Poderoso, sábio e bondoso, não há necessidade de orar para pedir-lhe saúde, porque, melhor que nós, Ele sabe do que precisamos. De outro lado, nessa mesma linha de raciocínio negativista, há quem pense que Deus pode ser levado por nossas preces a mudar os seus propósitos para nos atender, como se fosse uma entidade vacilante, que não está muito certa do que fica melhor para nós. Tudo isso, no entanto, está inteiramente fora de propósito e pensamentos dessa ordem somente podem ser formulados por quem não tenha ainda bem desenvolvida a sensibilidade espiritual. Como diz a autora, "muito do que passa por prece não é nada disso. Orar não é suplicar a Deus por coisa alguma, a não ser por ajuda espiritual e compreensão. A prece não precisa nem mesmo ser uma expressão verbal, mas a manifestação do que temos de melhor dentro de nós mesmos". De fato, orar não é também ficar repetindo, vezes sem conto, algumas palavras decoradas na infância. De tanto repeti-las, o seu sentido já se perdeu para nós e o coração não mais participa da ação, apenas os lábios reproduzem um encadeamento de palavras. Orar não é isso. A prece tem que sair da intimidade do ser, fazendo-nos lembrar que antes de tudo, acima de tudo, somos Espíritos, momentaneamente prisioneiros da carne. A prece é o nosso meio de comunicação e de comunhão com o mundo espiritual donde viemos e para onde voltaremos.

Com a prece comovida, sentida, sincera, movimentamos as forças naturais do bem, colocamos nosso espírito num alto diapasão vibratório, que nos eleva, ilumina e consola. Há na prece um fundamento tão real, tão poderoso, tão superior que até mesmo a Ciência, na frieza de seus métodos de trabalho, já admite o seu poder. Ainda recentemente, a revista americana *Time* publicava uma notícia sobre experiências feitas com sementes plantadas na mesma época, em dois vasos. Enquanto as sementes de um vaso eram estimuladas com preces e bons pensamentos, as de outro eram sufocadas com pensamentos negativos. O resultado somente surpreendeu os cientistas, pois que aqueles (como nós) que acreditam na eficácia da prece já o previam: as sementes regadas com as boas preces desenvolveram-se magnificamente, enquanto as outras definhavam e só deram plantinhas raquíticas e enfermiças.

A prece libera em nós uma vibração benéfica da qual se utilizam os Espíritos mensageiros da caridade para derramar o bálsamo do bem sobre aqueles pelos quais oramos.

No entanto, como frisa a autora, é preciso que a prece seja acompanhada de um esforço pessoal positivo. Não adianta pedirmos a Deus que nos faça bons; é preciso que manifestemos nosso ardente desejo de nos tornarmos bons. Se os lábios dizem uma coisa e o coração diz outra, nunca poderemos alcançar o que pedimos. É necessário que nos coloquemos num plano superior de vibração, a fim de podermos entrar em contato com as forças espirituais. Somos, ao mesmo tempo, focos de irradiação e recepção. Tal como o aparelho de rádio que somente reproduz o som quando corretamente sintonizado, precisamos sintonizar nossos espíritos dentro das faixas vibratórias do mundo espiritual, para que as harmonias do Espaço se reproduzam dentro do nosso ser. Somente assim, poderemos manter esse elo que nos prende às nossas origens espirituais. Muitos dos amigos que deixamos do lado de lá e os que nos deixaram aqui, já de regresso à pátria espiritual, desejam manter contato conosco, mas é preciso que saibamos oferecer-lhes os meios apropriados, mantendo limpo o coração, elevando com frequência nosso pensamento depurado à ideia sublime de Deus, não para pedir fortuna, nem ausência de sofrimento, mas para que nos ajude, em nossa fraqueza, a discernir melhor as coisas, a conduzir melhor a nossa vida; não para que nos remova a pedra do caminho, mas para que nos dê forças para contornar os obstáculos; não para acabar com o sofrimento de que tanto precisamos, mas para nos ensinar a suportá-lo com serenidade; não para pedir a perfeição a curto prazo, já nesta vida ou na próxima, mas para ajudar-nos a combater sem tréguas nossos defeitos e imperfeições.

• • •

O capítulo décimo trata da vida durante o sono. Começa com uma afirmativa bastante positiva: "Acredite-se ou não na reencarnação, o fato é que somos entidades conscientes antes de nos ligarmos a uma criança no ventre materno; a carne não é criada simultaneamente com o seu espírito". Reportemo-nos, por um momento, à lição de André Luiz, que é bastante precisa e minuciosa neste ponto. Tomo a liberdade de sugerir ao leitor a releitura do capítulo "Reencarnação", do livro *Missionários da Luz*. Na verdade, o perispírito não se liga "a uma criança" no ventre materno; é ligado, por entidades espirituais altamente especializadas, ao óvulo que acaba de ser fecundado. Cabe ao próprio Espírito reencarnante dar "forma aos elementos celulares" (*Missionários da Luz*, "Reencarnação"). Explicando e demonstrando a André Luiz o mecanismo da reencarnação, o luminoso Mentor Alexandre afirma, a certa altura [ainda no mesmo capítulo]:

> — O organismo maternal fornecerá todo o alimento para a organização básica do aparelho físico, enquanto a forma reduzida de Segismundo (o Espírito reencarnante), como vigoroso modelo, atuará como ímã entre limalhas de ferro, dando forma consistente à sua futura manifestação no cenário da Crosta.

Mas voltemos a Swedenborg, que nos informa passar o espírito, durante o sono fisiológico, a um estado de relativa liberdade, usando suas faculdades superconscientes, desembaraçadas das restrições do cérebro físico. Além disso, em estado de liberdade relativa proporcionada pelo sono, o espírito pode encontrar-se com outros, discutir seus problemas e ouvir conselhos e sugestões. Daí o fato, de há muito verificado pela Ciência, de que frequentemente acordamos com a solução de problemas e questões difíceis que nos preocupavam ao nos recolhermos ao sono. No entanto, a recordação minuciosa da atividade espiritual, durante o sono fisiológico, somente é conseguida mediante assistência magnética de outros Espíritos ou quando, possuindo qualidades mediúnicas já desenvolvidas, a própria criatura é capaz de recordá-las vividamente. O mecanismo de desdobramento é simples: o perispírito eleva-se horizontalmente sobre o corpo físico, flutua mansamente na direção da cabeça para os pés e se coloca gradativamente de pé. Um fio prateado continua ligando o perispírito ao corpo físico, qualquer que seja a distância percorrida por aquele. É então mencionada a passagem do *Eclesiastes* (cap. 12:5 a 7), que diz:

> *... porque o homem irá para a casa da sua eternidade, e carpindo ao redor dele o irão acompanhando pelas ruas: antes que se rompa o cordão de prata, e se retire a fita de ouro, e se quebre o cântaro junto à fonte, e se desfaça a roda junto à cisterna, e o pó se torne à sua terra donde era, e o espírito volte para Deus que o deu.*

É surpreendente, volta a dizer a autora, quanta ajuda podemos dar aos outros, mesmo durante a vida terrena, nesse período de relativa liberdade proporcionado pelo sono. Parentes e amigos encontram-se no astral, uns presos à carne, outros gozando da plena liberdade de Espíritos desencarnados. Vínculos de amor ou de ódio nos atraem e, ao acordar, guardamos apenas vagas imagens e sensações de alegria e paz, ou penosas lembranças de cenas amargas vividas no Além.

Como prova de que os Espíritos encarnados e desencarnados se comunicam durante o sono daqueles, a autora cita um fato ocorrido na sua própria família. Sua mãe não era espírita e não admitia os fenômenos espíritas, muito menos a possibilidade de comunicação entre "vivos" e "mortos". Embora desejasse muito uma filha, somente depois de três meninos teve uma menina. Infelizmente a pequena (Marion) logo morreu, deixando a pobre senhora inconsolável. Só mais tarde, quando nasceu a outra menina (a autora), é que ela viu atenuada a sua dor. Muitos anos depois, ao despedir-se de sua mãe no leito de morte, a autora falou-lhe ternamente da vida que a esperava no mundo espiritual e pediu-lhe que levasse lembranças aos irmãos já desencarnados e ao "*baby* Marion", que lá estariam esperando por ela. A resposta, já entrecortada pelos estertores da agonia, foi deveras surpreendente e reveladora: "*Baby*... nada... Marion... Assisti ao seu crescimento".

• • •

No capítulo seguinte, cuidando de "Cérebro e sono", a autora nos transmite informações sobre o cérebro físico, que é o instrumento do cérebro espiritual (perispiritual). A certa altura diz isto: "A mente tem duas memórias: a memória do corpo, que retém tudo quanto pertença ao mundo externo; e a do espírito, que se encarrega do fio de suas prévias experiências interiores e continua a tecer pensamentos, percepções e raciocínios que o Espírito experimenta quando; a julgar pelas aparências externas, o corpo está morto e a mente aniquilada". Nesse espaço de tempo, continua, o Espírito está em condições de rever suas ações de ontem e tomar decisões para o dia seguinte.

• • •

Até aqui não encontramos nos escritos da Sra. Stella Myers, narrando os ensinamentos que lhe foram transmitidos pelo Espírito Swedenborg, nenhum ponto em que seriamente divergimos. Já o mesmo não poderíamos dizer do capítulo que segue (décimo segundo) e que se denomina "A preexistência do espírito humano".

Começa por dizer que a existência humana tem sua origem numa "fagulha divina que é vida e mente e que, portanto, tem consciência; é uma força, não uma entidade". Essa fagulha é passada aos Senhores da Criação que lhe dão um corpo, tomando forma e tornando-se um indivíduo, um ser humano em estado potencial. Daí em diante a exposição se torna algo obscura. A minha impressão pessoal é a de que não foi possível à Sra. Myers assimilar os complexos ensinamentos do Espírito e transfundi-los em linguagem humana, pois que encontramos trechos como este: "Quando ainda nas esferas celestiais de onde a alma deve descer apenas um degrau, se assim podemos dizer, a separa da Mente Suprema, e, daí em diante, o abismo se alarga cada vez mais, até que, quando confinada à manifestação do cérebro físico, é muito, muito imperfeita". E como se dá que essa fagulha divina, dotada de uma partícula de perfeição, tão perto da Perfeição Suprema, sofre essa queda? A autora responde logo a seguir, nestes termos: "Estranho como pareça, é a curiosidade. A alma é supremamente feliz nas esferas celestiais onde só existe pureza mental e de ação; mas, ao tornar-se cônscia de que há outros estados de existência além daquele no qual ela permanece, e desejosa de conhecer melhor esses outros estados, aproxima-se da esfera vibratória imediatamente inferior".

Reconhecemos a complexidade deste problema que, na fase atual da nossa evolução, ainda não é possível abordar e compreender de todo. No entanto, a explicação da autora nos parece um tanto primária e nebulosa. Como poderia um espírito (a que ela chama alma), a um degrau da perfeição, descer de esfera em esfera, até certos lamentáveis estados de degradação que frequentemente se encontram na existência terrena? Na minha opinião, estas questões deverão ficar reservadas para um estudo futuro, quando o estado evolutivo da Humanidade o permitir. Condicionado às suas limitações, deve o homem contentar-se, por enquanto, com temas que estejam ao alcance de sua inteligência atual. O resto virá no seu devido tempo. Caso contrário, entramos na apreciação de conceitos como este que a autora descreveu à pág. 70 de seu livro. Vamos traduzir o trecho:

> Quando aquela fagulha divina de vida é revestida de um corpo pelos Senhores da Criação, ela possui dentro de sua consciência o conhecimento de que, para ser completa em si mesma, restringiria a vida; assim, por sua própria iniciativa e de acordo com a Lei da Criação, aquela entidade recém-formada se dividirá em duas; da parte esquerda da alma surge uma emanação que agrega em torno de si certa substância que forma um corpo e, onde havia uma só alma, há, agora, duas; contudo, essas duas são, na verdade, uma só, pensando igualmente, expressando-se igualmente e amando igualmente; uma, porém, é masculina, e outra é feminina. A nova forma toma o sexo feminino e a forma antiga é masculina; e, apesar de a mente poder ser partilhada, em cada uma delas predominam as qualidades de seu próprio sexo. Isto pode ser um ensinamento difícil de aceitar, mas nele está a origem da história do nascimento de Eva, saída da costela esquerda de Adão.

Que acha o leitor de tudo isso? Não lhe parece algo confuso, como uma história contada pela metade? Não lhe parece que estamos procurando resolver problemas muito transcendentais para o nosso alcance, enquanto outras questões, de maior interesse imediato para a nossa própria evolução, estão provavelmente sendo relegadas a um plano secundário? Há mais, porém; continuemos traduzindo outro pequeno trecho do livro: "Ao tempo em que a alma está pronta para revestir-se de um corpo físico, ela é completamente egoísta, dominada por desejos egoístas, do que resulta que sua vida neste mundo é a de um ser humano atravessando uma existência muito material, como alcoviteira das emoções, sensual e sexual. A vida física é muito necessária à alma neste estágio de sua evolução, por causa de sua necessidade de purificação". A coisa torna-se cada vez mais obscura. Uma alma recém-desligada da Perfeição Suprema, que apenas baixou um degrau vibratório, como pode estar tão infestada de vícios e paixões, a ponto de precisar com urgência iniciar uma vida de purificação?

• • •

O capítulo seguinte — denominado "Os Espíritos se incorporam na Terra" — contém ainda várias noções para as quais não achamos apoio em nossa Doutrina. Segundo as teorias expostas no livro, a alma somente assume a aparência material, revestindo-se de um corpo físico, quando quer. A autora explica, entre parênteses, à pág. 71, que chama a essas entidades "almas", porque elas ainda não têm experiência terrena que lhes dê personalidade. Somente depois que ganham um corpo astral, é que podem ser chamadas "Espíritos".

Outras ideias expressas neste capítulo nos parecem contrárias aos nossos pontos de vista habituais. Há, por exemplo, a afirmativa de que quando uma alma se divide em duas, ao decidir-se pela experiência na carne, as duas almas podem preferir continuarem juntas e, por isso, "entram num útero" e nascem como gêmeos. Os fatos e as informações de que dispomos de outras fontes não apoiam essa teoria.

Mais além, a autora informa que, para a primeira encarnação, a alma deve "incorporar-se a uma criança do mesmo sexo que o seu", mas, em existências subsequentes, o Espírito pode escolher o sexo oposto. Isto também não concorda com os ensinamentos de que dispomos.

Sobre a Criação, esclarece *O Livro dos Espíritos*, pergunta 79: "[...] Os Espíritos são a individualização do princípio inteligente, como os corpos são a individualização do princípio material. A época e o modo por que essa formação se operou é que são desconhecidos". Mais adiante, é formulada a pergunta 81: "Os Espíritos se formam espontaneamente, ou procedem uns dos outros?". Resposta: "Deus os cria, como a todas as outras criaturas, pela sua vontade. Mas, repito ainda uma vez, *a origem deles é mistério*".

Quanto à questão do sexo, comentando as respostas dadas às perguntas 200 a 202, esclarece Allan Kardec, numa de suas notas pessoais: "Os Espíritos encarnam como homens ou como mulheres, *porque não têm sexo*". (Grifos nossos.)

O problema é de tão alta envergadura que nem os Espíritos que transmitiram seus ensinamentos a Kardec, nem Kardec, julgaram de bom alvitre investigá-lo em maior profundidade.

• • •

O capítulo seguinte do livro intitula-se "Os vários corpos do homem". Também aqui deixamos de aceitar várias ideias que não sabemos se procedem do Espírito comunicante, tal como estão, ou se refletem apenas certa inabilidade da médium em transmiti-las ao papel e, por conseguinte, ao leitor.

Conhecendo, por exemplo, as informações de Kardec e de André Luiz, especialmente as que constam, com tantos pormenores preciosos, em *Missionários da Luz*, não podemos concordar com este trecho da Sra. Myers, tal como se acha escrito: "O corpo é concebido, e, do momento de sua concepção, começa a tomar forma de acordo com a ordem de vida que o criou: seus pais. Ao primeiro movimento do feto, a alma, que escolheu aquele corpo, entra nele e a criança não é mais um simples aglomerado de carne, mas um indivíduo, pois que se tornou em templo para abrigar uma partícula de Deus. É a entrada da alma no corpo que causa a sensação conhecida por movimento do feto".

Ora, como vimos linhas atrás, o Espírito não entra num corpo já em adiantado estado de gestação; ao contrário, o próprio fenômeno da gestação, segundo esclarece André Luiz, já é um resultado da atuação do Espírito encarnante, que começa a agregar em torno de si as partículas materiais que irão formar seu futuro corpo físico, tal como o campo magnético do ímã vai recolhendo a limalha de ferro. Sem o comando do Espírito reencarnante, é certo que o óvulo recém-fecundado acabe por se desorganizar e perecer, após uma evolução primária.

Em seguida, passa a autora a descrever os diversos corpos do homem, mais de acordo com o esquema ocultista da tradição esotérica que de acordo com a simples concepção kardequiana de corpo físico, perispírito e espírito. Segundo a autora, haveria no homem vários corpos, como a alma, o duplo astral, os "numerosos corpos mentais" (desejos) e finalmente o corpo físico.

• • •

O capítulo décimo quinto cuida dos suicidas e também não apresenta nada de especial. Apenas cabe mencionar um conceito com o qual não podemos concordar: é o de que há alguns suicídios cometidos "por motivo elevado". Essa esdrúxula ideia da autora se apoia na hipótese de algumas pessoas acharem que "seus parentes ficariam melhor sem elas". Daí o "nobre" motivo atrás da ideia do suicídio. De forma alguma podemos aceitar a tese. Num caso como esse, tanto a pessoa que sofre o desequilíbrio, como os parentes que a cercam, estão cumprindo determinações das leis cármicas e o suicídio seria apenas mais um desvio, mais um crime, mais um fracasso a juntar-se ao pesado débito da vítima. Não; de forma alguma achamos que o suicídio se justifique.

• • •

Os três capítulos seguintes cuidam da comunicação entre o mundo espiritual e o material, isto é, entre Espíritos encarnados e desencarnados. Nada oferece de particularmente significativo que mereça comentário especial. Apenas no final do capítulo décimo oitavo — "O contato espiritual pessoal está aberto a todos" — traz algumas advertências dignas de nota e especialmente aplicáveis àqueles que buscam no Espiritismo apenas o fenômeno, sem procurarem beneficiar-se dos ensinamentos e das verdades que contém a parte doutrinária. Diz a autora, repetindo, naturalmente, ensinamentos do seu mentor espiritual: "A maioria das pessoas anseia por mensagens pessoais e coisas dessa ordem; somente uns poucos desejam ensinamentos espirituais, e, apesar de estar eu convencida da enorme importância da prova individual da sobrevivência, continuo insistindo em que a recepção dessas mensagens é o objetivo e a finalidade de nove décimos das pessoas que se dizem espíritas".

Em vista dessas ideias e dessa preocupação de somente obter fenômenos e comunicações medíocres de caráter pessoal, acredita a autora, em consonância com seu instrutor, que essa forma de Espiritismo não conseguirá sobreviver, mas como as verdades não morrem, elas renascerão sob nova forma. Seria oportuno que a autora conhecesse melhor os fundamentos do movimento espírita latino e, de modo particular, o brasileiro, para saber que entre nós existe uma forma de Espiritismo que certamente sobreviverá, porque se apoia mais no desenvolvimento da parte doutrinária, que na ideia do fenômeno mediúnico, que é mero acidente.

• • •

O último capítulo chama-se "Do Not Blame God" ("Não culpe a Deus"). Como o título indica, seu objetivo é filosofar sobre as responsabilidades individuais do Espírito, na sua marcha evolutiva. Não cabe a Deus a culpa pelas nossas falhas e sofrimentos; o maior inimigo do homem é o próprio homem. Na larga maioria das vezes, nós mesmos escolhemos nosso roteiro ao reencarnar, a fim de, com a moeda amarga, mas autêntica, da dor, resgatar faltas e progredir espiritualmente.

• • •

Sobre o livro em si, não sei que conclusão oferecer ao leitor. Na minha opinião, nem sempre a Sra. Myers transmitiu fielmente o pensamento de Swedenborg, um dos subscritores dos "Prolegômenos" de *O Livro dos Espíritos*.

9

A MEDIUNIDADE E A LEI

Andou bem a FEB ao reeditar *A mediunidade e a Lei* desse incansável batalhador da Causa Espírita, que é Carlos Imbassahy, aliás, em edição bastante ampliada.

Certamente que não me abalançarei a fazer aqui uma apreciação da obra que, para tanto, me falta *engenho e arte.* Além do mais, é difícil comentar livros sem cair, a cada passo, em chavões mais ou menos literários, de gosto meio duvidoso, e seria uma lástima associar chavões à obra lúcida de Imbassahy. O melhor mesmo é que o leitor novo conheça o livro, e o antigo o releia. O estilo do autor merece o trabalho da releitura e sua argumentação contra o caolhismo da lei, que pretende amordaçar a mediunidade curadora, é irrespondível.

Este é livro para ler e reler e, especialmente, para presentear amigos médicos e advogados que ainda não sentiram a Verdade.

Ninguém melhor para expor à luz sadia do sol o estranho conúbio de Ciência e Religião, interessadas no objetivo comum de varrer da face da Terra a prática da mediunidade, especialmente a curadora. Estranho quanto à Ciência, porque lhe compete, por tradição e dever de ofício, investigar a verdade, ainda que — como tantas vezes no passado — certos fatos comprovados venham impiedosamente ao arrepio dos mais queridos dogmas científicos. A História está cheia de exemplos. Quanto à Religião, porque, fundamentada numa concepção espiritualista, deveria, lógica e racionalmente, receber de braços abertos uma doutrina ou corpo de fatos que viesse socorrê-la com as provas de que tanto necessita para sobreviver.

A mediunidade e a Lei lembra, no entanto, que, contraditoriamente, organizações religiosas oficiais aplaudiram e até inspiraram os juristas que elaboraram esse código-mordaça. Não obstante — declara Imbassahy —, qual a palavra do Cristo a respeito? Apenas esta: "*Ide, antes, em busca das ovelhas perdidas da casa de Israel; ide e pregai, dizendo: o Reino dos Céus está próximo;* curai os doentes*, ressuscitai os mortos, limpai os leprosos, expulsai os demônios, dai de graça o que de graça receberdes*". (*Mateus*, 10:6 a 8.).

Haverá melhor programa de ação que esse? Parece que, na sua superior intuição, o Cristo já sabia que muitos daqueles, que se intitulariam seus continuadores, iriam transviar-se pelos caminhos. Não será, porém, por falta de roteiros bem traçados, simples e inteligíveis — seria, antes, à revelia da clareza de suas instruções e ensinamentos.

E mais, insistia o Mestre: *"Estes sinais hão de acompanhar aqueles que creem: em meu nome expelirão demônios; falarão outras línguas, (...)* porão as mãos sobre os enfermos, *e os curarão*". (*Marcos*, 16:17 e 18.)

E então? Onde se estriba a razão de tecer camisa de força para os médiuns curadores? E o que é mais fantástico: a lei profliga e manda botar na cadeia aquele que usar de gestos com a intenção de curar. Outros gestos, não.

O comentário de Imbassahy:

"No capítulo das curas extranormais o que constitui o delito é a intenção do bem, o ânimo de beneficiar.

"Se o indivíduo for apanhado a fazer gestos sobre a cabeça de outrem, nada lhe sucederá, salvo se lhe descobrirem nos refolhos da consciência o desejo de aliviar o padecente. Fica, então, verificada a figura do crime: era o *passe espírita*, o que ele praticava, o terrível passe, flagelo dos amigos da lei, da ordem, da sociedade e da Igreja.

"Todos os gestos são permissíveis. Com eles não se importa o esbirro, a eles não presta atenção a autoridade, sobre eles não se manifesta o ministério público, por eles não se vai ao ergástulo.

....

"Ai, porém, do gesticulante, se no seu bracejar, se ao erguer os dedos, conjetura-se que aquilo poderia encobrir o anelo perigoso de curar males, físicos ou morais; ai do passista, se lhe vão ao fundo d'alma e veem ali estampado o desígnio pecaminoso de socorrer um desgraçado!".

É impraticável, porém, citar Imbassahy, porque é tudo "citável"; só mesmo o leitor indo ao livro para o ler com a atenção de quem estuda. Terá muito que aproveitar, em todos os sentidos, esclarecendo-se, ao mesmo tempo em que toma contato com uma prosa equilibrada e fluente, onde repontam, aqui e ali, alguns fios de ironia.

Dono de respeitável cultura geral, conhecedor profundo da questão espírita, literato no mais puro sentido, Carlos Imbassahy é insuperável quando dá combate ao erro. Ao calor da controvérsia, aguçam-se suas armas e os argumentos cerram fileira ao longo de suas frases, como um exército invencível.

A Causa Espírita lhe deve triunfos de grande valor e que serão apreciados em qualquer tempo e ocasião.

10

SEGREDOS DA MEDIUNIDADE

Entre livros, revistas e jornais ingleses que ilustre confrade e amigo me envia de tempos em tempos, recebi um interessante livrinho chamado *Secrets of Mediunship* (*Segredos da mediunidade*). Seu autor é Harry Boddington e, segundo se esclarece na dobra interna da sobrecapa, está amplamente qualificado para discutir o assunto, de vez que o estudou durante mais de cinquenta anos. Escreveu também um livro de maior escopo, altamente elogiado pela imprensa espírita na Inglaterra e chamado *The University of Spiritualism* (*A universidade do Espiritismo*).

Segredos da mediunidade cuida, como consta do subtítulo, do "desenvolvimento das faculdades psíquicas explicado cientificamente". O livrinho é objetivo, escrito naturalmente por um homem de espírito prático que não perde tempo com literatura desnecessária. Vê-se isto logo da primeira frase do prefácio, na qual é enunciada a tese fundamental da obra: "Este livro prova que a telepatia, em todas as suas formas, é a base da mediunidade". Trata-se, como é fácil de presumir-se, de uma obra de orientação destinada tanto àqueles que desejam estudar a mediunidade de um ponto de vista meramente especulativo quanto aos que pretendam mesmo desenvolver suas faculdades. O autor reporta-se insistentemente à sua obra maior, *A universidade do Espiritismo*, que complementa e amplia certos conceitos emitidos nesta.

Já de início, numa série de conselhos aos principiantes, observa que até aqui os médiuns têm desenvolvido suas faculdades "sem a mínima compreensão de suas responsabilidades e implicações. Somente depois de cometerem uma quantidade de erros, facilmente evitáveis e talvez pondo em perigo a saúde, começam a estudar o assunto".

A impressão geral que se colhe do livro é a de que se trata de uma obra basicamente bem-intencionada e honesta, escrita com clareza e equilíbrio. Não chega, naturalmente, a ombrear-se com *O Livro dos Médiuns* de Allan Kardec, mas tem inegáveis qualidades doutrinárias e pode ajudar aqueles que desejem orientar-se no desenvolvimento da sua mediunidade.

Como se trata de explorar o mundo do pensamento, aconselha o autor o estudo da "Psicologia, da Biologia, da Telepatia e de todos os ramos da Ciência oficialmente reconhecida", para que sirvam de base ao desenvolvimento mediúnico, pois que a concepção materialista, de tais Ciências, ajudará o candidato a "conservar os pés na terra firme, enquanto explora os campos da consciência sobre os quais ainda não está em condições de formular juízo".

Apresentando a seguir o esboço de uma tese que o nosso Dr. Hernani Guimarães Andrade subscreveria com satisfação, informa o Sr. Boddington que: "Por enquanto, a ciência psíquica deve utilizar tudo que o materialismo descobriu e, apresentando explicações mais satisfatórias, provar que, em lugar de se opor à ciência física, é sua valiosa cooperadora".

Ao mesmo tempo, aconselha o autor a acabar com esses rótulos de "ensinamentos superiores" ou "esotéricos" que algumas correntes costumam pespegar nos fenômenos psíquicos. Não há a menor necessidade de se rodear de sinais cabalísticos ao empreender o estudo do psiquismo. Também não tem cabimento "temer as autoridades bíblicas que sugerem que os demônios entram em férias infernais apenas para participarem das sessões espíritas".

E mais: "até que você tenha dominado todos os seus temores, adie a tentativa de desenvolver sua mediunidade". O conselho se resume em estudar mais, antes de tentar.

Por outro lado, o desenvolvimento da mediunidade é igual ao desenvolvimento de qualquer outra faculdade; que todos somos médiuns em estado potencial; que em algumas pessoas o fenômeno se opera espontaneamente, porque tanto o mecanismo da mente como o do corpo são adaptáveis, enquanto que outros precisam de certo tratamento.

Seus conselhos são oportunos e o livro os oferece a cada passo, como, por exemplo: se o leitor deseja tornar-se médium apenas para "passar o tempo", estará simplesmente abrindo a porta a outros desperdiçadores de tempo como ele mesmo. Ao se tornar sensível ao pensamento dos Espíritos, o médium aumenta sua sensibilidade com relação às pessoas encarnadas. Acresce que ao atingir a notoriedade, o médium se encontrará rodeado de pessoas invejosas que experimentarão certo ressentimento pelo fato de que, de certa forma, o médium é diferente delas. O risco aí é grande, pois, como adverte o autor, se o médium "é mesquinho, bestial, vingativo ou invejoso" precisa também compreender que "a lei da atração dos semelhantes é suprema no mundo do pensamento"; nessas condições, atrairá Espíritos idênticos que o deixarão inteiramente desorientado.

O segundo capítulo cuida de ensinar processos de respiração rítmica que o autor considera importante no desenvolvimento da mediunidade e benéfica a todo mundo. O objetivo é o de adquirir, através da respiração, um controle do corpo físico, a fim de "libertar o espírito para o exercício de seus poderes, sem as peias dos desejos terrenos". Não deixa o autor de dirigir sua crítica a certos iogues, que, apesar de trabalharem por esse mesmo objetivo de dominar o corpo físico, acabam por tornar-se inúteis. O médium consciente deve esforçar-se por utilizar, da melhor maneira possível, ambos os mundos. "Você conseguirá isso ajudando o seu semelhante em vez de procurar egoisticamente escapar à reencarnação ou salvar a própria alma à custa de alguém."

Logo a seguir, vem outra observação interessante: "A mente sadia num corpo sadio é essencial para uma mediunidade sadia, como para qualquer outra faculdade humana".

No capítulo terceiro começa o autor dizendo que não recomenda o desenvolvimento da mediunidade aos céticos. Estes já partem do pressuposto de que tudo o que ocorrer de inabitual será explicado pela "tensão da expectativa, pelo temor, pela ação do subconsciente e por todas as teorias que negam a intervenção dos Espíritos". Por quê, então, desperdiçar tempo? Além do mais, o autor recomenda que as experiências sejam precedidas e seguidas de um período de meditação. "Lembre-se" — diz o autor — "que você está revelando toda a sua alma e conversando com Deus e seus representantes." Antes da meditação, deve ser feita uma prece.

A seguir, no capítulo quarto, o Sr. Boddington trata da telepatia, fazendo uma ligeira revisão das pesquisas realizadas até à época, pelos cientistas mais destacados do mundo no campo da percepção extrassensorial. Como o livro é de 1949, apenas um livro do Dr. J. B. Rhine é mencionado (*Extra Sensory Perception*), mas sua autoridade no assunto é amplamente reconhecida. Não nos vamos demorar neste capítulo, pois a matéria evoluiu muito nestes últimos anos e tem sido bastante debatida. É evidente, porém, que as pesquisas, já àquela altura, haviam avançado a ponto de abalar os fundamentos do materialismo. Como dizia o apóstolo Paulo, citado pelo Sr. Boddington: "*se há corpo animal, também o há espiritual*" (*I Coríntios*, 15:44). Esclarece o Sr. Boddington que é nesse organismo psíquico (o perispírito de Allan Kardec) que se encontram os órgãos de visão que percebem as imagens não refletidas na retina do olho físico e os que ouvem sons que não são trazidos pela vibração da atmosfera, como também os que recebem emoções transmitidas por outras mentes. E acrescenta: "O cérebro e o sistema nervoso funcionam como instrumentos, e não como forças criadoras".

• • •

O Sr. Boddington discorre, no capítulo quinto, sobre as radiações humanas, esclarecendo que "todos os órgãos do corpo irradiam uma atmosfera que pode ser claramente observada". A afirmativa é retirada do livro *The Human Atmosphere* (*A atmosfera humana*) do Dr. Walter Kilner, do Hospital S. Tomás, de Londres. Acredita o autor, com base em pesquisas científicas de Raoul Montandon e outros, que em adição à emanação vital — amplamente provada — todos nós irradiamos uma parcela infinitesimal de eletricidade. Acha que a "mente abre caminhos elétricos, ao longo dos quais se dirige ao seu objetivo". Logo, as manifestações telepáticas entre seres encarnados ou entre estes e os desencarnados operam-se através dessa aura sutil e eletrizada que tanto uns como outros carregam em torno de si, tenham ou não, no momento, o corpo material.

Em seguida, narra o autor exemplos e casos de telepatia entre "vivos" a fim de chamar a atenção do leitor para o fato de que a morte nada tem de extraordinário e apavorante: é apenas a passagem de um estado para outro. Essa transição nos torna até "mais vivamente conscientes da nossa relação com Deus e com a Humanidade do que ao tempo em que estávamos encadeados ao corpo físico".

Num dos casos mencionados, três pessoas morrem num naufrágio e o médium descreve o acidente desde que saíram de casa até o afogamento. Dois deles eram filhos do Sr. H. Junor Browne, de East Melbourne, Austrália; o outro, seu empregado. E como a realidade às vezes parece divertir-se em apresentar-se mais fantástica que a própria fantasia, o caso tem um pormenor extremamente curioso. Alguns dias depois do naufrágio, uma amiga da família dos rapazes escreveu minuciosa carta ao Sr. Browne para dizer-lhe que um de seus filhos "mortos" lhe havia aparecido e declarado que uma parte de seu braço direito havia sido devorado por um "grande peixe" que lhe levou também o blusão. E aqui vai o resto, que poderia figurar naquelas seções de revistas sob o título de "O impossível também acontece": dois dias depois, ao abrir-se a barriga de um tubarão pescado em Frankstone, a 20 milhas de Melbourne, lá estava o braço do jovem e seu blusão, que ainda continha seu relógio de ouro, seu cachimbo, chaves e algumas moedas. E mais: quando, em 1920, *Sir* Arthur Conan Doyle, numa conferência pronunciada na Austrália, mencionou o fato, um homem do auditório o interrompeu para declarar:

"Isso é perfeitamente verdadeiro. Eu sou o homem que abriu a barriga do tubarão".

É inegável que um caso desse, tão bem documentado, ocorrido com pessoas de reconhecida probidade, fornece provas muito substanciais em favor da telepatia entre mortos e vivos, pois que seria impossível por outros meios conhecer detalhes do acidente no qual todas as três pessoas que o testemunharam haviam "morrido".

O autor prossegue citando as obras de Flammarion, especialmente os livros sobre os fenômenos que rodeiam a morte. Menciona também César Lombroso que, enfrentando a oposição e o pouco caso dos círculos científicos da época, escreveu uma obra corajosa de apoio à tese espírita da sobrevivência, intitulada — *Depois da morte, o quê?*. Nesse livro citou o famoso caso de Jacopo, o filho de Dante que teve a revelação em sonho do local onde se encontravam os originais dos últimos treze cantos do *Paraíso*, do seu famoso pai. Nenhum ser vivo conhecia o lugar, que era, de fato, de difícil acesso. Que outra teoria poderia explicar o ocorrido? Ao discorrer sobre o mecanismo do sonho, fala o autor sobre a faculdade que tem o corpo perispiritual de abandonar temporariamente o organismo físico e até mesmo de tornar-se visível alhures, embora se conserve sempre ligado ao corpo material pelo cordão fluídico. "Isso é tão certo que tais incursões astrais são um passatempo comum, mesmo entre pessoas que nada sabem de Espiritismo."

No capítulo sétimo cuida o autor de convencer o leitor da realidade do espírito, para que abandone a ideia de que somos um mero mecanismo sem alma. Antes que a Terra se formasse, diz ele, a consciência já existia, pois que o mundo é regulado pela lei e pela ordem. Se há lei, há um legislador. Com todas as suas maravilhas e o espetáculo deslumbrante de suas grandezas naturais, a Terra "não é um acidente, mas uma vasta forma-pensamento". Foi toda planejada e executada a capricho nos seus mínimos pormenores, para que nela se realizasse a majestosa aventura da evolução.

Exatamente a evolução é que nos explica como o corpo humano chegou a conseguir seus poderes atuais.

O óvulo feminino que acaba de ser fertilizado, pelo elemento masculino, apresenta-se aos olhos dos videntes sob a forma de um diminuto ponto de luz. Ao se desenvolver o embrião, a luz começa a despedir raios de variada intensidade e cor. Mais tarde, desaparecem os raios e em seu lugar surge uma aura, como se através da neblina brilhasse o sol. "À medida que o embrião vai adquirindo conformação humana, sua aura começa a refletir as cores peculiares de seus pais e sua condição mental e física se fixa. Essa herança, o recém-chegado levará até o túmulo — e ainda além. Daí a responsabilidade dos pais."

Julgo necessário fazer algumas ressalvas a este aspecto da exposição do Sr. Boddington, sem que isso invalide ou sequer reduza a inegável autoridade com que trata os problemas da mediunidade.

É que não posso aceitar sua teoria de que o Espírito encarnante receba de seus pais, por herança, uma influência tão marcante. Estamos de acordo em que os caracteres físicos se transmitam e se incorporem à constituição biológica do indivíduo. Nessa categoria estão a cor da pele e a dos olhos, o aspecto físico geral, a aparência dos cabelos etc. Vamos além, aceitando a ideia de que alguma peculiaridade mental ou áurica dos pais influencie a estrutura psicológica do ser reencarnante, mas não a ponto de determinar o seu *status* mental, como parece crer o autor. O que sabemos, por outras fontes, é que o Espírito tem uma coloração áurica que lhe é própria e constitui o reflexo identificador dos traços predominantes de sua personalidade e de seu grau de evolução. Essa coloração se altera ocasionalmente, em consequência de perturbações de saúde ou de estado emocional, tornando-se mais escura ou apresentando certas "fraturas" ou interrupções. Seria, entretanto, inaceitável que um Espírito já evoluído, por exemplo, portador de uma suave e límpida coloração, própria de seu elevado estado, sofresse tal impacto dos pais no ato reencarnatório, a ponto de comprometer definitivamente sua estrutura áurica, na nova vida que se inicia e até além dela.

Feito o reparo, vamos adiante.

O que o Sr. Boddington pretende esclarecer é que a aura que circunda o perispírito, e por conseguinte o corpo físico, é de grande importância no estudo da mediunidade. Isso porque é através da aura que os Eespíritos mutuamente se influenciam e entram em contato. Por conseguinte, todo pensamento que emitimos tem um definitivo valor de registro. Estamos sempre a nos afetarmos uns aos outros para o bem ou para o mal. Nas sessões espíritas, as radiações áuricas constituem a base de todo o fenômeno psíquico.

"Para o Espírito desencarnado, a aura é o instrumento mecânico ou a força por meio da qual a consciência manifesta sua vontade." Para o desencarnado, nós, encarnados, é que parecemos fantasmas, enquanto eles são formas sólidas. Perguntados como conseguem chegar até os médiuns, informam que são atraídos pela luz que estes emitem. Uma vez envolvidos pela aura do médium, observam que seus pensamentos caminham ao longo de raios e acabam por encontrar expressão no médium sob a forma de palavras ou atos. Mais tarde compreendem que também o mecanismo do corpo físico do médium passa ao seu controle. Assim começam seus conhecimentos acerca da mediunidade.

"Por conseguinte", aconselha o autor, "os médiuns devem precatar-se contra os distúrbios emocionais que afetam suas vidas diárias, com maior vigor que os indivíduos mais positivos e friamente calculistas; estes normalmente ponderam todas as condições com um discernimento equilibrado. Para todos, é importante destacar a necessidade de conhecer sua própria mente e recusar-se a agir em desacordo com seu próprio idealismo. Não faltam no mundo censores que observam muito de perto os médiuns e julgam o Espiritismo pela influência que exercem sobre os indivíduos."

"Os médiuns são, simplesmente, indivíduos que aprenderam a controlar os elementos fluídicos que compõem o corpo espiritual, e, dessa forma, a utilizar as forças psíquicas em vez de se amedrontarem com elas ou serem por elas controlados."

Receio que as longas transcrições cansem o leitor. Deixemos para mais além o exame de outros conselhos, sugestões e ideias que se comprimem neste livrinho de aparência tão modesta.

• • •

Ainda sobre a aura perispiritual, diz o autor que "com a morte os elementos áuricos formam o corpo e a vestimenta espirituais, iluminados pela mesma luz interna que para nós significa consciência. A evolução prossegue e a forma se torna mais e mais radiante, até que, afinal, se perde para os nossos sentidos entre a galáxia de elevadas almas, cujo brilho se torna tão cegante que ultrapassa o alcance da visão clarividente. Pela imaginação podemos ainda acompanhar sua subsequente evolução até se perder de vista na cegante radiação da Grande Luz Branca da consciência cósmica que constitui o Deus Impessoal".

A seguir, examinaremos os conselhos e sugestões contidos ainda no capítulo sétimo, expostos com a finalidade de auxiliar o desenvolvimento da mediunidade.

Primeira lição: não iniciar o desenvolvimento senão depois de haver dominado seus temores e compreendido os aspectos elementares do assunto. "Assim como a mente moldou a matéria durante a criação do mundo e assim como somos filhos de Deus, nossas mentes estão provavelmente moldando nossos futuros lares." Desta frase eu tiraria apenas o advérbio "provavelmente", pois que não há dúvida de que das condições atuais da nossa atividade mental é que dependem as futuras condições do nosso habitat espiritual.

A lição seguinte diz respeito ao controle da respiração, de vez que por aí é que adquirimos o controle do corpo físico e, afinal, do consciente e do inconsciente. É importante nesta fase a meditação sobre temas elevados para que possamos atrair o interesse dos Espíritos mais evoluídos que nos ajudarão, em lugar dos menos adiantados que desperdiçarão e contaminarão todos os nossos esforços.

O terceiro ponto consiste em lembrar-se de que todo o sistema nervoso do médium em desenvolvimento passa por uma revisão. O indivíduo ficará sujeito a extremos de depressão e êxtase. Deverá ser oposta àquela uma firme reação. Uma vigilância constante deverá impedir que desejos puramente animais sejam erradamente considerados em lugar de amor.

A quarta lição é a de que a base da religião é científica. Como cristão, não aceitar as teorias tradicionais sem exame, mas investigar os métodos pelos quais a *Bíblia* foi compilada. Isto é essencial ao desenvolvimento mediúnico: senão, a ortodoxia reviverá mais uma vez as horrorosas torturas e reacenderá as fogueiras para queimar feiticeiras, com base na ideia de um Deus feito à vontade do próprio homem, e de uma *Bíblia* escrita pela própria mão de Deus, cujos conceitos não podem ser postos em dúvida pelo homem tão ignorante.

"A ideia de Deus abraça tudo quanto é sábio, justo e desejável para o bem-estar de todos os seus filhos."

Deverá o candidato a médium praticar um relaxamento completo de corpo e de espírito. Ouvir a voz da consciência e a ela obedecer, a fim de que o espírito se torne de tal maneira seletivo que somente dê acesso ao tipo de pensamento que sirva a alguma finalidade útil. Se você possuir qualidades mediúnicas em grau suficiente, receberá instruções por meio da inspiração, da voz ou da escrita, sobre a maneira de proceder que melhor atenda ao seu caso particular.

A seguir lembra o autor que certas universidades estão concedendo títulos àqueles que conseguem "explicar" as experiências psíquicas, sem atribuir crédito algum aos espíritas que neste campo da atividade os precederam em mais de cem anos. O importante é que inventem novas palavras e expressões e ignorem a atuação do Espírito.

Destaca, depois, a importância da telepatia que, como tem sido abundantemente demonstrado entre os chamados vivos, pode ser, pelo menos na mais fraca das hipóteses, inferida entre os mortos ou entre estes e os vivos, isto é, entre desencarnados e encarnados.

Tendo dado por esclarecidas as preliminares aqui mencionadas de maneira bastante resumida, passa o autor a uma parte mais prática, expondo no capítulo oitavo um roteiro sobre a maneira de iniciar o desenvolvimento da mediunidade.

O primeiro passo consiste em descobrir se somos suficientemente sensitivos a ponto de acusar impressões, gostos e sentimentos originais de uma fonte externa.

Remetendo o leitor ao seu livro *The University of Spiritualism*, sugere a técnica centenária do Dr. C. Rhodes Buchanan. Consiste ela em preparar pequenas amostras de sal, pimenta, mostarda, narcóticos, eméticos e outras substâncias facilmente reconhecíveis, mas que se tornem idênticas na aparência externa dos envoltórios. Nenhuma pista deverá ser indicada externamente sobre o verdadeiro conteúdo das amostras. Depois de assim preparado o material, o leitor deverá praticar exercícios respiratórios durante cinco minutos, seguidos de um relaxamento de corpo e espírito. Só então deverá tomar delicadamente cada amostra e apalpá-la suavemente. Deverá, também, pousá-la na testa. Observe qualquer pensamento ou sugestão que ocorra e os anote numa folha de papel. Não se apresse. Procure anotar especialmente as primeiras impressões. Deverá dar-se por satisfeito em experimentar com uma única amostra em cada sessão. Não permita que outras pessoas toquem as amostras. Se não obtiver resultado positivo, coloque a amostra do material de forma a poder vê-la sem precisar virar a cabeça, e concentre-se sobre ela, sem fazer esforço exaustivo. Se adormecer, anote, ao acordar, os pensamentos que lhe ocorrerem.

Se ainda assim não alcançar resultado, não desanime; são poucos os que o conseguem das primeiras tentativas. De modo geral é preciso insistir e continuar insistindo até que os resultados comecem a aparecer.

Essa técnica é, em última análise, um teste para a faculdade psicométrica e um meio de desenvolvê-la.

Segundo o autor, "na prática da psicometria está a base de todas as formas de percepção extrassensorial".

Várias outras sugestões são oferecidas, mas seria impraticável reproduzi-las todas num artigo deste porte.

No capítulo nono o autor ensina a técnica do relaxamento. Não creio que ofereça algo de novo ao leitor esclarecido sobre o assunto que modernamente tem sido tratado com minúcias em tantos livros.

Há, no entanto, uma observação interessante que, embora não seja novidade, convém repetir. Diz ele que a nossa mente seleciona automaticamente nossos amigos espirituais e rejeita aqueles que se opõem ao nosso temperamento. "Daí" — continua o autor — "o valor de uma atitude religiosa em relação ao assunto. Mas deve ser uma atitude de verdade, e não uma simples aparência hipócrita para exibição ao mundo."

O capítulo décimo estuda a natureza cambiante da mediunidade, esclarecendo que esta não é constante no mesmo indivíduo e não é a mesma para todos os médiuns. "Isto" — prossegue o Sr. Boddington — "explica as falhas que frequentemente ocorrem nos estudos científicos. A mediunidade é evanescente e não há duas sessões exatamente iguais." Seu desenvolvimento, portanto, tem que ser individualizado, atendendo às peculiaridades de cada um.

O estado de "passividade ativa" é inerente a todas as fases da mediunidade. Sem ele não haverá o transe, a psicometria, a psicografia ou o desenho.

No final do capítulo, mais uma observação sobre a Parapsicologia. Diz o autor que as universidades andam às turras por causa das teorias que cada uma delas vem desenvolvendo acerca dos fenômenos psíquicos. O prof. Rhine, que, de início, defendia a tese de que a Telepatia era uma explicação perfeita para o fenômeno mediúnico, acabou por abandonar essa palavra tão abusada, adotando em seu lugar a *clarividência*. Isso porque seus melhores "sujets" declaravam "ver" os desenhos ou as letras impressas na outra face das cartas empregadas nas experiências. Essa concessão do prof. Rhine criou verdadeira celeuma nos arraiais científicos. Se já era difícil aos "papas" do materialismo aceitarem a ideia da transmissão do pensamento de cérebro a cérebro, tornou-se um autêntico problema explicar o caso da clarividência de Rhine. É que, estando o *sujet* com os olhos perfeitamente vendados, *a retina do olho físico não recebia a imagem da figura vista*, logo, raciocinavam os materialistas, sem retina, sem nervo óptico, sem nada, não poderia haver visão. O problema, no entanto, é que ocorre claramente o fenômeno. A explicação para os que admitem a existência do Espírito é simples: não são os olhos da carne que veem neste caso, e sim os espirituais, ou melhor, os do perispírito.

O capítulo décimo primeiro cuida da clarividência subjetiva e da objetiva. A primeira, na classificação do autor, é constituída de imagens fugidias que passam como um *flash* pelo centro da testa. Na segunda, o objeto é visto nitidamente destacado do sensitivo. Um caso curioso a que ele chama clarividência objetiva é narrado. Na verdade é um fenômeno de desdobramento, sobre os quais já tivemos oportunidade de comentar algo extensamente.

A pessoa — um homem — acordou certa manhã sentindo-se muito mal, mas decidiu, assim mesmo, ir trabalhar, na esperança de melhorar, mas acabou desistindo e voltando para casa, do meio do caminho. Deitou-se, dormiu algumas horas e acordou mais bem disposto e conseguiu, afinal, ir trabalhar. Qual não foi sua surpresa ao ouvir os comentários de seus companheiros de serviço que o criticavam pelo seu estranho e incivil procedimento pela manhã. Passara por todos sem responder a nenhum cumprimento, ignorando a todos. O próprio contramestre chamou-o à sua sala e perguntou-lhe secamente onde se havia escondido depois de espiá-lo, sem dizer palavra, por meio da porta aberta, cerca de dez horas da manhã. A questão é que àquela hora do dia o pobre homem estava em casa, mergulhado em profundo sono. Mas como explicar o fenômeno a toda aquela gente?

Esclarece o autor que após ter recebido essa comunicação, por meio de uma carta, entrou em contato com o homem e juntos conseguiram desenvolver satisfatoriamente sua evidente mediunidade.

Inúmeros são os sintomas da mediunidade nascente ou em potencial: sensação de choque elétrico, calafrios, sensação de calor ou de vibração, difíceis de definir, mas bastante reais para o sensitivo.

De outras vezes, este tem a impressão de uma presença pessoal movendo as mãos sobre ele ou à sua volta. "Isto" — esclarece o autor — "pode ser devido a passes magnéticos feitos por Espíritos assistentes."

Daí pode desenvolver-se a mediunidade, sendo de notar-se, porém, que "o principal obstáculo ao desenvolvimento intelectual reside no intenso desejo de obter mensagens antes de compreender as forças invocadas".

Por outro lado, é preciso ter em mente que "nada há no Espiritismo que imponha medo ou segredos de qualquer espécie".

Foi a pressão da Teologia sobre a mediunidade que produziu o obscurantismo da Idade Média.

E aí vai outro comentário sobre as pesquisas do Dr. J. B. Rhine: "Na Universidade de Duke, nos Estados Unidos, os professores estão empenhados numa batalha verbal para decidirem se é mais correto empregar as palavras clarividência, telepatia ou psicometria. No entanto, como já declarei, isso tudo os está levando tão obviamente às hipóteses puramente espíritas, que vem causando uma consternação generalizada nas altas rodas científicas...".

• • •

No capítulo décimo segundo, o autor descreve algumas sensações mediúnicas, especialmente as de natureza psicométricas. Citando Buchanan, lembra que por meio da psicometria pode-se avaliar o caráter ou estudar Biografia e História, ministrar justiça, determinando mediunisticamente a culpa ou a inocência, como a sanidade ou a insanidade do acusado. Pela condição mental do jovem, poderia ser orientada sua educação e cultura. Na Medicina serviria magnificamente à diagnose, evitando o emprego de drogas inadequadas.

No meu entender, muito disso ainda pode ser considerado prematuro, porque sua aplicação terá que ser extremamente criteriosa e, para isso, seria indispensável alcançar a Humanidade um estado mais evolvido.

Acho que, quando atingirmos o ponto em que a mediunidade possa erigir-se em figura de Direito Penal e merecer fé pública, de duas uma: ou estará tão comercializada que se tornará suspeita, ou será tão elevado o estado evolutivo da Humanidade que não haverá mais tribunais nem crimes para serem julgados: apenas doentes para serem tratados de maneira realmente científica.

A aplicação prática dos grandes avanços do conhecimento humano estará sempre condicionada e limitada ao grau evolutivo da espécie humana. A História nos mostra uma percentagem relativamente insignificante de Espíritos esclarecidos e realmente superiores diluídos numa grande massa que dirige, comanda, dita leis e normas, investida do poder temporal supostamente majoritário. Não que esse comando represente necessariamente o pensamento da maioria, mas porque sabe explorar as potencialidades da massa e elevar-se ao poder, mesmo que para ele esteja despreparado. Os que estão em condições de exercê-lo, pelo equilíbrio de seu julgamento, geralmente não se interessam pelas peripécias e concessões inerentes à sua disputa.

Daí o perigo de colocar ao alcance da minoria ativa, que dirige em nome da maioria ignara, instrumentos éticos delicados e, ao mesmo tempo, tão imensamente poderosos como a energia nuclear ou o mecanismo do espírito humano.

O êxito moral dessas conquistas está na dependência inelutável de um grau mais elevado de maturação espiritual.

• • •

No capítulo décimo terceiro descreve o autor o que classifica de aurividência e clarividência. Em relação à primeira cita o caso do médium F. O. Roberts, que parece ter sido realmente notável em suas faculdades. Consistiam estas em distinguir com nitidez não somente a aura colorida de seres e coisas como também perceber a *cor dos sons*. À medida que o instrumento é tocado, o médium vê desprender-se uma figura colorida em forma de folha. Apesar de não possuir grandes conhecimentos de música, é capaz de dizer, pela cor observada, que nota foi tocada.

Sua descrição das cores que o Big Ben produz nos céus de Londres é um encanto. Sua faculdade apurou-se tanto que ele seria capaz de dizer, pela conformação e cor da aura, se um ovo estava ou não fertilizado e se a ave seria macho ou fêmea.

Os conselhos contidos no capítulo décimo quarto se resumem no seu próprio título: "Mantenha o espírito aberto".

Ao comentar a vidência obtida por meio do cristal, lembra o argumento dos oponentes do Espiritismo, segundo os quais tudo se explica facilmente pela alucinação individual ou coletiva. "A questão" — diz o Sr. Boddington — "é que essa teoria da ilusão não serve quando a imagem, vista pelo médium no cristal, se refere a um caso perfeitamente verificável."

A clarividência em estado de transe é estudada no capítulo décimo quinto. Suas sugestões são oportunas. "É preciso compreender" — diz ele a certa altura — "que os Espíritos não são brinquedos, mas indivíduos com um objetivo definido na vida e que simplesmente escolhem seus instrumentos como melhor meio de alcançar seus fins." E adiante: "Afaste de seu espírito a ideia de que haja qualquer coisa de miraculoso ou misterioso no trabalho das sessões".

Recomenda cuidados especiais ao selecionar as pessoas que devem comparecer às reuniões, pois que "tudo quanto vai ao corpo produz radiações. E o que se irradia afeta a mediunidade que pretendemos desenvolver, tanto quanto a saúde daqueles com que habitualmente estamos em contato".

Daí o inconveniente de trazer às sessões pessoas dadas ao vício do álcool ou de drogas. Muito pior, se é o próprio médium quem se deixa levar por esses hábitos.

No capítulo décimo sexto recomenda a formação de círculos de estudo e desenvolvimento da mediunidade e sugere algumas normas reguladoras. Temos em português, nos livros da Federação, obras que tratam extensamente do assunto, além de *O Livro dos Médiuns*, de Kardec.

Os demais capítulos do livro (décimo sétimo, décimo oitavo, décimo nono e vigésimo) possuem, a meu ver, matéria de pouco interesse, exceto um ou outro episódio ou observação que procurarei resumir para o leitor.

No capítulo décimo oitavo, por exemplo, sob o título de “Mediunidade infantil”, o autor recomenda acertadamente que nunca se procure forçar o desenvolvimento mediúnico das crianças. Pelo contrário, ainda que revelem certos sinais inconfundíveis, a questão deve ser adiada até que a criança atinja um estado de maturidade.

Há, porém, casos verdadeiramente dramáticos, como o que relata de uma menina de três anos que declarava ter uma amiga invisível aos demais e a que chamava Júlia. A princípio os pais levaram a coisa à conta de excesso de imaginação da criança. Esta, entretanto, contava que Júlia brincava com seus brinquedos e a acompanhava aos passeios e piqueniques. A certa altura, porém, começaram a desaparecer pequenos objetos, o que intrigou profundamente os pais da menina. Um dia aconteceu de mencionarem o caso à pequena, a qual, calmamente e com a maior naturalidade do mundo, informou que os objetos desaparecidos estavam com Júlia. Ainda assim, os pais não se deram por achados. Sem que lhes passasse pela cabeça que a criança lhes estava dizendo a verdade, disseram-lhe, brincando: “É melhor que você diga a Júlia que queremos tudo aquilo de volta”. Para grande surpresa deles, os objetos começaram a reaparecer, um a um. A menina previa sempre, com perfeita naturalidade, o retorno dos objetos. Só a essa altura os pais compreenderam que algo de estranho estava acontecendo.

Passaram a exercer uma secreta vigilância sobre os movimentos da menina, mas tudo inútil: não conseguiram descobrir como as coisas desapareciam nem como eram devolvidas.

Um belo dia parou subitamente o relógio de parede: tinha desaparecido o pêndulo. Como de costume, a filhinha lhes informou tranquilamente que Júlia o havia retirado. Aí a questão ficou séria para os pais, uma vez que mesmo os adultos da casa — pai e mãe — somente poderiam alcançar o relógio subindo numa cadeira. Seria pois impossível atribuir o desaparecimento do pêndulo a uma menina de três anos.

A criança confessou que pedira a Júlia para devolver o pêndulo, mas que não lhe seria possível no momento.

Cerca de seis meses mais tarde a pequena informou aos pais que Júlia iria, afinal, trazer o pêndulo de volta. Não podia dizer com precisão quando isto se daria, mas seria "em breve". Redobraram a vigilância secreta sobre a menina. De manhã, o pai corria ao relógio, certo de que a filha estava brincando com eles, mas o pêndulo ainda não havia sido devolvido.

Ela parecia estar inventando histórias. Uma tarde, a mãe estava fazendo seu crochê, quando experimentou uma curiosa sensação na região estomacal (plexo solar). Sem poder explicar por que, ligou o fenômeno à questão do relógio. Levantou-se imediatamente para verificar e, de fato, lá estava o pêndulo novamente em seu lugar.

Farmacêutico experimentado como era, o pai tinha o hábito da observação meticulosa e havia anotado tudo escrupulosamente, dia e hora de cada evento. A interferência espiritual seria a última coisa que poderia aceitar na sua mentalidade fechada a esses problemas.

Levou a questão a alguns pesquisadores psíquicos, mas estes lhe disseram cruamente que ele não estava dizendo a verdade ou que, pelo menos, teria sido um observador descuidado dos fatos.

O problema foi, então, ao Sr. Boddington, autor do livro. Declara ele que esperavam os pais que ele, Boddington, culpasse a criança pelo desaparecimento e pela devolução dos objetos e do pêndulo. Mas como, se as próprias condições que cercavam a ocorrência desmentiam formalmente a hipótese? Como convencer aqueles pais que a menina era médium e estava em contato com um Espírito desencarnado?

Ainda bem, diz o Sr. Boddington, que aqueles pais não castigaram a criança pelo que lhes parecia ser pura invencionice de sua imaginaçãozinha desatada: "Quantos adultos não levam vida amargurada por causa do irredutível materialismo de seus pais", conclui o autor.

• • •

Em outro caso, da menina Eleanore Zugun, o tratamento espírita libertou-a da obsessão que sobre ela exercia sua avó desencarnada e outro Espírito perturbado. Antes disso, porém, a menina foi retirada de um hospício e trazida a Londres para ser tratada pelas "sumidades" médicas da época. Escusado dizer que os fenômenos produzidos em plena luz, sob as barbas venerandas dos sábios, mereciam as mais eruditas "explicações científicas". Tudo em pura perda. Chegou ao ponto de aparecer cheio de pequenas letras o canivete de metal do próprio Dr. Joad, dentro de seu bolso, sem que ninguém visível o tocasse. E agora? Diz o Sr. Boddington: "Eles apenas arranjaram um ar muito sábio e discorreram vagamente sobre ação inconsciente a distância".

Sobre a ignorância da avó desencarnada, o comentário de Boddington é correto: "Claro que a mera transição para a vida espiritual não produz imediata sabedoria. Esta só vem com o tempo e a experiência". "Daí não ser recomendável", prossegue o autor, "entrar imediatamente em contato com os seres queridos que se foram".

O capítulo décimo nono estuda a percepção extrassensorial. O assunto, porém, evoluiu bastante desde a época em que o autor escreveu o seu livro.

Será, entretanto, oportuno relembrar alguns de seus conselhos. Primeiro: não se conquista o mundo espiritual simplesmente indo a uma sessão, sentar-se e saber que a sala está cheia de Espíritos que possuam o poder de manifestar-se à sua vontade; segundo: a prece constitui o meio mais simples de chegar a uma mediunidade equilibrada e produtiva; terceiro: é essencial para todos os médiuns, em processo de desenvolvimento, praticarem as virtudes da paciência, tolerância e serenidade. Todos precisam de autocontrole, à medida que o sistema nervoso vai sendo adaptado ao novo trabalho que se lhe pretende atribuir; quarto: para desenvolvimento da mediunidade, a organização de um pequeno círculo é essencial. É perigoso perder a consciência, enquanto só. Isto deverá ser permitido somente depois que os Espíritos-guias aprendem a acordar o médium a qualquer momento, quando necessário.

Já no capítulo final (vigésimo), recomendações de outra natureza são oferecidas. Como, por exemplo, "a mediunidade não é um *dom*, e sim uma faculdade natural". Ao contrário do que pensam muitos, não é algo que se possa adquirir como um pacote num balcão de loja.

Ou ainda: "a mediunidade é apenas um dos roteiros ao progresso. Talvez haja outros mais fáceis e melhores para o seu caso particular".

As páginas finais do livro são dedicadas a transcrições de respostas que o autor enviou a consultas recebidas por carta.

• • •

Como vê o leitor, o livro do Sr. Harry Boddington contém valiosas ideias acerca da mediunidade e muito terão lucrado os médiuns em potencial com o estudo da obra. Não há mais arriscada empresa que o desenvolvimento desordenado da mediunidade; não somente para o próprio médium, que se expõe a riscos insuspeitados, como para todos aqueles que dela se aproximam com a finalidade de buscar esclarecimentos, consolo ou alívio. A história do Espiritismo seria outra e outra seria hoje sua posição diante da Ciência oficial, se todos os médiuns dos últimos cem anos tivessem passado por um treinamento bem orientado, escorados em boa doutrina e cônscios de seus deveres, obrigações e responsabilidades para consigo mesmos e para com seus semelhantes.

Aqueles que têm Kardec ao seu alcance e o quiserem estudar criteriosamente, não precisam temer; pelo contrário, devem lançar-se corajosos e confiantes ao desenvolvimento mediúnico, se para isso tiverem suficiente inclinação, gosto e senso de responsabilidade. Não há nada de misterioso, doentio ou ridículo no exercício da mediunidade sadia, e mais do que nunca está a Humanidade precisando de bons médiuns que sirvam de veículos adequados entre os dois mundos que constituem as duas faces da vida.

Mas que não enveredem por essa via pressurosamente aqueles que ainda não adquiriram suficiente conhecimento doutrinário, nem se apoderaram da boa técnica que só lhes vem com o perfeito entendimento do mecanismo delicado da mediunidade, conhecimento adequado da doutrina e bons propósitos.

11

INSPIRAÇÃO E MEDIUNIDADE

Tal como afirmou Ismael Gomes Braga, em *Reformador* de abril de 1962, o livro de Sylvio Brito Soares (*Os grandes vultos da Humanidade e o Espiritismo*) é, de fato, um trabalho pioneiro, que nos sugere inúmeras outras figuras da História, nas quais podemos sentir — mesmo à distância, no tempo e no espaço — influências ou inclinações psíquicas. Em tantos desses vultos, como o demonstrou o confrade Brito Soares, a mediunidade é óbvia e inequívoca.

Aliás, o trabalho a que nos habituamos chamar criador tem, invariavelmente, uma dose maior ou menor de mediunismo. As grandes inspirações, quase sempre súbitas como um *flash*, não são mais que fagulhas divinas, descidas de muito alto e que ateiam o fogo sagrado no qual se funde a obra de arte ou a descoberta científica.

Sobre o assunto, que sempre me fascinou, tenho um livro muito curioso intitulado *The Creative Process* (*O processo criador*), compilado por Brewster Ghiselin, e que reúne depoimentos solicitados ou espontâneos, de grande número de intelectuais, sobre seus próprios métodos de criação.

Aqueles que têm algum conhecimento da Doutrina Espírita encontrarão, com frequência impressionante, a descrição de autênticos fatos mediúnicos ou anímicos em muitos escritores, poetas, matemáticos, cientistas, filósofos, músicos etc. Não que se deva concluir apressadamente que toda obra artística é ditada, letra por letra, por Espíritos desencarnados, embora muitas delas o sejam de fato. Sem dúvida, porém, as grandes inspirações e intuições têm uma origem nitidamente espiritual, ainda que insuspeitada e até mesmo negada pelos intelectuais.

Na introdução de seu livro, declara Brewster Ghiselin o seguinte, que traduzo: "A hipnose e outros processos, tais como a escrita automática (a que chamamos psicografia), revelam, de certa forma, a riqueza do que tem sido denominado de profundezas da mente, na qual, aparentemente, toda a vivência do organismo é, de alguma forma, retida, alcançando incalculável multidão de experiências que nunca chegam a atingir o pórtico do consciente". E mais adiante, referindo-se ao ato da criação artística, acrescenta: "A concentração, em tal estado, pode ser tão aguda que a pessoa parece, a si mesma e aos outros, estar em transe ou em algum estado similar hipnótico ou sonambúlico". Dentro da terminologia espírita diríamos que a pessoa parece encontrar-se em estado mediúnico ou mediunizada.

Já William Blake — também lembrado por Sylvio Brito Soares — declarava que alguns de seus poemas lhe vinham, sem nenhum preparo prévio, "como se lhe fossem ditados". Vemos, assim, que muitos artistas, além de produzirem obras próprias, embora sob inspiração espiritual, produzem também trabalhos nitidamente mediúnicos, psicografados. Eles próprios o admitem.

Mozart confessava, em uma carta, não saber de onde, nem como lhe vinha a inspiração, mas informava que em estado de quietude, quando só, *ouvia* espiritualmente linhas melódicas completas e acabadas, que ele ia retendo na memória prodigiosa que sempre teve. É tão magnífico o seu trabalho psíquico que ele tem a "visão" estática da peça toda, fora do tempo, e pode "inspecioná-la tal como se tivesse diante dos olhos um belo quadro ou uma notável estátua". Acrescentava que "*ouvia* (palavra sua), na imaginação, as partes integrantes da peça, não sucessivamente, na sua sequência natural, mas tal como se fossem executadas ao mesmo tempo". No texto em inglês: "*I hear them, as it were, all at once*". O original alemão, citado entre parêntesis: "*gleich alles zusammen*". Ora, seria impossível, em estado normal de consciência, "ouvir" uma peça musical complexa como se executada de uma só vez, sem a sequência natural a que estamos habituados. Mediunismo puro, portanto.

Harold Shapero informa, em carta a Tobias von Haslinger, que muitas ideias musicais contidas no trabalho criador são "frequentemente apresentadas ao compositor em sonhos ou num estado de sonolência". ("*Half waking state*").

E o caso de Samuel Taylor Coleridge? Vale a pena recordá-lo aqui. No verão de 1797, Coleridge teve uma indisposição orgânica, para a qual o médico receitou dois grãos de ópio, uma dose puramente sedativa. O poeta sentou-se numa cadeira e, ao adormecer, estava lendo uma frase de *Purchas's Pilgrimage*; que dizia o seguinte: "Aqui o Khan Kubla ordenou que um palácio fosse construído entre majestosos jardins. Para isso, dez milhas de terreno fértil foram cercadas com um muro".

Durante três horas dormiu o poeta e teve estranhas visões. As imagens levantavam-se diante de seus olhos espirituais, como coisas vivas, sem nenhum esforço consciente de sua parte. Ao acordar tinha tudo muito claro na memória. Tomou da pena, tinta e papel e começou a escrever ansiosamente um poema que intitulou "Khan Kubla" e que lhe ficara na lembrança. Nesse momento, porém, foi chamado por uma visita, que acabara de chegar para discutir um assunto importante. Ao voltar, uma hora depois, o resto do poema se perdera, apagando-se da sua memória a magnífica visão que tivera. Nunca mais pôde recuperá-la. Da experiência surpreendente ficaram apenas alguns notáveis fragmentos do que seria um belo poema.

Amy Lowell declara no seu depoimento: "Não ouço uma voz, ouço, porém, palavras; só que a pronúncia é destituída de som. As palavras parecem ter sido pronunciadas na minha cabeça, mas ninguém as enuncia".

Mais adiante declara que os poemas extensos passam por longo período de preparo, como em "gestação subconsciente". "De repente" — continua — "as palavras surgem, impulsionadas por imperiosa insistência, que não admite espera. Elas precisam ser escritas imediatamente, senão experimento um agudo sofrimento, um desconforto quase físico, que não cede enquanto o poema não é liberado."

Algumas linhas abaixo, acrescenta: "concluo que a concentração necessária para isso é da mesma natureza do transe".

O grande Friedrich Nietzsche, dono de um dos mais poderosos cérebros na história da Filosofia, fez uma dessas confissões corajosas. Corajosa e bela, pelo que tem de mais pura humildade. Disse ele: "Será que pode alguém, ao finalizar este século dezenove, possuir alguma noção distinta sobre o que os poetas de um período mais vigoroso queriam dizer quando falavam em inspiração? Se não na tem, eu gostaria de descrevê-la. Admitindo-se que possa alguém guardar ainda o mais ligeiro resquício de superstição, é difícil rejeitar completamente a ideia de que somos uma simples encarnação, porta-voz ou médium (no original está médium, mesmo) de algum poder superior".

George Frideric Handel, incendiado pela paixão criadora, escreveu, praticamente dum só jato, uma obra imortal, das mais belas que se conhece em música sacra, o majestoso oratório chamado *O Messias*. Trancou-se no seu quarto e, durante vários dias, em estado de febril excitação, sem comer nem dormir, produziu sua obra-prima. Mais tarde declarou que ao escrever o famoso coro da *Aleluia* teve a impressão de que o próprio Deus estava ali, diante dele.

A vida do prof. George Washington Carver também poderia figurar com honra no livro de Brito Soares.

Mr. Carver foi, sem dúvida, um dos mais nobres e profundos Espíritos que já desceram à Terra. Sua história magnífica é uma legenda de grandeza, traçada, estranhamente, no plano da mais pura humildade e iluminada pela sua tranquila genialidade. Estratificado em inúmeras e proveitosas encarnações, desceu para desempenhar missão difícil e cheia de tropeços. Venceu todos os obstáculos e seu belíssimo Espírito deve hoje pairar em alturas inconcebíveis a pobres principiantes como eu.

Sua vida foi dramática.

Há um século, em janeiro de 1860, nasceu negro e filho de escravos, nos Estados Unidos. Criou-se órfão, sem chegar a conhecer os pais. Pobre, doentio e sofredor, caminhou pelas estradas da miséria e do trabalho mais humilde. Aos 83 anos de idade física, seu poderoso Espírito regressou à elevada mansão donde tinha vindo. Havia conquistado, entre os homens da sua época e da sua pátria, uma posição de inigualável destaque, com a qual jamais um negro teria sonhado. Atravessara barreiras maciças de preconceitos de cor e condição social. Não que ambicionasse galgar posições entre os brancos, mas a pujança de seu gênio tornou incontrolável aquele fluxo de admiração e respeito que o cercava.

Amou a Natureza e as coisas simples da vida. Seu poder criador não conhecia limites, a não ser a vontade de Deus. Somente no amendoim descobriu mais de trezentos subprodutos, hoje largamente industrializados. Jamais se preocupou em registrar patentes de suas invenções e descobertas. Dizia que as patentes acabariam por cair nas mãos de algum poderoso *trust* industrial, que as exploraria em detrimento dos pobres. Achava preferível que suas fórmulas permanecessem como coisa comum, sem dono, para que qualquer pessoa pudesse utilizar-se delas. Foi um artista no mais profundo senso da palavra. Com grande pena e compreendendo certamente, na força da sua intuição, que eram outros os objetivos de sua missão na Terra, abandonou os pincéis. Na certa seria um dos grandes pintores de sua época. Mesmo entre os poucos quadros que deixou, contam-se inegáveis obras-primas, especialmente aqueles que reproduziam flores, frutos e coisas da Natureza que tanto amava. Criava suas próprias tintas e com elas reproduzia a vida na tela, com um realismo dificilmente igualado.

Amou os livros, a música, os longos passeios pelo campo, as infindáveis horas de silêncio e estudo no seu laboratório, a que chamava, muito significativamente, "a pequena oficina de Deus". Sempre dizia que ele pessoalmente não descobria nada. Deus é que, na sua imensa bondade, ia aos poucos revelando os segredos e mistérios das coisas. Bastava aproximar-se dele com verdadeira humildade e inteligência aberta e pedir-lhe a graça da revelação. Era um simples servo de Deus, singelo instrumento em suas mãos. Muito mais seria capaz de fazer se pudesse manter contato mais íntimo com Deus. Seu trabalho era feito entre preces e, como ele dizia, "às vezes Deus concordava em abençoar os resultados".

Suas descobertas sobre o amendoim começaram dessa forma. Preocupado com a humilde plantinha, precisava com urgência descobrir meios de industrializá-la. Isso porque havia aconselhado seus irmãos de cor e de pobreza a plantarem grandes quantidades de amendoim. Esquecido, porém, das leis econômicas, verificou depois que criara um excesso de oferta, isto é, produziram tanto amendoim que este caiu a preços baixíssimos. O prof. Carver trancou-se então no seu laboratório; diante de Deus e diante do seu problema, para buscar uma solução. Por processos físicos e químicos, começou a desdobrar o amendoim em seus componentes, para saber o que Deus havia colocado naquela semente. Lá estavam, agora, todos à sua frente: água, óleos, gorduras, resinas, açúcar, pectoses, gomas, pentosanas, aminoácidos. E agora? Quereria o Senhor dizer por que havia feito o amendoim?

Não tardou muito, as respostas começaram a surgir, não sem trabalho, não sem dedicação incansável, mas vinham aos borbotões. E o professor negro começou a produzir molhos, bebidas, café solúvel, água sanitária, solventes, papel, líquidos para limpar metais, tintas, plásticos, creme de barbear, óleo para fricção, xampu, borracha sintética, graxa... Parecia não ter mais fim a linha de subprodutos. Com o tempo descobriu que o amendoim produzia também um leite, quase igual ao das vacas. Tão perfeito e puro, que dele se poderia tirar manteiga e queijo. Enquanto cem quilos de leite de vaca produziam dez quilos de queijo, cem quilos de leite de amendoim davam 35 de queijo.

Um dia foi convidado a fazer uma palestra numa associação de produtores de amendoim. Ninguém sabia ao certo como era o professor, mas sabiam que era negro e por isso — pensavam — não poderia ter muita coisa interessante para dizer. Os figurões da *United Peanut* (o nome da Associação) chegaram à cidade de Montgomery no dia 13 de setembro de 1920 e se alojaram no melhor hotel da cidade. No dia seguinte chegou o prof. Carver, com sua maleta cheia de jarros e amostras. Muita gente encontrou-se na rua com aquele homem de cor, de ar bondoso, cabeça embranquecida, carregando uma pesada maleta. Quem seria? Chegando ao hotel, onde deveria fazer a conferência, foi barrado pelo porteiro, em termos rudes:

— Que é que você deseja?

— Quero ver o presidente da *United Peanut*.

Negro não podia entrar no hotel.

— Mas estão me esperando lá dentro.

Não podia entrar. O porteiro consentiu, no entanto, em levar-lhe um bilhete e, pouco depois, o negro professor era introduzido para fazer uma das suas notáveis palestras sobre o amendoim, para admiração de todos os presentes.

Outra memorável conferência foi pronunciada perante o Congresso americano. O negro, que entrara humilde e desconhecido, tinha apenas dez minutos para falar. Acabou falando uma hora e 45 minutos, pois que os deputados se haviam esquecido do cansaço e do calor, para ouvi-lo. Muitos estavam pasmos, pois haviam aprendido a deformada noção de que a raça negra só produz seres inferiores. Não sabiam — e tantos ainda ignoram hoje — que não importa a cor da pele; o que vale é a estatura moral e intelectual do Espírito que se veste com aquele corpo físico. Ao terminar a palestra, um deputado, interpretando certamente o pensamento unânime dos seus colegas presentes, levantou-se e disse:

— O senhor acaba de prestar a esta Comissão um grande serviço.

O deputado Gardner tomou a palavra e, dirigindo-se aos presentes, declarou:

— Acho que ele merece os agradecimentos da Comissão.

E, dizendo isso, levantou-se e começou a bater palmas. Todos os demais membros também se levantaram e aplaudiram o prof. Carver, que, modestamente e muito confuso, agradeceu, enquanto os deputados, de pé, continuavam a bater palmas. Era um espetáculo inédito: um grupo de homens brancos, da alta administração pública, numa época obscurecida pelo preconceito racial, aplaudindo de pé um negro modestamente vestido, que acabara de falar sobre o amendoim. Anos mais tarde, num discurso do Dr. Alan Valentine, da Universidade de Rochester, em sua homenagem, foram pronunciadas estas palavras reveladoras: "...O reconhecimento (de seus méritos) veio lentamente da parte dos homens brancos, mas, quando ele chegou, o senhor nem o desprezou, nem se escravizou a esse reconhecimento. E porque o senhor abriu novas portas da oportunidade àqueles americanos que acontecem ser negros; porque o senhor demonstrou, mais uma vez, que não existe barreira de cor para a capacidade humana; porque o senhor ajudou milhares de homens a adquirirem uma nova confiança... confiro-lhe o grau de Doutor em Ciência, *honoris causa*, e, em reconhecimento, entrego-lhe este diploma e lhe peço que o manto correspondente a este título, com as cores da Universidade, seja colocado sobre seus ombros".

Na sua concepção elevada, Ciência e Religião não se eliminam, mas, ao contrário, se completam, porque a Ciência cada vez mais nos aproxima de Deus, confirmando seus ensinamentos e revelando os mistérios das coisas que Ele criou.

O Instituto de Educação de Negros, no qual trabalhou quase toda a sua vida, pagava-lhe 1.500 dólares por ano. O prof. Carver nunca se preocupou em pedir aumento. Mesmo os cheques dessa modesta remuneração ficavam, às vezes, perdidos entre seus papéis e livros, sem terem sido recebidos, para desespero dos guarda-livros. Quando um banco faliu e arrastou todas as suas economias, ele se limitou a comentar que provavelmente alguém havia encontrado alguma utilidade para o seu dinheiro; além do mais, ele, professor, não precisava daquela importância.

Assim, um homem que poderia ter deixado uma fortuna incalculável, morreu pobre, porque não vendera nenhum dos segredos que lhe foram revelados na pequena oficina de Deus. Tal como ensinava Jesus, o Dr. Carver achava que devia dar de graça o que de graça recebera.

A um grupo de pastores que o procuraram para fazer uma palestra, respondeu de maneira rude, mas sincera e objetiva:

"— Seus métodos falam tão alto que não posso ouvir o que os senhores estão dizendo. Os senhores têm muita religião e pouco Cristianismo, muitos credos e poucas ações. Este mundo está morrendo à mingua de bondade."

Sua concepção da prece foi assim resumida numa carta:

"Minhas preces parecem ser mais uma atitude que qualquer outra coisa. Faço poucas orações com os lábios, mas peço silenciosa e diariamente ao Grande Criador e frequentemente, muitas vezes ao dia, que permita falar com Ele por meio dos três grandes Reinos do Mundo que Ele criou — o reino animal, o mineral e o vegetal — para compreender suas relações mútuas, nossas relações com eles e para com o Grande Deus que nos fez a todos nós. Peço a Ele diariamente e, às vezes, de momento em momento, para conceder-me sabedoria, compreensão e forças físicas para fazer sua vontade; por isso estou sempre pedindo e sempre recebendo".

Seu grande ideal de garoto era possuir um canivete. Mas como? Não tinha nada de seu, além da roupa do corpo e uma caminha para dormir na casa de seus pais adotivos. (Não conhecera mãe nem pai.) Era impossível conseguir um canivete. Então o impossível aconteceu. Uma noite ele teve um estranho sonho. Sonhou que viu três pés de milho, num campo; bem pertinho dos pés de milho, no chão, havia uma melancia, meio comida, algumas sementes espalhadas e, ao lado, um canivete que era uma beleza. Do tamanho dum lápis, cabo preto, de duas folhas, tal como desejava!

Na manhã seguinte, acordou aflitíssimo. Mal conseguiu tomar o café, disparou para o campo, como uma flecha. Foi direto ao lugar que tinha visto em sonho. Tudo igualzinho como tinha sonhado! Os pés de milho, a melancia, as sementes e o canivete. Este sonho lhe pareceu a coisa mais natural do mundo. Disse que era fácil para ele prever os acontecimentos. Certamente, durante o sono físico seu Espírito, desprendido, percorrera os campos e, achando o canivete, transmitiu ao cérebro físico as imagens que o haviam de orientar na manhã seguinte.

De outra feita, resolveu, por meio de um sonho, um problema que parecia insolúvel. Estava tentando descobrir um processo de fazer lixa, mas não conseguia acertar. Uma noite dormiu e sonhou que entrava numa grande oficina ambulante, onde havia um homem colocando uma roda no vagão. O prof. Carver, sempre em sonho, chegou-se ao homem e perguntou-lhe se ele sabia fazer lixa.

— Sei — disse o homem (mas não quis dizer como).

— Bem, então, vou dizer como eu acho que deva ser.

E contou tudo minuciosamente. Quando terminou, o homem, sempre trabalhando na sua roda, disse tranquilamente:

— Está tudo certo. A única coisa é que você não ferveu a areia.

E pronto, quando ele acordou, já sabia como fazer lixa.

Outro sonho anímico. Na certa seu Espírito, à procura de uma solução, encontrara alguém que a conhecia e lha transmitira.

Por fim, julgou Deus, na sua imensurável sabedoria, que era chegado o momento de chamar, à glória da Espiritualidade, aquele que tão fielmente desempenhara a nobre e difícil missão de levantar o moral da sua raça e criar novas possibilidades à gente de cor. A 5 de janeiro de 1943, partiu sereno para o Alto. Seu Espírito, desligado da angústia humana, poderia, agora, planar nas alturas da paz e o poeta poderia repetir-lhe:

"Dorme o teu sono, coração liberto,
Dorme na mão de Deus eternamente!".

Só que o sono dos Espíritos puros no seio da Divindade não é o sono da imobilidade eterna e contemplativa; ao contrário, adormecem para sempre as imperfeições que latejaram no coração, ao fio de tantas encarnações; adormecem as lembranças de remotas mágoas e dores; adormece para sempre a fugaz ilusão da matéria, mas o Espírito, esse brilha mais do que nunca, vive mais plenamente que nunca, trabalha como jamais trabalhou, sob a inspiração da Divina Sabedoria.

George Washington Carver, o moderno santo da Ciência, não poderia aceitar o sono eterno da inatividade, pois ninguém melhor que ele sabe que de segredos maravilhosos ainda existem na imensa e eterna oficina de Deus.

Irmão negro, irmão superior, irmão George Washington Carver: que Deus derrame, sobre teu Espírito maravilhoso, bênçãos sem conta, para que continues a espalhar as luzes que inundam teu nobre coração.

12

EXPERIÊNCIA COM OS "COGUMELOS MÁGICOS"

O caro amigo e confrade, Dr. Hernani Guimarães Andrade, teve a bondade de solicitar minha atenção para um interessante trabalho publicado em *Life Internacional* (em espanhol) a 3-6-1957.[7]

O autor do artigo, R. Gordon Wasson, banqueiro nova-iorquino, embrenhou-se pelos sertões mexicanos para estudar os antiquíssimos ritos praticados pelos índios da região.

O Sr. Gordon Wasson é vice-presidente da poderosa organização bancária J. P. Morgan & Co. Como homem de negócios, culto e esclarecido, habituado à dura realidade das grandes paradas financeiras que se jogam na famosa Wall Street, o Sr. Wasson é um observador frio e desapaixonado e por isso mesmo valioso. Seu depoimento se reveste, pois, de uma autenticidade incontestável; não é sempre que encontramos um banqueiro a discorrer com

---

[7] O artigo é de julho de 1963.

tanto interesse acerca de assuntos dos quais, em regra, se mantém sumariamente a distância. Quatro verões consecutivos o Sr. Wasson e sua esposa, a Dra. Valentina P. Wasson, pediatra em Nova Iorque, passaram inteiramente dedicados ao estudo de certos cogumelos raros que produzem no homem o que habitualmente se denomina estado alucinatório.

O capítulo mexicano de suas pesquisas representa a culminância dos trabalhos que realizaram nos últimos trinta anos, em viagens pelo mundo afora, à cata de informações sobre o assunto pelo qual tanto se interessaram. Os resultados práticos desses estudos se encontram enfeixados em monumental e erudita obra em dois tomos, copiosamente ilustrada, sob o título *Mushrooms, Russia and History* (*Os cogumelos, a Rússia e a História*). Esclarece o artigo de *Life*, no qual buscamos estas informações, que a primeira edição do livro, limitada a quinhentos exemplares, é da Pantheon Books, Nova Iorque, e custa 125 dólares.

Mas vamos passar a examinar o artigo do Sr. Wasson.

Diz ele que na noite de 29 de junho de 1955, em companhia de seu amigo Allan Richardson, participou de uma "comunhão sagrada" numa distante aldeia mexicana, "tão distante", informa, que a maioria de seus habitantes não falam espanhol. A cerimônia é uma curiosa mistura de ritos cristãos e pagãos, "de forma desconcertante para os cristãos, mas natural para os indígenas". Talvez seja algo parecido com os nossos afro-brasileiros. Os cogumelos "divinos" são adorados e depois ingeridos pelos índios que têm, em seguida, alucinações. O autor e seu amigo também comeram os cogumelos e experimentaram as alucinações. Saíram "aterrados do transe".

Esclarecendo que foram os primeiros homens brancos a comer tais cogumelos, adianta que seu amigo Richardson é fotógrafo em Nova Iorque e diretor de educação visual da Escola Brearley.

Haviam entrado em contato com um indígena chamado Filêmon, que falava espanhol, e, conquistando-lhe a confiança, embrenharam-se com sua ajuda pela selva, onde localizaram, fotografaram e colheram alguns cogumelos "divinos".

Da casa de Filêmon, na fralda da montanha, subiram ainda mais e foram dar na choça de Eva Méndez, uma curandeira de "primeira categoria", na classificação do próprio Filêmon. Impressionou-lhes a figura de Eva, "uma mulher madura, de expressão espiritual".

Ali mesmo marcaram a reunião para aquela noite. Pouco depois das vinte horas, se reuniram na casa de Filêmon umas vinte pessoas; os dois americanos eram os únicos estrangeiros e só Filêmon e sua esposa falavam espanhol, mas os índios eram extremamente acolhedores e hospitaleiros. Ofereceram chocolate aos presentes, enquanto os cogumelos que haviam colhido estavam depositados numa caixa, onde eram observados com respeito. Segundo esclarece o autor, nunca são empregados para excitar um regozijo vulgar, como frequentemente fazem os brancos com o álcool.

Por volta de dez e meia da noite, Eva Méndez limpou os cogumelos, e, enquanto fazia suas orações, os passou pela fumaça de um incenso de copal que ardia no chão. Em seguida distribuiu os fungos pelos adultos presentes, reservando treze pares para ela e outros tantos para sua filha. Voltou-se depois para o autor e lhe deu seis pares numa taça. (Os cogumelos vão sempre aos pares.)

"Não poderia sentir-me mais feliz" — diz o Sr. Wasson —, "havia sonhado com aquela hora decisiva através de muitos anos de investigação."

Também seu amigo Allan recebeu seis pares. Durante meia hora mastigaram lentamente os cogumelos. O sabor era desagradável (amargo) e o cheiro rançoso e penetrante.

Antes da meia-noite, "a senhora" (Eva Méndez) apagou a chama da única vela que ainda ardia no altar. Ao cabo de meia hora de silêncio e mergulhados na obscuridade, seu amigo Allan lhe segredou ao ouvido:

— Gordon, estou tendo alucinações.

— Não se preocupe que também eu as tenho, foi a resposta.

Haviam começado às altas horas da noite e duraram até às quatro horas da manhã. Apesar do estado de fraqueza, não sentiam vontade e nem necessidade de dormir; na verdade nunca estiveram tão alertas. As visões apareciam, "tivéssemos os olhos abertos ou cerrados"; brotavam do centro do campo visual e se ampliavam à medida que se aproximavam, vertiginosa ou lentamente, segundo a nossa vontade. Eram coloridas e harmoniosas. Começavam com motivos artísticos, angulares e logo se transformavam em palácios, com pátios, arcadas e jardins esplendorosos de palácios recamados de pedras semipreciosas. "Vi" — diz ainda Gordon — "um animal mitológico puxando uma carruagem real."

"Mais tarde, tive a impressão de que as paredes se haviam dissolvido e eu, suspenso no vácuo, e *com o Espírito já libertado* (o grifo é meu), contemplava panoramas montanhosos, cordilheiras elevadas que subiam até o céu e pelas quais se cruzavam caravanas de camelos."

• • •

Três dias após, repetindo a experiência, na casa de Filêmon, com o mesmo pessoal, o Sr. Wasson, em lugar das montanhas, via "águas diáfanas que fluíam por um juncal infinito, na direção de um mar imensurável, sob a luz pálida do poente". Nessa paisagem de sonho apareceu-lhe um ser humano — uma mulher de vestimentas primitivas que, de pé, contemplava o horizonte. Era uma criatura enigmática, "bela como uma escultura, coberta de adornos bordados e multicoloridos". O autor sentia-se etéreo, suspenso no ar, espectador invisível de um mundo do qual não podia participar e com o qual não estabelecia contato. Tudo lhe era absolutamente genuíno, "as visões eram mais reais que qualquer objeto visto até então com os próprios olhos".

Raciocinava sobre a maravilhosa faculdade daqueles cogumelos que provavelmente encerrariam o "segredo recôndito dos antigos mistérios" — quem sabe —, pois que produzem eles "um desdobramento da personalidade, uma espécie de esquizofrenia, na qual a razão continua raciocinando e observando as sensações de que o paciente desfruta. A mente se mantém ligada, como se por uma corda elástica, aos sentidos erradios".

É impossível fugir a um certo senso de poético nas mais ligeiras descrições. Diz por exemplo o autor a certa altura: "Recostado na esteira, na obscuridade, falávamos em voz baixa e tomávamos notas com o corpo inerte como chumbo, enquanto nossos sentidos flutuavam livremente pelo espaço, acariciados pela brisa, contemplando vastos panoramas, ou explorando jardins de beleza inefável. Ao mesmo tempo nos chegava aos ouvidos o canto da curandeira jovem (filha da "senhora") e as palmas delicadas ultraterrenas de criaturas invisíveis que deslizavam à nossa volta".

• • •

Numa das vezes — a 15 de julho —, mais encorajadas, a esposa e a filha do autor (de 18 anos) resolveram comer os cogumelos. Ambas tiveram as mesmas visões de arrebatadora beleza e grandiosidade. A Sra. Wasson "assistiu" a um baile no Palácio de Versalhes, no qual as personagens, vestidas com trajes da época, dançavam um minueto de Mozart.

A seguir, narra o autor como foi solicitado seu interesse para os cogumelos silvestres, donde partiu para os seus trinta anos de estudos e pesquisas.

Sente-se, porém, que, por mais profundo que tenha sido, seu estudo parou na classificação científica e na dissertação histórica, nas quais se revelou um verdadeiro erudito. Quando, porém, se trata de especular acerca da ação do cogumelo sobre a personalidade humana, o Sr. Wasson parece encontrar-se tateando na escuridão. Faltou-lhe provavelmente certo conhecimento ou intuição psíquica que lhe servisse de instrumentação para ir adiante.

Pelo que se deduz da sua descrição, o cogumelo contém uma substância que provoca o desdobramento do espírito, sem perda da consciência. Este, ao mesmo tempo que participa das visões mais extraordinárias num outro plano de vida, tem noção do ambiente físico em que se encontra, das sensações habituais da vida cotidiana e do seu próprio corpo material. O desdobramento é tão completo, entretanto, que o Espírito se sente pairando a alturas consideráveis, e dono de uma percepção sensorial extremamente aguçada. É notável também a experiência da esposa do Sr. Wasson, que teve a oportunidade de "assistir", naquele verdadeiro estado de transe, a um baile na Corte de Versalhes. Seria isto uma simples viagem psicométrica através do tempo ou recordação de uma antiga encarnação dela própria ou de alguns dos presentes?

Essas questões permanecem naturalmente envolvidas em silêncio e penumbra. Para que nelas nos aprofundássemos um pouco mais, seria necessário que as pesquisas fossem conduzidas sob controle científico, por um grupo misto do qual participassem cientistas conhecedores dos aspectos espirituais.

Sem isto, ficam as pesquisas pela metade e prejudicadas no que têm de mais importante, ou seja, no que têm elas a oferecer ao entendimento do problema do espírito humano, seu mecanismo psíquico, suas relações com o corpo físico, seus imensos e insondáveis arquivos pregressos onde jaz o fichário minucioso do inconsciente.

Essas questões assumem aspectos verdadeiramente dramáticos, não para nós espíritas, evidentemente, para os quais o conhecimento das leis espirituais, se não é perfeito e completo, é pelo menos suficiente para orientar nossa jornada espiritual através do tempo presente e futuro. É contudo lamentável notar a desorientação dos autores leigos ou cientistas quando passam do terreno das observações objetivas para a especulação subjetiva.

Vejamos: "As visões", diz o Sr. Wasson, "deverão surgir *sem dúvida* (grifo meu) de nosso próprio ser". Por que sem dúvida? Não poderiam ser objetivas, exteriores, imagens de uma dimensão habitualmente colocada fora do alcance dos cinco sentidos fundamentais? O próprio autor acrescenta logo a seguir que "não se recordava de as haver visto anteriormente com seus próprios olhos". "Em algum ponto recôndito do ser existe talvez um repositório onde permanecem tais visões até que sejam invocadas. Seriam mutações subconscientes de coisas lidas, vistas e imaginadas, transmutadas de tal maneira que, ao serem invocadas, emergem com formas tais que as tornam irreconhecíveis?" — pergunta ele afinal.

Tudo suposição tateante.

E mais adiante: "Não se empregam os cogumelos como agentes terapêuticos. Por si sós não produzem curas. Os índios os "consultam" quando se sentem perturbados por graves problemas". "Se alguém adoece, os cogumelos revelam a causa do mal, preveem se o paciente ficará bom ou se morrerá e prescrevem o que se deve fazer para acelerar a recuperação."

"Consultam-no" para saber do paradeiro de um burro desaparecido ou um filho querido que se deixou levar pela sedução de outras terras.

Isto, porém, não está bem posto. Não são os cogumelos que receitam e respondem às consultas. O que se dá, provavelmente, é que eles produzem um estado tal de afastamento do espírito, que este, no pleno gozo de sua lucidez, tem acesso a informações que habitualmente estariam fora de seu alcance. Assim consegue diagnosticar moléstias, recomendar remédios, deslocar-se no espaço e provavelmente entrar em contato com outros Espíritos encarnados ou desencarnados que assistam às experiências. Fenômeno idêntico se dá nos estados de hipnose profunda, quando o afastamento temporário do espírito lhe aguça fabulosamente as faculdades psíquicas e até mesmo lhe franqueia os arquivos da memória subconsciente, onde em nossas passadas encarnações registramos, no âmago do perispírito, os mais insignificantes episódios.

Há muito que pesquisar e estudar nesse campo. Como diz o Sr. Wasson, ao finalizar seu artigo, suas descobertas serviram apenas para abrir horizontes.

A Ciência que retorne, mais uma vez, à pesquisa e se digne de proclamar, com honestidade e coragem, os resultados a que chegar. A tarefa é grande, porque quase tudo se terá que recompor, reescrever e rever, e é isto exatamente que assusta o conformismo tranquilo das academias, dos professores e dos "sábios". É preciso a fibra e a coragem moral de um Lombroso ou de um Oliver Lodge para, a certa altura da vida, sacudir a poeira dourada do academicismo, afrontar a chacota e romper com o passado, proclamando humildemente uma verdade que lhes parece — e é — superior a tudo quanto viram e aceitaram até o momento.

13

O "COGUMELO SAGRADO"

O Dr. Andrija Puharich foi operado, em Congonhas do Campo, por meio do médium José Arigó, pelo Espírito de um médico do Espaço, conhecido pelo nome de Dr. Fritz. Os fatos foram ampla e minuciosamente relatados pela imprensa espírita e não creio necessário reproduzi-los. O que me traz à presença do leitor é que tenho aqui diante de mim um livro do Dr. Puharich, intitulado "The Sacred Mushroom — Key to the Door of Eternity" (*O cogumelo sagrado — Chave da porta da Eternidade*, edição Doubleday, 1959).

O Dr. Puharich é americano, de ascendência iugoslava, diplomado em Medicina pela Universidade Northwestern. Seu interesse pela percepção extrassensorial germinou em 1947, com o início de suas pesquisas nesse campo da Psicologia. Logo em seguida, fundou um laboratório para estudo do problema, em Glen Cove, no estado de Maine. O seu livro narra as principais fases do fascinante trabalho realizado com a ajuda da *Amanita muscaria*, o "cogumelo sagrado", assim chamado por causa da sua antiga utilização nos rituais religiosos.

Tive a satisfação e a honra de conhecer pessoalmente o Dr. Puharich. É um homem tranquilo, ainda jovem, metódico, de grande simpatia pessoal e espírito lúcido de crítica. Pareceu-me, enfim, o cientista nato que, sem perder o pé da realidade, não se deixa atemorizar diante do problema do espírito humano e suas incógnitas.

Sua atenção para esse assunto foi primeiro solicitada em 17 de junho de 1954 (note o leitor o cuidado com que até datas são rigorosamente anotadas), quando o Dr. Puharich exercia a função de médico de uma unidade do Exército americano, em Edgewood, no estado de Maryland. Um chamado telefônico interurbano de uma amiga colocava-o a par de um fato insólito: um jovem escultor holandês entrou, espontaneamente, em transe mediúnico, sob a influência de uma joia antiga que lhe puseram, por acaso, nas mãos, e começou a traçar hieróglifos numa folha de papel.

A interlocutora do Dr. Puharich queria que ele visse a escrita e emitisse sua opinião sobre o caso. Com essa, o médico voltou ao seu consultório para prosseguimento do seu trabalho de rotina.

Dias depois, chegou pelo correio a carta de Alice Bouverie, a amiga do Dr. Puharich, com um bilhete e um relato minucioso de toda a estranha cena do transe do escultor, os desenhos e a reprodução das palavras que ele pronunciara em língua inteiramente desconhecida dos presentes e dele próprio.

O livro do Dr. Puharich reproduz o texto da carta, os desenhos e os hieróglifos. Como diz o autor, a coisa era um verdadeiro criptograma. Por exemplo, vejamos um pouco do que falou o médium, em inglês: "Remédio — amarelo-claro, naquele vidro — de madeira seca é um pó; muito pouco no meu dedo; deixe-o cair naquele fluido e ele se torna vermelho — profundamente vermelho, isso é madeira seca. Há um creme que faz as pessoas saírem de si mesmas quando não podem suportar a dor. Da mesma forma (tenha muito cuidado) que uma planta que vejo aqui. Ela é encontrada aqui e produz os mesmos resultados. Não sei como, mas posso desenhá-la. Há umas grandes como estas (seguem-se dois desenhos de cogumelo com pintas na cúpula e uma espécie de colar, pouco abaixo). As pintas são brancas. A planta é amarela. Retire a película do seu caule (não sei se é assim que se traduz *neck* que, ao pé da letra, é *pescoço*) e as pintas brancas também; elas produzem o mesmo resultado. O unguento deve ser aplicado nas juntas do crânio para produzir o transe. (Segue-se o desenho das juntas: uma perpendicular sobre uma linha plana.) Se a dose for excessiva é possível que não desperte mais do transe. Produz-se tal alteração no seu corpo que você não pode voltar. Tenha muito cuidado. Comece com muito pouco e vá aumentando. Verifique quanto você pode aguentar".

E por aí prossegue o longo relato que veio ter às mãos do Dr. Puharich. Nele havia também a reprodução fonética de algumas palavras desconhecidas que, evidentemente, não eram em inglês: "*Tehuti Akh. Nesi Nesu Khuta Nefert Kufa Ankh. Ptah Khufu. Ptah Katu. En Katu*".

Esse era o problema que o Dr. Puharich tinha diante de si. Que significava aquilo tudo? Seria uma fraude? Uma fantasia desconexa de um cérebro doente ou alucinado? Por onde começar para decifrar o enigma?

É preciso que o leitor saiba que o autor naquela época não possuía conhecimento algum dos fenômenos psíquicos, a não ser os de origem acadêmica que, além de não explicarem essas questões, ainda mais confusas as tornam. Mas a sua intuição é realmente maravilhosa, como vemos através de todo o seu fascinante relato. Tomou como ponto de partida o trecho em inglês, cuja tradução o leitor viu acima. Deduziu corretamente que o texto se referia a uma droga que aliviava a dor. "Também parecia referir-se à ideia de que a consciência poderia separar-se do corpo e agir independentemente das limitações dele."

Por aí começou o Dr. Puharich suas investigações. Sabia de dois casos, nos quais pacientes anestesiados para tratamento dentário haviam experimentado aquilo a que chamamos "desdobramento". Os pacientes assistiram conscientemente ao trabalho do dentista nos seus respectivos corpos físicos, como se estes não lhes pertencessem mais.

Mas o Dr. Puharich não é homem de contentar-se com tão pouco e suas pesquisas foram-se desenvolvendo.

O segundo problema colocado pelo misterioso texto, remetido por sua amiga Alice, era descobrir se realmente aqueles desenhos eram legítimos hieróglifos egípcios ou apenas imitação fantasiosa. Para isso, o Dr. Puharich recorreu a um eminente egiptólogo, amigo seu, de vez que ele, Puharich, só conhecia a escrita egípcia de vê-la de passagem nos museus americanos, como o "Metropolitan", de Nova Iorque. Em suma, a questão ficou no seguinte pé: primeiro, os caracteres eram autênticos; segundo, eram antiquíssimos; muitos deles, nem os livros registravam; terceiro, faziam sentido, embora parecesse extraordinariamente fantástico aos dois cientistas aquilo que revelavam; quarto, longe de estar resolvido o problema, agora é que se complicava de verdade, pois que seria muito mais cômodo jogar fora as garatujas e não mais pensar na questão.

Segundo se podia depreender, o texto em egípcio se referia a um homem chamado Ra Ho Tep e à sua mulher, por nome Nefert. Ra Ho Tep também usava o nome de En Katu. As inscrições, como ficou dito, eram em egípcio arcaico, o que se confirmou com a existência de um Ra Ho Tep, lá por volta do ano 2700 a.C. Isso indicava, portanto, que essa personagem havia existido há cerca de 4.600 anos. A mensagem, ou comunicação, ou o que seja, era transmitida por uma outra personagem que se intitulava Tehuti Akh e que fora incumbida de fazer alguma revelação acerca de uma planta (cogumelo) que continha certa substância que não apenas anestesiava, como provocava o desdobramento da consciência.

Em face daqueles extraordinários esclarecimentos, o Dr. Puharich ficou realmente impressionado e resolveu atacá-lo com coragem e verdadeiro espírito científico. Havia uma infinidade de perguntas a responder. Por exemplo: como é que aquele escultor holandês, vivendo nos Estados Unidos, pudera escrever uma esquecida linguagem de 4.600 anos atrás?

Isto foi apenas o começo da verdadeira aventura do Dr. Puharich pelos caminhos do espírito humano. Entregou-se ele de corpo e alma ao estudo dos cogumelos, dedicou-se à aprendizagem da língua egípcia, interessou-se pelos trabalhos de percepção extrassensorial. A façanha realizada por este jovem médico é algo de notável. Vou relatar um exemplo, coisa, aliás, que ele narra com a maior singeleza e modéstia.

Interessado como estava no problema, o Dr. Puharich viajou para Nova Iorque, onde vivia a sua amiga Alice Bouverie que dera início à sua fantástica aventura. Lá, encontraram-se com o escultor holandês, por nome Harry. Este, embora contrafeito, pois não gostava de proclamar suas faculdades, caiu em transe espontâneo, solicitou um lápis e, com olhos vendados pelo Dr. Puharich, escreveu rapidamente uma linha de novos hieróglifos. O livro os reproduz à pág. 50. Agora, leiam o que diz o Dr. Puharich:

"Passaram-se vários anos até que esse material fosse traduzido. Àquela época, não tinha o menor sentido para mim. Como não pude conseguir nenhum egiptólogo que pudesse traduzi-lo, o texto permaneceu um mistério para mim. Mas, à medida que os anos se foram passando, adquiri proficiência nessa língua, até que eventualmente consegui traduzi-lo".

Em seguida a essa psicografia em egípcio, o médium (pois que Harry é realmente médium) encostou-se à poltrona e começou a falar em inglês. O Dr. Puharich tomou nota de tudo (é também taquígrafo, o homem), mas a coisa não formava sentido ainda, e acredito que, sem aceitação de certos postulados espíritas, jamais faria sentido. O médium revelava que uma mulher o ajudara a fazer aquilo. Chamava-se Antínea. Mas quem era Antínea e de que maneira o ajudara? Além do mais, de quando em quando o médium voltava a falar em egípcio, coisa que nenhum dos presentes entendia, nem era do conhecimento do médium.

Mais um parêntesis, leitor. Sempre afirmo que considero o fenômeno da xenoglossia (falar línguas estrangeiras em transe) uma das melhores evidências em favor da sobrevivência. Não me venham dizer que o médium poderia ter lido aquelas palavras ou aqueles símbolos gráficos na memória dos presentes, porque nenhum deles conhecia a língua. Também não poderia tê-las visto em algum túmulo ou livro antigo ou moderno, porque, como vimos, o eminente egiptólogo que prestou os primeiros esclarecimentos ao Dr. Puharich declarou que alguns símbolos eram anteriores à linguagem constante dos tratados eruditos e, no entanto, faziam sentido no contexto em que se encontravam. Uma terceira hipótese pode ser aventada: a de que o médium encontrou aquele conhecimento na sua memória, ao tempo em que teria, possivelmente, vivido no Egito antigo. Isto apenas indicaria que o fenômeno era animístico, e não espírita, ou seja, um trabalho do próprio Espírito do médium. Finalmente, resta a hipótese da manifestação de um Espírito desencarnado, que parece ajustar-se perfeitamente aos fatos. Vemos, no entanto, que afastadas as duas primeiras hipóteses, por inteiramente sem base lógica, restam-nos duas hipóteses e ambas substanciam declaradamente a ideia da sobrevivência do espírito.

Voltando ao Dr. Puharich, acompanhamos sua narrativa do transe e a transcrição de sua longa conversa, em inglês, com Harry, ou por outra, com o Espírito manifestante, embora, àquela altura, o Dr. Puharich não estivesse em condições de aceitar esta hipótese. Uma coisa, porém, ele declara honestamente: não lhe parecia que o homem estivesse fingindo um transe mediúnico. (*I don't think he's faking the trance.*) Mas isso não lhe resolvia os problemas, muito ao contrário, juntava novas questões às que tinha diante de si.

De repente, a 13 de dezembro de 1954 (ainda o cuidado com as datas e a documentação), o Dr. Andrija Puharich teve a sua própria experiência de desdobramento, sem cogumelo, sem entorpecente, nada; apenas sob a influência de um grande cansaço físico. Tivera que passar três dias seguidos, sem dormir ou repousar. Conseguiu, finalmente, algum tempo livre, entrou para o seu quarto, fechou a porta e deitou-se tal como se encontrava, sem sequer mudar de roupa.

Num instante, viu-se flutuando no ar, junto ao teto do quarto. Lá embaixo, estava o seu corpo adormecido; "*My surprise was stupendous*", diz ele. Estupenda surpresa; sua consciência estava com o "eu" que flutuava, e não com a massa inerte lá embaixo, na cama. "Aquilo" era uma "coisa impessoal". "Não parecia pertencer-me e, certamente, eu tinha muito pouco interesse nele", confessa o autor. Mas logo a sua mente lúcida, habituada ao trato de problemas científicos, começou a trabalhar, recuperada da surpresa. O corpo flutuante era real, enquanto o que jazia sobre a cama parecia irreal. Como é que poderia ele provar a si mesmo que aquela experiência não era simplesmente um sonho? Tentaria ir a algum lugar do qual pudesse lembrar-se depois e verificar objetivamente os fatos. Faria uma "visita", em Espírito, a alguém. Lembrou-se da Sra. Garrett, com a qual havia trabalhado anos antes. Mal decidira isso, encontrou-se "viajando" pelo espaço e, num abrir e fechar de olhos, estava no apartamento da Sra. Garrett, em Nova Iorque, que, aliás, ele conhecia bem. A viagem fora tão rápida que não se lembrava de nada que lhe ocorrera no trajeto. Viu a Sra. Garrett sentada numa cadeira, conversando com duas pessoas, mas não conseguia ouvir o que diziam. Flutuou pelo apartamento na esperança de que a Sra. Garrett desse pela sua presença. Chegou-se a ela, agitou a mão à frente de seu rosto, mas nada... Começou, então, a sentir que a sua experiência não alcançaria êxito. Poderia entrar em contato com outra pessoa? Que tal Alice Bouverie, sua amiga? Mas não tinha a menor ideia onde ela seria encontrada. Mal pensara isto, viu-se novamente a deslocar-se no espaço, sem consciência deste. Em pouco, penetrava em outro aposento, que lhe era desconhecido por completo. Nunca havia estado ali. Era uma sala de jantar, grande, alta, e suas paredes estavam revestidas de um pano dourado muito original. Foi o que mais lhe chamou a atenção: a forração das paredes. Lá estava sua amiga Alice, também conversando a um canto com duas pessoas; mas foi inútil seu esforço de chamar-lhe a atenção. Definitivamente, não estava sendo visto pelos outros seres à sua volta. Tentaria memorizar alguma coisa que houvesse de extraordinário naquele aposento para, depois, verificar, em estado normal, sua autenticidade. Seria o desenho do pano que forrava as paredes. Mal acabara de decidir isso, sentiu que precisava voltar, com urgência, ao seu corpo adormecido, no estado de Maryland. Não sabe como saiu da casa onde se encontrava Alice, nem como chegou a sua casa. Em pouco tempo, entretanto, foi atraído para o seu corpo físico como "um fluído" que fosse de repente aspirado para dentro de uma garrafa, por meio de uma pressão, gerada pelo vácuo. Alguém batia vigorosamente à porta do seu quarto. Antes que ele pudesse correr, ouviu passos que se afastavam. Era sua filha.

Agora, acordado, olhava para o teto a ver se conseguia divisar, lá, o seu corpo flutuante e leve. Nada. Nas semanas que se seguiram, ele procurou certificar-se junto às Sras. Garrett e Bouverie acerca do que tinham estado a fazer no dia do seu estranho desdobramento. Ambos haviam estado nos aposentos que ele viu, mas isso ele não considerou como evidência suficiente. Há, porém, uma nota curiosa nisso tudo. O cômodo em que ele vira sua amiga Alice Bouverie pertencia à casa da mãe dessa senhora. As paredes nas quais o Dr. Puharich havia visto aquele notável brocado dourado eram pintadas de branco. Haviam sido recobertas com brocado há quarenta anos, mas ninguém se lembrava de que cor fora esse pano.

Não sei como o leitor resolveria essa questão. Para mim, houve uma espécie de baralhamento do processo de seleção cronológica. O Espírito desprendido do Dr. Puharich captou, ao mesmo tempo, as vibrações do presente, vendo as pessoas que ali estavam naquele momento e, por um processo psicométrico, de fundo mediúnico, as vibrações do tecido que há quarenta anos recobrira as paredes.

Seja como for, o Dr. Puharich não aceitou a ideia de que havia sido objeto de um desdobramento. Achou que não tinha provas e preferiu considerar o fenômeno como um sonho.

E prossegue a pesquisa em torno do problema dos cogumelos. Entrou em contato com o Sr. Wasson, reconhecida autoridade nesse ramo do conhecimento.

O melhor, porém, ainda estava por vir. O Dr. Puharich deixou o Exército, conseguiu fundos, montou o seu próprio laboratório de pesquisas psíquicas e acabou por descobrir, nos terrenos que cercavam o laboratório, magníficos exemplares do famoso e misterioso cogumelo *Amanita muscaria*, segundo, aliás, havia revelado o Espírito comunicante, na primeira mensagem através de Harry, e que lhe havia sido remetida pela Sra. Alice Bouverie.

Esta sua dedicada amiga, numa longa noite de experimentações, entrou, subitamente, em transe e começou a escrever algumas palavras num bloco de papel. Em pouco, travou-se um diálogo entre o médico e sua amiga. Ele fazia as perguntas de viva voz e ela respondia por escrito, ou por outra, um Espírito desencarnado o fazia, ao que tudo indica. Esse Espírito acabou por revelar que o desejado cogumelo mágico seria encontrado por ali mesmo e que Alice Bouverie o acharia. Note o leitor que ela não escreveu "Eu encontrarei o cogumelo", e sim "*Alice Bouverie could find mushroom*".

Realmente, foi isso que se deu. Mais tarde, o próprio Dr. Puharich encontrou outros, não apenas ali à volta do seu laboratório, como em outro Estado, por onde passava de carro.

Isso talvez valha a pena contar, embora sob o risco de alongar um pouco este trabalho.

O autor teve que ir a Nova Iorque para cuidar de alguns interesses particulares. Em 26 de agosto de 1955, estava de volta, dirigindo seu carro. Resolveu regressar por um itinerário diferente do que seguira na ida, pois desejava ver a região do Berkshire no auge do verão, segundo confessa.

Ao cruzar o vale do rio Hudson, na direção de Pittsfield, Massachusetts, um policial o deteve para avisá-lo de que não poderia prosseguir porque um grande temporal na região de New England havia carregado várias pontes nas cinquenta milhas que tinha diante de si. Tinha que contornar a região. O guarda deu-lhe uma sugestão sobre a rota que deveria tomar e o Dr. Puharich seguiu viagem. A certa altura da estrada, resolveu parar para dar uma espiadela nas matas que a cercavam. Deixou o carro à beira da estrada e desceu por uma trilha aberta no mato. A cinquenta metros de distância, encontrou, emocionado, um magnífico exemplar da *Amanita muscaria*, desejado cogumelo sagrado, "brilhando com a sua luminosidade dourada à sombra do arvoredo". Tinha cerca de catorze polegadas de altura e oito polegadas de diâmetro. Um belo exemplar! Ali mesmo, num raio de cinquenta metros, encontrou mais nove exemplares.

E, então, acrescenta: "Examinei a área à volta do carro, jarda por jarda. Tudo quanto pude encontrar foram nove grandes espécimens da *Amanita muscaria*, num círculo de cinquenta jardas em torno do carro. Estendi a minha procura a uma área de, no mínimo, meia milha (oitocentos metros), em todas as direções, a partir do carro, mas o único lugar onde encontrei cogumelos foi o ponto onde eu havia parado primeiramente, *por acaso*".

O grifo é meu, leitor, pois que não pode ter sido por acaso. Deu-se um fenômeno qualquer de intuição ou percepção extrassensorial ou, ainda, sugestão implantada do mundo espiritual em sua mente.

Ainda mais. Ele resolveu ficar na cidade mais próxima, demorou-se na região por vários dias, fez extensas pesquisas entre a população local, percorreu minuciosamente cerca de cinco milhas quadradas, ou seja, mais de oito mil metros quadrados e não encontrou nenhum cogumelo mais. Eles somente existiam ali naquela região, no exato ponto onde ele parara o carro, à beira da estrada...

De volta ao seu laboratório, empenhou-se a fundo no estudo do cogumelo e passou à fase experimental, que teve desenvolvimento notável.

As mensagens em egípcio, que começaram a 16 de junho de 1954, foram até 8 de setembro de 1955. Daí em diante pararam. Parece que os Espíritos incumbidos de despertar o interesse do autor para o problema dos cogumelos deram por encerrada a sua missão. Agiram com uma sabedoria e um cuidado notáveis. A meu ver, pouca "chance" teriam de interessar o jovem e brilhante cientista no assunto com uma simples mensagem mediúnica, sugerindo-lhe que iniciasse pesquisas com o cogumelo. Era preciso que fosse capaz de aguçar-lhe a curiosidade científica sem nenhum conteúdo "oculto" ou iniciático de falso misticismo. Sabiam os Espíritos condutores das experiências que, depois de engajado na pesquisa, o médico não a deixaria mais, tão fascinante era ela. E o Dr. Puharich não é de fazer as coisas pela metade. Merece respeito um homem que se decide a estudar egípcio para decifrar, em primeira mão, alguns sinais que lhe são transmitidos de maneira pouco usual.

Mas ele foi além, porque estudou a história egípcia e empenhou-se também no problema do próprio cogumelo. No primeiro contato que teve com o assunto, foi necessário recorrer à *Enciclopédia Britânica*, pois seu conhecimento era apenas limitado ao tratamento médico exigido em casos de intoxicação por cogumelo. Em pouco tempo, estava ele em condições de decifrar o enigma do cogumelo, decompondo-o e isolando alguns dos seus princípios ativos. Seria abusar do tempo do leitor, descrever as excelentes observações que ele apresenta.

E não para aí. Faz um estudo de línguas comparadas, envereda pelas pesquisas folclóricas para descobrir as origens do ritual sagrado dos cogumelos. Sua erudição é uma coisa impressionante, como também a segurança e simplicidade com que cuida dos assuntos expostos com tanta lucidez.

Quero, entretanto, transmitir ao leitor um apanhado das conclusões do autor, e para elas rogo sua atenta consideração.

Primeiro, fala sobre a prece, classificando-a de "experiência pessoal". "Existem hoje" — prossegue — "muitos grupos em igrejas cristãs que acreditam — e praticam — ser a prece uma operação conscientemente dirigida, capaz de acelerar o crescimento das plantas, curar doentes e integrar mente e alma. Qualquer que seja a verdade acerca da prece, *tenho a impressão de que ela atua realmente assim* (*I have the feeling that it does so work*), tendo presenciado surpreendentes exemplos dos efeitos que produz. Na minha opinião, qualquer que seja a realidade sustentadora da prece operante — e não sei defini-la —, é a mesma realidade que deve conter a técnica que proponho para as experiências de MCC."

Preciso esclarecer ao leitor o que entende o Dr. Puharich por MCC. Essas três letras são as iniciais da expressão inglesa *mobile center of consciousness*, isto é, centro móvel de consciência. Diríamos, os que conhecemos um pouco da Doutrina e dos fenômenos espíritas, que é o desdobramento do espírito, quando parcialmente e temporariamente se separa do seu corpo físico, conservando, ou não, a consciência do que fez ou pensou enquanto afastado.

Importante, porém, é o reconhecimento científico da prece por um homem do gabarito intelectual do Dr. Puharich, como instrumento capaz de atuar inquestionavelmente sobre o espírito e sobre as coisas vivas. Mas ele não deseja deixar outras questões em suspenso. O que pensar do que ele chama "personalidade" Ra Ho Tep, isto é, a entidade ou pessoa que se manifestou com essa identificação? Diz ele que não pôde experimentar com "essa realidade"; "somente pude" — prossegue — "eliminar os fatores atribuíveis à fraude, ao erro de observação ou ao engano". Quer isto dizer que ele está seguro de que não ocorreram essas hipóteses, o que lhe deixa, segundo confessa, com um "inexplicável resíduo de realidade".

Na tentativa de explicar esse resíduo, examinou muitas hipóteses das que existem já formuladas, colhendo-as especialmente entre seus amigos. "Alguns" — diz o autor — "acham que se tratava de um simples caso de mediunidade da parte de Harry, havendo um Espírito no controle de suas ações"; outros, aventaram a hipótese de ser o próprio Harry uma nova encarnação do Espírito Ra Ho Tep. Neste caso, o médium apenas buscou, na sua memória remotíssima, os elementos com que compôs suas manifestações. Há ainda os que se obstinam em não aceitar nenhuma hipótese de fundo espírita e atribuem tudo a uma faculdade de percepção extrassensorial por parte do médium. Alguns julgam tratar-se de um caso de possessão espiritual, sendo o espírito apenas um "refugo" mental, sem forma pessoal, e que envenena a mente do "vivo". Também encontrou os que ofereceram a hipótese antiga e desmoralizada da "consciência coletiva".

Da minha parte, optaria pela hipótese da comunicação mediúnica pura e simples, a mais racional e lógica. A segunda, isto é, aquela que atribui ao próprio médium o conhecimento do assunto, por ter vivido naquela época como Ra Ho Tep, creio eu, não é de todo absurda. Neste caso, seria um fenômeno de animismo; as demais não se aguentam.

O Dr. Puharich — não sei se por escrúpulo ou mero espírito dubitativo — declara ser-lhe difícil aceitar "a maior parte dessas sugestões, sacadas às prateleiras das ideias psicológicas e religiosas". Concorda plenamente, entretanto, em reconhecer "atrás da fachada da personalidade Ra Ho Tep uma orientação inteligente". Nem poderia deixar de fazê-lo.

Aqui, há um ponto muito interessante e que o autor tem que reconhecer também, e o faz honestamente: "Seria ela (a inteligência manifestante) capaz de fazer crescer um cogumelo numa área de quatrocentas jardas quadradas da superfície da Terra e depois predizer o aparecimento desse cogumelo com dois dias de antecedência?". A pergunta é formulada porque, segundo o próprio autor informa, o cogumelo encontrado por sua amiga Alice Bouverie foi, então, o primeiro e único em toda a superfície de quilômetros quadrados. E isto, diz ele, "não parece coincidência fortuita".

Ao que parece — a opinião é minha agora, leitor — os Espíritos empenhados neste maravilhoso trabalho selecionaram o pessoal encarnado que devia integrar o grupo, manifestaram-se em egípcio para interessar um cientista de valor no assunto; fizeram crescer naquela região um magnífico exemplar do *Amanita muscaria* e, depois, indicaram a pessoa que o iria encontrar e quando e onde. É um trabalho muito preciso e muitíssimo delicado. O esporo que produz o cogumelo pode perfeitamente ser trazido por um fenômeno comum de transporte, no qual o objeto é desmaterializado num ponto e rematerializado noutro. Quanto à época em que o cogumelo deve ser colhido, tem que ser de precisão cronométrica, porque, segundo esclarece o autor, ele só se desenvolve sob condições ideais de umidade e temperatura, especialmente depois de chuvas intensas, mas não temporais. Atinge rapidamente a maturação e, em algumas horas, entra em decomposição, sendo necessário colhê-lo exatamente no ponto máximo de desenvolvimento, que dura umas poucas horas.

Mas ainda temos que ver um pouco do que diz o Dr. Puharich no seu admirável livro. Diz ele que a personalidade de Ra Ho Tep parecia perfeitamente "finita e consistente tal como evidenciado nas declarações feitas acerca da sua vida pessoal, no consistente emprego da forma arcaica da língua egípcia e nalguma tênue identificação com Ra Ho Tep histórico. Sendo assim, *estou inclinado a aceitar experimentalmente sua existência como personalidade desencarnada que possa ter vivido no antigo Egito*". Mais adiante, observa: "Minha verdadeira impressão sobre o significado deste caso é a de que existe uma realidade inteligente no cosmos que independe de sua manifestação em corpos finitos ou almas finitas".

Tanto quanto posso entender, isto quer dizer que o autor reconhece a existência do espírito imaterial independente do corpo físico que possa eventualmente ocupar.

Admite também, com certas ressalvas, que os "mortos possam comunicar-se conosco", mas estranha que o que declarem nas suas mensagens não seja "diferente, em qualidade, do que dizem os seres humanos que tenho conhecido".

É lógico, doutor. Os Espíritos desencarnados são apenas seres humanos sem corpo material. Suas ideias são praticamente as mesmas que levaram daqui; em muitos casos têm compreensão ligeiramente melhor; em outros, têm-na muito melhor que dantes, como encarnados. Ainda em outros, acham-se tão presos à matéria que nem sequer chegam a compreender que estão "mortos", isto é, desencarnados.

Mas o Dr. Puharich está definitivamente no caminho certo, pois, logo abaixo, na conclusão final do seu trabalho especulativo declara enfaticamente: "*Não duvido de que existam inteligências desencarnadas. Para mim, nada mais são que faces opostas da mesma medalha. Se conseguirmos compreender completamente uma delas, acredito chegaremos a entender a outra. Para compreender uma delas inteiramente, temos, porém, de encarar corajosamente a existência de ambas as faces e chegar ao nosso conhecimento pelo atento estudo de ambas e assim caminhar na direção da realidade que a sustenta*".

A sugestão conclusiva do Dr. Puharich é a de que a Ciência tem a chave do problema no fenômeno da separação entre o espírito e sua parte material — a que ele chama MCC, como já vimos —, como também dispõe a Ciência dos recursos necessários para promover essa separação em laboratório e estudar suas implicações.

Que trabalhem, pois, e nos mostrem os resultados, acabando de vez com essas ingênuas hipóteses de consciência coletiva, percepção extrassensorial e outras não menos insubsistentes. O espírito humano está cansado de esperar que lhe provem a existência. Em toda a história da Humanidade, jamais houve tese mais simples de ser provada; no entanto, nenhuma outra encontrou tanta resistência da parte do próprio espírito humano encarnado. Gostaria que algum confrade ilustre, como o meu querido amigo Ismael Gomes Braga, fizesse, sobre isto, algumas considerações. O tema: por que tanto reage o espírito humano encarnado à ideia de demonstrar a sua própria realidade?

14

PARAPSICOLOGIA E FARMACOLOGIA

A Fundação de Parapsicologia de Nova Iorque, da qual a Sra. Eileen J. Garrett é Presidente, promoveu dois Congressos de Parapsicologia e Farmacologia. Para que o leitor não estranhe a associação desses dois ramos do conhecimento humano, vamos logo explicar que se trata, na realidade, não da Farmacologia propriamente, mas dum novo ramo dessa Ciência a que se chamou Psicofarmacologia. O objetivo é o estudo das sensações de natureza psíquica provocadas por meio de drogas. O leitor sabe que a ingestão de certos produtos químicos provoca fenômenos e sensações muito semelhantes aos do tipo mediúnico ou anímico.

O primeiro Congresso teve lugar em Nova Iorque, em 15 e 16 de novembro de 1958, e reuniu alguns pesquisadores que concordaram "na necessidade de continuar e ampliar as pesquisas nas áreas de interesse comum à Parapsicologia e à Psicodelia". E que vem a ser Psicodelia? É o termo proposto para designar o estudo de certas manifestações da mente humana, sob a influência de certas substâncias químicas, especialmente o LSD 25 (ácido lisérgico dietilamido) e a mescalina. Três deliberações foram tomadas no Congresso:

a) examinar a terminologia, a fim de estabelecer definições que ajudarão a fixar critérios que conduzam a bases geralmente aceitas para a pesquisa futura;
b) examinar e recomendar os métodos que utilizarão as experiências acumuladas em ambos os campos de investigação, com a finalidade de revelar uma estrutura unificada e integrada para a técnica de pesquisa; e
c) estabelecer um sistema que facilite o rápido intercâmbio de dados significativos, no futuro estudo desses campos.

A linguagem de tais deliberações está um tanto empolada e redigida em jargão científico, mas parece claro que a finalidade a que se propõem os participantes do Congresso é estudar os fenômenos de um ponto de vista friamente científico.

No livrinho que tenho diante de mim foram reunidos os diversos trabalhos apresentados aos Congressos.

Como simples manifestação pessoal de seus autores, é natural que apresentem os mais variados e até contraditórios pontos de vista. Mas vamos examinar alguns deles. O Sr. Duncan B. Blewett, por exemplo, entende que a descoberta das drogas psicodélicas constitui o maior avanço até agora conseguido no campo da Psicologia, capaz de fornecer meios de alcançar e superar o adiantamento que as ciências físicas tiveram nestes últimos 150 anos. Estamos de acordo com o equacionamento do problema. O grande mal da chamada civilização moderna está precisamente no fato de que o desenvolvimento rápido e inarmônico das ciências físicas arrastou o homem para o campo do materialismo. Faltou um crescimento paralelo e simultâneo das ciências psíquicas. Parece que, interessado primeiro em atender aos reclamos do corpo físico, o homem deixou para mais tarde o estudo das questões de ordem espiritual. Essa atitude constituiu um engano fatal para o gênero humano. O desequilíbrio entre essas duas tendências do pensamento está acarretando inquietações tremendas e pondo em perigo a própria sobrevivência do planeta que habitamos. O ramo materialista da Ciência colocou na mão do homem uma quantidade de poder que ele somente poderia receber depois de mais desenvolvido e amadurecido espiritualmente, ou, pelo menos, com maior conhecimento da sua verdadeira natureza espiritual e das leis que regem essa natureza íntima. Em outras palavras: o homem moderno é uma criança grande brincando com os mais mortíferos instrumentos de terror.

Muitas vezes, no passado, tem sido reiniciado o estudo dos fenômenos psíquicos. E cada vez que se chega a alguma conclusão, recai tudo no esquecimento. Não sei se faltou a essas conclusões a dramaticidade de um impacto emocional mais vigoroso que chamasse a atenção de todos ou se é a própria Humanidade que não deseja fazer esforço no sentido de despertar de uma vez para as realidades do espírito. Era de presumir-se que depois das pesquisas de *Sir* William Crookes, por exemplo, não restassem mais dúvidas quanto àquela realidade. O mesmo se poderia dizer da argumentação de Lombroso, de Ernesto Bozzano e de tantos outros, para não citar a própria exposição doutrinária de Kardec e seus continuadores, à qual não se pode negar base científica racional. Mesmo abstraindo-se da parte religiosa da Codificação kardequiana, que a Ciência tem por norma recusar sistemática e cegamente, ainda fica um bloco solidíssimo de conceituação nitidamente filosófica e com inegável apoio na lógica, que aponta para a realidade da existência e sobrevivência do espírito. Fato curioso, no entanto, é que basta um cientista de renome reafirmar essas verdades para ficar imediatamente sob suspeita ou ser totalmente rejeitado pelos seus colegas de tipo mais acadêmico. E por isso muitos se calam... Vejam, por exemplo, o Dr. J. B. Rhine. Por enquanto vai muito bem e os resultados de suas pesquisas, apesar da habitual resistência sempre encontrada nos meios científicos, vai sendo, se não aceita, pelo menos examinada. No dia, porém, em que lançar o peso de sua autoridade para afirmar a existência e a sobrevivência do espírito humano, então veremos a cortina de silêncio descer sobre seu nome.[8]

Mas voltemos ao Dr. Blewett. Este pelo menos reconhece a necessidade de empregar melhores métodos e instrumentos de pesquisa no campo da Parapsicologia. "Usar os métodos científicos e experimentais da atual Psicologia nos domínios da investigação paranormal é o mesmo que tentar medir a distância até a Lua com uma varinha" (*yardstick*).

De fato já é tempo de compreenderem os cientistas que os métodos de pesquisas usualmente empregados nos outros ramos da Ciência nem sempre servem à pesquisa do espírito. Não adianta querer aprisioná-lo e colocá-lo entre as lâminas do microscópio eletrônico. Isso é de uma trágica ingenuidade. O problema mais sério, não obstante, são as conclusões apressadas. Quando *Sir* William James fez algumas experiências com óxido nitroso e obteve um "estado místico", não faltou quem dissesse que "a Religião era função de um composto químico". O Sr. Fraser Nicol, citado pelo Dr. Blewett, teme que, diante das novas experiências com o LSD, a religião organizada venha logo bradar que "a

---

[8]Este artigo é de 1961.

Religião deve ser encontrada no Calvário, e não nas usinas da Parke Davis ou da Eli Lilly". E não deixaria de ter razão, porque, se alguém precisa tomar drogas para atingir um estado de religiosidade, é uma lástima. Acredito que seja ainda muito cedo para misturar Religião e Parapsicologia, ou Religião e Psicodelia, ou que outros nomes tenham esses ramos de pesquisa. O que temos visto no passado pode resumir-se em duas alternativas: ou a pesquisa encontra mesmo o espírito e o proclama, ou dá num beco sem saída porque os pesquisadores não têm suficiente lucidez para trilhar o caminho que escolheram. Tanto no primeiro caso, como no segundo, todo o trabalho tem resultado invalidado igualmente para as religiões organizadas e para os cientistas céticos. Será que vai ser diferente com a Parapsicologia? Temos o direito de alimentar algumas dúvidas a esse respeito, mas não vamos retirar-lhe o crédito de confiança que lhe cabe.

Já a Sra. Eileen J. Garrett, que é também médium conhecida, acha que a experiência obtida com o uso das drogas psicodélicas é mais aproximada do estado de clarividência e êxtase do que do transe mediúnico. Considera, porém, que ainda há muito pouca informação sobre o assunto para que se possa fazer um juízo seguro sobre ele.

O Sr. Abram Hoffer, que vem estudando o assunto desde 1951, entende que a Parapsicologia está ainda na fase inicial de pesquisa, na qual o fenômeno é apenas descrito. A segunda fase seria a criação de uma hipótese para explicá-lo; a terceira, de experimentação para testar a hipótese e, finalmente, na quarta fase seria apresentada a conclusão. Lembra que os fenômenos parapsicológicos ainda não são aceitos universalmente pela Ciência, apesar de que muitos estão firmemente convencidos de sua autenticidade. Oferece duas razões pelas quais os fenômenos ainda não estão sendo aceitos. Primeiro, porque os métodos estatísticos são incorretos, e, segundo, porque uma demonstração clara desses fenômenos invalidará as teorias da relatividade. No seu entender, os métodos estatísticos até aqui empregados não se aplicam aos fenômenos biológicos. Acredita necessário criar novos métodos matemáticos para avaliação do fenômeno. Quanto à objeção dos relativistas, acha que não tem grande significação, pois que, uma vez estabelecida a autenticidade científica do fenômeno, os físicos juntarão seus esforços aos pesquisadores da Parapsicologia para encontrar as necessárias explicações.

O Sr. Francis Huxley considera importante, para a pesquisa com as drogas, a cooperação do médium já desenvolvido.

O Sr. David Kahn, um psiquiatra profissional, acha que a Parapsicologia é uma espécie de corpo estranho no seio da Ciência moderna. Não pôde ainda ser aceita porque, na fase atual, é "indigesta" (*indigestible*). E se pergunta onde estaria a falha que impede a aceitação da Parapsicologia. Talvez tenha havido algum erro inicial, por conta do entusiasmo do primeiro instante. Sua conclusão final é a de que é preciso começar tudo de novo, examinando todo o caminho percorrido até agora.

Por isso é que costumo afirmar que não tenho grandes esperanças nesses métodos de pesquisa em torno do espírito humano. Estão sempre recomeçando...

O Sr. Robert W. Laidlaw informa que, na sua opinião, o emprego das referidas drogas abre uma nova picada para compreensão do fenômeno mediúnico. Citando o Dr. Ian Stevenson, declara que as drogas psicodélicas removem o mecanismo inibidor da mente, trazendo a criatura para os domínios da psicopatologia ao mesmo tempo em que "nos dá uma grande compreensão do Universo e nossa posição nele". A experiência parece assemelhar-se, de certa forma, não somente ao êxtase, como também à consciência cósmica da Ioga.

J. Fraser Nicol e Betty H. Nicol apresentam um pequeno estudo sobre o uso experimental dos compostos químicos. Os autores depositam esperança em que tais compostos sirvam de instrumento para melhor compreensão da impressão psíquica. Acham que a procura consciente do fenômeno psíquico raramente é coroada de êxito. Estamos de acordo com os autores. É esse precisamente um dos grandes obstáculos à pesquisa, porque o fenômeno psíquico não ocorre à nossa vontade, quando queremos e nas condições que desejamos. Acrescentam os autores que há pouca afinidade entre os experimentos com as cartas de baralho e as manifestações da mediunidade. Naturalmente que tem que haver. Temos assinalado, com frequência, que os parapsicólogos ainda não chegaram à distinção entre os fenômenos de natureza espírita e os de natureza anímica. É uma pena. Como dizia o nosso lúcido e querido Ismael Gomes Braga, há pouco tempo, se a coisa vai nesse passo, daqui mais um século os cientistas vão descobrir Allan Kardec...

De forma que, em vista da dificuldade em obter resultados práticos com as experiências estatísticas que a Parapsicologia vem utilizando, entendem os autores que é urgente o auxílio da Farmacologia, para provocar os estados psíquicos necessários aos estudos. Acham mesmo que em contraste com os magros resultados da experiência com o baralho Zener, é muito mais espetacular a evidência que emerge dos quatro estados diferentes que os autores classificam de mediunidade, automatismos, sonhos ou estados de semivigília e, finalmente, experiências espontâneas em estado de vigília. É evidente o desconhecimento, digamos técnico, que os autores revelam dos fenômenos psíquicos. O a que chamam automatismo e a que nós chamaríamos psicografia é, em si mesma, um fenômeno mediúnico, muito embora tanto possa ser espírita como anímico. Também os demais casos poderiam ser considerados meras manifestações mediúnicas. A conclusão dos autores é a de que todos esses fatos nos autorizam a concluir que "o consciente inibe e distorce a expressão dos impulsos psíquicos". Aqui não concordamos. A nossa experiência espírita informa, ao contrário, que há mediunidade consciente e inconsciente. Na primeira, não é necessário anular o consciente para que o fenômeno se produza. O Dr. Karlis Osis, diretor de Pesquisa da Fundação de Parapsicologia de Nova Iorque, informa que tem conduzido muitas experiências com médiuns. Também ele redescobriu o fato de que tais médiuns falham constantemente quando submetidos a certos controles, sob a tensão da expectativa. Isto faz lembrar uma pequena história que li há pouco no livro *The Sky People*, de Brinsley Le Poer Trench. Certa vez, um homem passava carregando um peixe muito grande. Encontrou-se com outro homem que nunca tinha visto um peixe, nem grande, nem pequeno ou de qualquer tamanho e nunca tinha visto quantidade maior de água do que a que podia conter o balde onde sua esposa lavava os pratos.

— Que é *isso*? — perguntou ele ao homem que levava o peixe.

— Isto é um peixe.

— Que é que ele faz?

— Ele nada.

Muito confuso, o homem perguntou ainda:

— E daí? Que é nadar?

— É feito na água, assim...

E o homem fez os gestos explicativos, com uma das mãos. O outro olhou para o peixe com uma grave expressão de ceticismo e disse muito seguro de si:

— Isso é impossível. Não existe tanta água assim, num só lugar.

— Existe do outro lado da montanha — foi a resposta.

— Mostre-me como é que ele nada — exigiu o cético.

— Então vamos atravessar a montanha até ao lago, que eu lhe mostrarei — disse o homem do peixe, de maneira conciliatória, e se pôs a caminhar.

— Espera aí, meu amigo — gritou o cético. — Quero que você me mostre aqui mesmo no meio da rua, onde nos encontramos, face a face. Se você não me mostrar aqui, nunca poderei acreditar.

Mas o homem do peixe continuou a caminhar indiferente, na direção da montanha.

Com a pesquisa do espírito humano, a história é a mesma. Os céticos de todos os tempos e de todas as latitudes querem o fenômeno no meio da rua, sob condições impraticáveis; querem, enfim, ver o peixe nadar onde nem água existe.

Voltemos, porém, ao Dr. Karlis Osis. Diz ele que a *performance* de bons médiuns também varia de uma sessão para outra ou conforme o grupo de assistentes ou consulentes. Também isso é fato conhecido. Basta ler Kardec.

A sugestão do Dr. Osis é a de que existe uma necessidade premente de "estabilizar e aumentar a eficiência de suas *performances*" para explorar as "possibilidades experimentais do problema da sobrevivência". As esperanças do Dr. Osis também estão na Farmacologia. Os pobres dos médiuns — alguns verdadeiros mártires dessa Ciência vivissectora — passarão agora a ingerir drogas para produzir fenômenos à vontade dos pesquisadores sempre céticos.

O Dr. Humphry Osmond descreve algumas experiências pessoais com as drogas, chegando à conclusão de que seu emprego possibilita a transmissão do pensamento e outros fenômenos de natureza psíquica.

Já o Dr. Thomas T. Paterson, da Universidade de Glasgow, na Escócia, entende que é necessário definir que espécie de estudo deve ser conduzido e que métodos devem ser empregados. Na sua opinião, a aplicação da lógica matemática a observações empíricas não conduz a nenhuma solução prática: simplesmente estabelece que o fenômeno é válido — mas isto, diz ele, "não está mais em dúvida". De fato, mesmo sem o conhecimento científico que o Dr. Paterson certamente possui, muito acima da minha humilde bagagem, tenho insistido bastante em que considero, na melhor das hipóteses, insuficiente a aplicação de métodos estatísticos quantitativos à pesquisa psíquica. A seguir, o Dr. Paterson sugere o roteiro científico que, a seu ver, deverá ser observado para estudo do assunto.

O Dr. Ira Progoff, também da Fundação de Parapsicologia, está mais interessado na cura de doenças mentais. Confia nas possibilidades das drogas para investigar a causa dos distúrbios mentais e curá-los.

O Dr. John R. Smythies discute o problema filosófico do dualismo cartesiano do corpo material e da mente imaterial e termina dizendo, sem concluir nada de novo, que as drogas psicodélicas suprimem a inibição do cérebro e liberam ou revelam a atividade psíquica da criatura sob a forma de um estupendo panorama de imagens.

Logo a seguir, o Dr. Cedric W. M. Wilson informa, de início, que duas premissas devem instruir a pesquisa do efeito de qualquer agente farmacológico na capacidade psíquica do homem. São elas: que a ESP (percepção extrassensorial) é uma função fisiológica do homem, e, segundo, que "tal como *outras funções fisiológicas* do cérebro, é capaz de ser modificada por agentes farmacológicos". O grifo é meu, pois não posso aceitar, de forma alguma, a premissa de que a capacidade psíquica é uma função fisiológica do cérebro.

Estão confundindo causa e efeito. O Dr. Wilson parece situar-se na ala materialista da Ciência, despreparado, portanto, para uma pesquisa essencialmente espiritualista. Logo adiante insiste em que a percepção extrassensorial é uma função fisiológica do homem. É bem verdade que a mediunidade, que faz lembrar a capacidade de percepção extrassensorial, pode ocorrer com maior facilidade sob certas condições orgânicas. Por exemplo, o médium de materialização tem maior capacidade de segregação do ectoplasma necessário à produção dos fenômenos. Muitos chegam a fornecer quantidades consideráveis de ectoplasma aos Espíritos manifestantes, mas daí a dizer que a percepção extrassensorial é uma função fisiológica do cérebro, *tal como outras*, vai muito terreno. Isso é concepção superada da escola materialista, que acreditava ser o pensamento uma secreção do cérebro da mesma forma que o suco gástrico é produzido pelo estômago.

Partindo dessas premissas, não sei como poderão os pesquisadores chegar à meta a que se propõem.

Finalmente, a Sra. Olga Worrall procura descrever as sensações que experimenta durante o trabalho mediúnico. Na mediunidade clarividente, diz ela, é como se o alto da cabeça estivesse aberto e um facho de luz afunilado saísse do ponto conhecido por "moleira". No estado de clarividência, parece que a testa está amplamente aberta. O papel dos olhos é secundário: "o centro de atração é o que é 'visto' com a testa. Pessoas e cenas aparecem tal como num filme, mas sem a tela. Às vezes há cor e às vezes somente em preto e branco". Esta descrição coincide com a concepção ocultista do "terceiro olho", localizado, segundo os mestres, entre as sobrancelhas. Outros fenômenos são apreciados pela Sra. Worrall, como, por exemplo, o dom da psicometria, a cura espiritual, o conhecimento do conteúdo de uma carta fechada, a história dos objetos e seus possuidores, a faculdade de diagnosticar uma doença pela simples imposição da mão sobre o paciente, a faculdade de encontrar uma pessoa pela primeira vez e saber tudo sobre ela, predizendo até mesmo o seu futuro. Tudo isso — diz a Sra. Worrall, singelamente — são "dons que, apesar de inexplicáveis, existem".

• • •

Examinaremos, a seguir, os temas discutidos na 2ª Conferência realizada de 6 a 10 de novembro de 1959, em Saint-Paul-de-Vence, na França. Tal como no Congresso realizado em Nova Iorque, tomaram parte nesta vários médicos, psicólogos, psiquiatras e cientistas em geral.

Também como no Congresso anterior, o objetivo foi a discussão do mecanismo da mente sob a ação de drogas provocadoras de fenômenos tipo mediúnico.

O Dr. Alain Assailly, representante da França, médico especialista em neuroendocrinologia, apresentou um estudo sobre os "Elementos bioquímicos da mediunidade". Sua tese é a de que um certo conflito psicológico do médium parece ser importante fator para atingir os estados de clarividência. Acha que influem não somente conflitos afetivos, mas também de natureza biológica. Muitos médiuns, na sua opinião, vivem sob a tensão de agudos conflitos devidos a aspirações insatisfeitas de natureza afetiva, ou de caráter espiritual. Informa que um dos melhores médiuns de Paris é um homem que sofre há algum tempo de séria doença crônica.

Certamente que não estou em condições de discutir com o Dr. Assailly, mas todos conhecemos médiuns sadios e tranquilos, o que invalida a sua tese...

Em todo caso ele sugere que algumas pesquisas deveriam ser feitas a fim de determinar se existe alguma relação entre os hormônios e o estado de clarividência (isto é, de mediunidade). Um teste esboçado pelo Dr. Assailly seria proceder a exames de urina dos médiuns, a cada 24 horas, durante uma semana, e determinar, então, qual a relação entre o tipo de mediunidade manifestado pelo médium e os hormônios encontrados no material colhido.

Há, porém, um sábio conselho do autor: é quando previne o experimentador para que não se aproxime do médium de maneira “muito fria, demasiadamente objetiva, proibitivamente científica e cética e até mesmo hostil”. Tal atitude somente servirá para criar obstáculos que inutilizarão as experiências. Já representa algum progresso o fato de a Ciência reconhecer que as pesquisas em torno dos fenômenos mediúnicos não podem ser conduzidas da maneira fria com que se examinam fenômenos físicos ou químicos. No caso, estuda-se a complexa estrutura funcional do espírito humano, e não o simples comportamento previsível de um grupamento de células ou de um conjunto de forças cegas. O médium tem a sua personalidade e a sua formação psicológica, moral e religiosa. Não é uma coisa, uma simples máquina de produzir fenômenos de natureza incomum. É um ser humano.

O Dr. Duncan B. Blewett, do Canadá, acha que há “um tremendo futuro para as drogas psicodélicas nos tratamentos psiquiátricos”, cuja duração pode ser reduzida. Informa que após um ano de pesquisas no Centro de Tratamento, na cidade de Regina, no Canadá, concluiu que a maior dificuldade está em conseguir, com precisão, caracterizar "com o que estamos lidando". Isso porque o único meio de obter informação a respeito dos fenômenos que se passam é o relato das próprias pessoas sob a ação das drogas. E poucas dessas pessoas conseguem descrever razoavelmente o que se passa com elas durante o processo. O LSD, segundo o Dr. Blewett, é uma das mais poderosas drogas conhecidas. Um centésimo milionésimo de grama produzirá, às vezes, notáveis estados na pessoa que a ingerir. Se a dose não for suficiente, o paciente ficará num estado intermediário, como se estivesse com um pé no sonho e outro na realidade habitual. Acha ele que o LSD, alterando de alguma forma, ainda desconhecida, a função redutora do cérebro e tumultuando aquilo que é tido como sua estrutura construída no passado, permite que novos grupamentos de ideias apareçam. Longe de ser um desastre, acrescenta o Dr. Blewett, a pessoa tem então capacidade para reorganizar sua percepção — sua percepção inabitual — em um nível muito mais alto que o comum. O paciente informa então que vê as coisas com maior clareza, compreende-as com um grau mais agudo de percepção. O problema, diz o autor, é provar que o paciente se torna, sob a ação da droga, uma pessoa muito mais sábia do que era dez minutos antes. Informa ainda o autor que, na sua própria experiência, sob a ação do LSD, melhoram suas relações com sua própria família. Seus filhos parecem mais felizes, dá-se melhor com a esposa. Esta, por seu turno, compreende melhor o marido, uma vez iniciado o tratamento com o LSD.[9]

---

[9]Afirmativas como essa, tomadas isoladamente, contribuíram para desencadear no mundo inteiro o processo de fuga por meio das drogas.

O Dr. Roberto Cavanna, representante da Itália, interessa-se mais detidamente pelo aspecto químico das reações que as drogas possam causar quando postas em contato com as substâncias orgânicas existentes nas diferentes regiões do cérebro físico. Relata experiências pessoais nas quais, ingerindo cinco miligramas de metanfetamina, presenciou um vívido cortejo de imagens, independentes de sua vontade, mas, na sua maioria, relacionadas com cenas reais de seu passado remoto. Acha que indicações preciosas poderão ser obtidas com o uso do LSD 25 e da psilocibina.

Já a Sra. Eileen J. Garrett, dos Estados Unidos, discorre sobre o tema "A Psicofarmacologia equipara-se à mediunidade". Começa por dizer que sua própria experiência autoriza-a a declarar que o uso do LSD exalta a experiência mediúnica, mas não a técnica de procurar adivinhar os símbolos das cartas do baralho Zener que, na sua opinião, nada tem a ver com a mediunidade. Embora ela não acrescente outros esclarecimentos, pode-se admitir que falta, para melhor compreensão de tais fenômenos, a distinção entre Animismo e Espiritismo. A seguir, a autora descreve seus estados de transe mediúnico, obtidos, segundo declara, por processos de respiração. Informa, então, que ouve frequentemente vozes que a aconselham e orientam, como por exemplo: "Você tem certa quantidade de trabalho a fazer e deve fazê-lo completamente e bem". O que é surpreendente, no entanto, é o comentário da autora. Diz ela: "Não consegui ainda encontrar um analista que pudesse dizer-me se essas vozes são alucinações ou o que são. Julgo que são de orientação íntima". Ora, com a experiência que tem a autora, não poderia mais ter dessas dúvidas se, paralelamente à sua atividade prática como médium, tivesse um conhecimento doutrinário mais profundo. Acha ainda a autora que as diferenças entre a experiência mediúnica e o estado de exaltação obtido através da ingestão de LSD são muito marcantes. De suas experiências mediúnicas nada fica na memória, enquanto a experiência com a droga resta bem vívida na memória ao retornar ao estado natural.

Creio que também aqui faltou certo conhecimento doutrinário, pois que há vários tipos de mediunidade. Provavelmente as conclusões da Sra. Garrett não seriam as mesmas se em vez de médium inconsciente, como parece ser, fosse médium consciente.

O comentário do Sr. J. L. Halliday, da Grã-Bretanha, nada apresenta de especial interesse, na minha opinião. Seu título é "A prática da introversão ativa", que, pela descrição, parece mais um método de concentração atuando sobre certos centros diretores da percepção extrassensorial.

Rosalind Heywood, também da Grã-Bretanha, apresenta um pequeno ensaio informando que a "personalidade se altera sob a ação da mescalina".

Abram Hoffer, do Canadá, Diretor de Psiquiatria do Hospital Universitário de Saskatoon, assinala que uma coisa chamou sua atenção, tanto no Congresso de Nova Iorque, como no da França: é que os sensitivos atravessam uma fase preparatória, como se fosse uma espécie de ritual, antes de passar ao transe. Oferece, então, sua hipótese, que pode ser formulada nos seguintes termos: a sensibilidade mediúnica depende de uma determinada taxa de adrenalina no organismo. As variações no índice de adrenalina produzem o estado de tensão necessário à eclosão de fenômenos extraordinários. O mesmo aconteceria, então, com o LSD, que estimularia a liberação de adrenalina, para depois fazê-la baixar subitamente. O desequilíbrio provocaria o estado de exaltação já mencionado. Sua conclusão — um tanto precipitada a nosso ver — é a de que "se pode produzir um sensitivo (isto é, médium) por meio de drogas". Acrescenta que, na sua opinião, o sensitivo necessita de um período de tensão seguido de um período de relaxamento. Como não sou médium, nem tenho experiência de tipo científico com médiuns, não posso dizer grande coisa sobre essa conclusão, mas tenho a impressão de que seria arriscado colocar nesse único quadro todos os médiuns indistintamente.

Francis Huxley, dos Estados Unidos, começa seu trabalho por afirmar que o grande obstáculo da Parapsicologia tem sido livrar-se dos componentes subjetivos de seus fenômenos e colocar-se na área dos fatos objetivos. Acha o Sr. Huxley — e com ele concordamos neste ponto — que o elemento pessoal é a chave do fenômeno de percepção extrassensorial. Não adianta querer estudar a ESP por meios mecânicos. Sugere que uma das primeiras preocupações dos parapsicólogos deveria ser não no sentido de trabalhar para investigar a percepção extrassensorial, mas treinar seus pacientes no exercício de suas faculdades subjetivas.

O Dr. Karlis Osis, dos Estados Unidos, relata as experiências da Fundação de Parapsicologia com médiuns sob a influência do LSD. As reações dos médiuns foram, de modo geral, idênticas. Todos se sentiram donos de conhecimentos filosóficos, como também experimentaram a necessidade de fazer profecias. Um deles viu personalidades espirituais em torno dos experimentadores.

O Dr. Humphry Osmond, do Canadá, sugere novas técnicas de investigação. Também ele está interessado em estudar as possíveis relações entre a mediunidade e a experiência psicodélica. Acrescenta que no Congresso de Nova Iorque, pela primeira vez, sensitivos e cientistas compareceram em pé de igualdade a um conclave. Em lugar de ficarem na posição de cobaias, os médiuns tornaram-se assistentes dos investigadores. Até aqui muito bem. Logo em seguida, no entanto, o Dr. Osmond faz uma afirmativa estapafúrdia, ao declarar que não há documentos que comprovem que os médiuns tenham sido seriamente questionados pelos cientistas. O Dr. Osmond, aparentemente, não empresta qualquer valor às inúmeras e exaustivas experiências de *Sir* Oliver Lodge, *Sir* William Crookes, Lombroso, prof. Hyslop, Gustave Geley e tantos outros. Aliás, o autor menciona os dois primeiros para acrescentar sumariamente que, tanto quanto sabe, foram os únicos que manifestaram certa agudeza em encarar os sensitivos com alguma simpatia. Queixa-se depois de que em Parapsicologia o mal é que existem tão poucas hipóteses, ao passo que "o grande sucesso do físico está, provavelmente, acima de tudo, no seu crescente e espantoso arrojo em formular hipóteses".

Vem a seguir o trabalho do Sr. Thomas T. Paterson, da Grã-Bretanha, sob o título de "Fronteiras da experimentação". O Dr. Paterson pertence ao Departamento de Pesquisa Social e Economia da Universidade de Glasgow. As especulações do autor são mais de natureza filosófica que prática. Para ele os fenômenos da ESP se limitam a relações individuais entre a pessoa que emite determinada ideia e a que a capta. A prevalecer essa classificação tão generalizadora, toda a ESP ficaria resumida em fenômenos de telepatia, o que não corresponderia à realidade.

Já o padre Reginald Omez, da França, apresenta-se como um teólogo católico "interessado no homem sob condições normais ou paranormais, sem influência externa". Entende que o homem é o centro do mundo e um colaborador de Deus. Padre Omez lança três perguntas reveladoras de suas preocupações. São elas: — "Qual a origem dos poderes paranormais?" — "Qual o melhor uso que poderemos fazer deles?" — "Quando confrontados com o fenômeno chamado maravilhoso ou supernatural, podemos encontrar uma explanação para ele? E como achar essa explicação?". Diz o Padre que há trinta anos estuda o "fenômeno maravilhoso". Em média lhe são trazidos cerca de sessenta casos de possessão, alucinação (auditiva, visual) e estigmas, por ano. Muitos lhe são enviados por padres, seus colegas; outros, por médicos. Sua conclusão é a de que os exemplos de influência supernatural são muito raros.

A seguir, padre Omez se declara um grafólogo quase que nato, informando mais que a intuição é o seu instrumento de trabalho. Para facilitar seus estudos — palavras suas — "entra em estado de transe", ou seja, de tensão. Exatamente quando sob pressão, com a pulsação acelerada, é que produz os melhores resultados grafológicos. No fim, apresenta a sua palavra conclusiva, ressalvando, porém, que considera não científico tirar conclusões de suas observações e experiências. Oferece, no entanto, o que classifica de "impressão pessoal". Pensa que tais poderes existem, em graus variados, em todos os seres humanos. Como aparecem em certas circunstâncias especiais, significa que tais poderes sempre existiram na natureza humana, tendo sido mais amplamente desenvolvidos do que o são agora. Algumas pessoas, naturalmente, são mais bem dotadas que as outras, acrescenta o padre Omez. A telepatia existe, em certo grau, em todos.

O Dr. Emílio Servadio, da Itália, escreve sobre "Critérios psicológicos e métodos de testes". Declara-se estimulado pelos assuntos discutidos no Congresso, que cuidou de três ramos de conhecimento de alta importância: a Psicofarmacologia, a Psicologia profunda e a Parapsicologia. Entende que um dos objetivos da pesquisa será colocá-las juntas e verificar como se influenciam elas mutuamente.

Finalmente, o Dr. John R. Smythies, dos Estados Unidos, informa, numa breve comunicação, que um dos principais problemas da Parapsicologia está em que ela não é aceita pela maioria dos cientistas como disciplina científica.

Eis aí o que se discutiu nos dois Congressos de Farmacologia e Parapsicologia, um nos Estados Unidos, outro na França.

Temos o dever de conceder algum crédito de confiança aos cientistas e pesquisadores interessados nesses problemas; ficamos, porém, com o direito de juntar nossa pitadinha de desencanto. Há cem anos que os cientistas se reúnem para debater os problemas do espírito e do funcionamento da mente humana. E que tem resultado de prático de tudo isso? Podemos, em sã consciência, declarar que as coisas melhoraram em relação a esse ramo do conhecimento? Quando nos lembramos dos nomes daqueles que no passado já investigaram os fenômenos do espírito e proclamaram sua autenticidade, ficamos estarrecidos ao verificar quão pouco serviram, para o meio científico, suas conclusões e observações. Neste ponto a intuição maravilhosa do povo funciona de maneira muito mais eficiente. O homem da rua, que busca as causas mais profundas da vida, não nos livros de Ciência, mas na própria vida, encontra a verdade com muito mais frequência que todos esses cientistas tão brilhantes, cercados de recursos técnicos, de conhecimento teórico, de livros, mas, de certa forma, tão presos aos preconceitos e falsidades da Ciência materialista. Entre o homem humilde que, singelamente, se rende à evidência dos fatos e o orgulhoso cientista para o qual os fatos têm que se encaixar nas suas teorias prediletas, a gente prefere ficar com aquele. A criatura humana que, no silêncio de seu coração, recebeu amorosa mensagem de um ente querido, perfeitamente identificado, que passou para o "lado de lá", não precisa de provas de laboratório nem de teorias parapsicológicas para aceitar a verdade que tem diante de si. Afinal de contas, é uma verdade tão nítida, tão pura, tão singela e ao mesmo tempo tão tremenda: que o espírito sobrevive à desagregação do corpo físico.

Agora, com a Psicofarmacologia em moda, vão os cientistas começar tudo de novo. Mas são tantas as suas dúvidas e tão contraditórias as opiniões e conceitos que esposam, que a gente fica a pensar: será que desta vez vai? Não vão ficar a brincar com novas, brilhantes e vazias hipóteses e teorias para tentar explicar de maneira diferente o que já está tão bem explicado no Evangelho de Jesus e nos livros tão lúcidos de Allan Kardec?

15

UM PRECURSOR ESQUECIDO: DANIEL DUNGLAS HOME

A observação desapaixonada do imenso painel da História revela a nítida interferência dos poderes superiores nos impulsos criadores e renovadores da Humanidade. Em outras palavras mais simples: a História é um jogo inteligente de forças espirituais, com motivações e destinação espirituais. Se fosse preciso demonstrar a tese, bastaria tomar o exemplo do movimento espiritual desencadeado em 1848, em Hydesville, nos Estados Unidos.

E mais ainda: vemos que as genuínas correntes históricas trazem em si mesmas um ímpeto irresistível, que mesmo as imperfeições, fraquezas e deserções humanas não conseguem deter. As meninas da família Fox, certamente incumbidas pelos seus mentores espirituais do trabalho inicial, não resistiram à pressão insuportável das forças adversas e acabaram passando a si próprias atestados de fraude, para, depois, desmentirem o desmentido. Isso levou Harry Price (*in Fifty Years of Psychical Research*) a oferecer ao leitor duas alternativas: Margaret Fox foi médium fraudulenta ou uma grande mentirosa. As alternativas de Price — como, aliás, inúmeros dos seus comentários — são impiedosas e extremadas. É inegável que elas produziram fenômenos autênticos que, na época, despertaram paixões violentas naqueles que não suportam ver seus interesses e suas crenças sacudidos pela base. Posteriormente, comercializaram suas faculdades — caminho mais fácil e direto para a fraude consciente. É possível que, para se verem livres da pressão social, tenham resolvido "confessar" que fraudavam, do que mais tarde se arrependeram. Não é justo pregar rótulos cruéis em seres humanos dos quais não conhecemos direito as motivações, o ambiente em que viveram, as crises que experimentaram, as coações que sofreram e as aflições por que passaram.

O que se pretende evidenciar aqui é que, a despeito da fragilidade humana, a marcha da espiritualização da Humanidade segue em frente e, como nos é permitido saber, às vezes, aqueles que perseguem e ridicularizam médiuns costumam voltar mais tarde, em outras vidas, como médiuns...

Uma vez disparados os dispositivos da "revolução espiritual", em 1848, vemos que uma verdadeira constelação de médiuns, das mais variadas faculdades, começou a despontar pelo mundo afora. No espaço de algumas décadas, de meados do século XIX até princípio do século XX, viveram centenas de bons médiuns, muitos dos quais foram experimentados a sério pelos grandes cientistas da época. Mencionemos apenas alguns, dos mais famosos: as três jovens Fox, Daniel Dunglas Home, Eusapia Palladino, Florence Cook, Eva C. (Carrière), *Madame* d'Espérance (Elizabeth Hope), Willi e Rudy Schneider (conterrâneos de Adolf Hitler), Franeck Kluski, Leonore Piper, Julian Ochorowicz, Henry Slade e outros.

Claro que, na posição de pioneiros de um movimento criado para renovar o pensamento humano, não foi fácil a tarefa desses precursores. Precisamos conceder a cada um deles uma larga margem de compreensão e tolerância pelas falhas humanas que porventura tenham demonstrado, mesmo porque não tinham ainda um corpo doutrinário consolidado em que se apoiassem para compreender suas próprias faculdades e orientar o exercício de suas tarefas. Além do mais, como portadores de recursos insólitos, mal compreendidos e pouco estudados, viam-se, de repente, sob o foco de atenções e solicitações, como figuras de um outro mundo que todos queriam ver, apalpar e examinar. Era difícil resistir às tentações, às ofertas de dinheiro e ao cortejo dos grandes e poderosos da época, tanto quanto aos ódios e à hostilidade de muitos.

Ninguém enfrentou maiores dificuldades nesse campo do que Daniel Dunglas Home, cuja existência é uma legenda que ainda hoje parece a muitos enigmática. Há uma verdadeira torrente de livros e referências sobre esse homem curioso, que tinha livre acesso às brilhantes cortes europeias do século passado.

Home nasceu numa vila chamada Currie, perto de Edinburgh, na Escócia, a 20 de março de 1833. Sabe-se que sua mãe também possuía faculdades psíquicas. Seu pai era ligado à nobre família dos Home, de Dunglas. O médium dizia que seu pai era filho ilegítimo do décimo *earl* de Home.[10]

Jean Burton, na excelente biografia de Home – *Heyday of a Wizard*, publicada por George G. Harrap em 1948 –, comenta a dificuldade que enfrentaram os contemporâneos

---

[10] *Earl* – Título correspondente ao conde na nobiliarquia continental. Fica abaixo do marquês e acima do visconde.

do médium para entendê-lo e classificá-lo. Não era um artista de palco nem um religioso. Gostava de ser recebido como igual e que jamais alguém se lembrasse de oferecer-lhe dinheiro pelas suas sessões. Aceitava, porém, joias — de que muito gostou, até o fim da vida —, roupas, casacos de pele, temporadas em elegantes estações de águas e coisas desse teor; dinheiro, não. Como seria sua aparência?

A princesa de Metternich o descreve assim: "Estatura razoável, magro, corpo bem construído; vestido de boas roupas, com gravata branca, parecia um *gentleman* da mais elevada posição. Seu rosto era atraente na sua expressão de suave melancolia. Era pálido, de olhos azuis de porcelana — olhos penetrantes, um tanto sonolentos —, cabelos avermelhados, espessos, abundantes, mas não longos demais; não gaforinha de pianista ou de violinista; em suma, era de aparência agradável, nada de extraordinário, a não ser, talvez, a palidez da pele, que parecia natural, no seu contraste com o cabelo vermelho e a barba".

Por motivos que não ficaram bem claros, com um ano de idade o menino foi viver com uma tia casada, sem filhos, a Sra. Mary McNeal Cook, com quem passou uma infância normal, num lugar chamado Portobello. Quando Daniel tinha nove anos de idade, a família Cook mudou-se para os Estados Unidos, onde já se encontravam os pais de Home, desde 1840, com os seus sete filhos. Tia Mary foi morar em Greenville, no estado de Connecticut. Como os pais viviam por perto, Daniel visitava-os de vez em quando.

Sua saúde era precária, tossia muito e tinha desmaios. Mais tarde, transmitiria sua tuberculose à primeira esposa, Sacha, sobrevivendo-lhe, no entanto, por muitos anos. Já então começavam suas experiências psíquicas; uma das primeiras foi a visão do Espírito de seu amigo Edwin, recentemente falecido. Informam também os biógrafos que o menino foi orador precoce, muito fluente e com entonações de pregador sacro, gostando de recitar versos sentimentais e religiosos e pequenos discursos sobre o pecado, a prece, a morte.

A tranquila vida na casa dos Cook, no entanto, começou a ser perturbada pelos fenômenos de efeito físico que assustavam toda gente, a começar pelo jovem Home. Eram batidas por toda parte e movimento de móveis e utensílios pela casa. Certa vez, uma cadeira perseguiu-o no seu próprio quarto. Daniel, apavorado, não sabia o que fazer, pois a peça ficara entre ele e a porta de saída. A um passo, a cadeira parou, ele saltou rápido por cima dela, apanhou o chapéu e saiu para a rua, para botar as ideias no lugar, tentando compreender o fenômeno. Para encurtar a história: tia Mary, de rígida formação protestante, deve ter achado que o sobrinho tinha parte com o demônio e que era melhor ele deixar a casa, o que fez imediatamente. É curioso que não tenha procurado a casa dos pais, e sim a de uns amigos. Foi assim que iniciou sua vida de peregrinação de casa em casa, ali mesmo por New England,[11] prelúdio da futura peregrinação de palácio em palácio na Europa.

Suas maneiras eram gentis, "era efusivo nas expressões de gratidão" — diz Jean Burton —, "rápido em tomar a cor local, eminentemente adaptável, sempre pronto para ajudar as crianças nos seus deveres, brincar com o gato ou admirar o desenho de uma nova manta. A natureza preparou-o, em suma, para ser o hóspede perfeito".

No verão de 1851, o Dr. George Busch descobriu Home e quis fazer dele um pregador da New Church.[12] Busch,

---

[11]A região conhecida como New England é formada pelos estados americanos de Maine, New Hampshire, Vermont, Massachusetts, Rhode Island e Connecticut.

[12]New Church ou New Jerusalem Church, religião baseada nos ensinamentos de Swedenborg.

homem de grande cultura, era professor de Línguas Orientais na Universidade de Nova Iorque. Home achou boa a ideia e aceitou o oferecimento, mas em 48 horas voltou ao professor para desfazer o trato, porque o Espírito de sua mãe o aconselhara nesse sentido. "Meu filho", dissera ela, "você não deve aceitar essa bondosa oferta, porque sua missão é mais ampla do que pregar do púlpito."

E assim foi feito.

Já então o jovem Home começava a incomodar o clero das religiões estabelecidas, muito embora durante a sua vida buscasse viver em bons termos com elas. Foi sucessivamente metodista, congregacionalista e católico, terminando na Igreja Ortodoxa Grega. É que suas sessões mediúnicas passaram a despertar enorme interesse do público e da imprensa. Sacerdotes e ministros certamente não se sentiam bem diante daquele rapazinho que fascinava suas ovelhas com fenômenos insólitos. Home, com modéstia e sinceridade quase inocente, devolvia "as mais amargas vituperações", dizendo mansamente: "Ao passo que as Igrejas estão perdendo seus prosélitos", seus fenômenos estavam "trazendo mais conversos às grandes verdades da imortalidade do que todas as seitas cristãs, tornando impossível as ideias materialistas e céticas, infelizmente tão preponderantes nas classes educadas".

Esse engano de achar que a Igreja deveria receber o Espiritismo de braços abertos foi comum entre os médiuns da primeira hora e até mesmo entre alguns espíritas. O raciocínio é perfeitamente lógico e razoável: se um dos principais pontos de sustentação do Cristianismo é a sobrevivência da alma, era de esperar-se que a Igreja acolhesse com sofreguidão os métodos experimentais que demonstravam tal realidade. Mas nem sempre os homens agem dentro da lógica, especialmente quando estão em jogo suas posições, seus interesses, suas crenças, seus temores e suas paixões.

Foi nessa época que Home se tornou amigo de uma das figuras lendárias do Espiritismo nascente, o juiz John Edmonds, da Corte Suprema de Nova Iorque.

Em 8 de agosto de 1852, em casa de Ward Cheney, de conhecida família de industriais da seda, Home levitou pela primeira vez.

Repetiria esse fenômeno inúmeras vezes, ao longo da sua carreira, sob as condições mais estranhas e sob os olhos atônitos de testemunhas do mais alto gabarito.

Gostava de que as sessões se realizassem com pouca gente — seu número ideal eram nove pessoas, inclusive ele, Home. Os Espíritos insistiam em que não houvesse cães no aposento das sessões, que ninguém fumasse e, por alguma razão obscura, não gostavam que Home se sentasse em almofadas de seda.

Os fenômenos eram muitos e variados e quase sempre em plena claridade. Os móveis levitavam, dançavam e batiam ritmadamente. Sinos e campainhas sobre os móveis eram sacudidos; mãos materializadas moviam objetos menores e flores, ou tocavam acordeão. Espíritos se materializavam de corpo inteiro, traziam "aportes". De uma vez trouxeram uma plantinha que foi colocada num vaso de terra e "pegou". Fenômeno curiosíssimo era o alongamento do corpo de Home, repetido sob condições de controle, no qual o médium crescia à vista de todos, seis ou oito polegadas, ultrapassando o tamanho da roupa. Mais para o fim de sua carreira extraordinária, desenvolveu a faculdade da incombustibilidade: apanhava brasas vivas com as mãos, sem queimar-se. De uma vez, mergulhou todo o rosto num braseiro, sem que sofresse absolutamente nada. Além disso, transmitia mensagens escritas ou faladas — hoje chamadas psicográficas e psicofônicas — de Espíritos relacionados com os presentes.

É fácil de imaginar-se a tremenda sensação que esses fenômenos provocavam entre aqueles que tinham a ventura de desfrutar a amizade do jovem Home, pois ele insistia em realizar suas proezas apenas para os amigos, que o hospedavam às vezes por longas semanas e até meses. Um certo Dr. Gerald Hull, que lhe ofereceu um dia dinheiro pelo seu trabalho, acabou reconhecendo que tinha cometido erro imperdoável: havia proposto a Home pagar-lhe as despesas e mais cinco dólares por dia. O médium ficou ofendidíssimo e Hull desculpou-se, hospedando Home em sua casa em base puramente social.

Nesse tempo alguém lembrou que o médium tinha ainda muito pouca instrução e que convinha prepará-lo melhor, pois pensavam em destiná-lo à Medicina. Com esse propósito, o Dr. Hull matriculou o jovem num instituto local — isso em Newburgh, sobre o Hudson, para que Home estudasse alemão, francês e fizesse um curso pré-médico. No outono, ele seguiu para Nova Iorque a fim de matricular-se na Faculdade de Medicina, mas uma série de acontecimentos impediu que isto se concretizasse e assim se perdeu um médium-médico. Home voltou para Hartford, esteve em Springfield e depois seguiu para Boston, onde ficou conhecendo a família Jarves, amigos do famoso casal Browning. Os caminhos de Home e dos Browning haveriam de cruzar-se várias vezes, de futuro, sob estranhas condições e extrema tensão.

Nessa altura, com a saúde precária, Home resolveu partir para a Inglaterra, cujo clima, certamente, não se recomendava para ele. Não era fácil, ainda mais, separar-se de seus bons amigos que o acolhiam e o respeitavam e partir para a grande aventura do desconhecido, mas seus amigos espirituais lhe diziam que ele deveria ir "e seus conselhos não poderiam ser ignorados". E assim, a 31 de março de 1855, parte ele, "pálido, magro, tuberculoso, com a voz e a roupa muito bem cuidadas, 22 anos de idade, para empreender a conquista da Inglaterra". São palavras de sua biógrafa.

Levou uma carta de apresentação para um certo Mr. William Cox, dono de um hotel do mesmo nome, onde se hospedou. Cox recebeu o jovem médium como a um filho. E com certeza não lhe cobrava a hospedagem.

Dentro em pouco, Home estava causando sensação com as suas extraordinárias faculdades mediúnicas, especialmente nas rodas mais sofisticadas da sociedade britânica. Continuava a insistir em que não compreendia suas faculdades, pois era simples instrumento de seus amigos espirituais, aos quais não podia comandar à sua vontade. Eles vinham quando queriam e faziam o que desejavam fazer.

Foi nessa época que Home e os Browning se encontraram pela primeira vez. Robert e Elizabeth — depois da fuga sensacional que realizaram para casar-se — voltaram à Inglaterra pela primeira vez em visita, pois viviam em Florença desde o casamento. Elizabeth, poetisa tão famosa quanto seu marido, não cabia em si ante as notícias das fantásticas demonstrações de Home. Em 13 de julho de 1855, escreve para sua irmã Henrietta: "...Quanto a Hume,[13] vamos vê-lo, e eu te direi. É a pessoa mais interessante para mim na Inglaterra, tanto de Somersetshire como do número cinquenta da Wimpole Street...".[14]

Elizabeth não se decepcionou com Daniel Dunglas Home; ao contrário, viu confirmadas as suas expectativas, não só pela fama do médium e autenticidade dos fenômenos,

---

[13]O nome de família era mesmo Home, mas o pai de Daniel assinava Hume. O médium ainda muito jovem passou a assinar-se Home, que conservou a vida inteira.

[14]A família de Elizabeth — os Barrett — tinha sua mansão nesse endereço.

como também pela certeza que ele lhe trazia da sobrevivência do espírito, que, para ela — que há algum tempo vinha lendo e experimentando nesse campo —, era pacífica. Quanto a Robert, não se pode dizer o mesmo. Ao contrário, o poeta manifestou, com relação ao médium, uma hostilidade agressiva, da qual não fazia o menor segredo. Mais tarde, escreveria um longo e elaborado poema no mais duro estilo satírico, inspirado em Home. Chamou-lhe "Mister Sludge, the Medium". *Sludge*, que aí aparece como nome próprio, significa lama, massa barrenta ou untuosa. Em carta a um amigo, certa vez, Robert usou uma expressão tão rude que não poderia ser aqui reproduzida.

O desacerto Home-Browning teria sequência em outras oportunidades, de modo especial em Florença, pouco tempo depois, durante uma visita do médium à colônia inglesa rica, aristocrata e intelectual, que lá vivia por causa do bom clima e da vida barata. Quando Elizabeth soube que ele estava em Florença, escreveu com grande entusiasmo à sua infalível irmã Henrietta, dizendo que uma amiga, a Sra. William Burnet Kinney, esposa do ministro americano (embaixador) na Sardenha, "que costumava ser tão violenta com os Espíritos como Robert", acabou se convencendo de que era totalmente impossível atribuir à fraude os fenômenos produzidos por Home. "Os fenômenos em Florença" — prossegue Elizabeth — "parecem ser de natureza espantosa. Uma princesa polonesa (princesa Lubomirski) recebeu uma comunicação em sua própria língua..." A sessão foi realizada na casa dos Trollope (Anthony Trollope, novelista inglês). Um vidro de água destilada, comprada na farmácia, deixou desprender, à vista de todos, um "vapor" e ficou perfumada. Disseram os Espíritos — é Elizabeth quem conta — que a água era chamada "ódica" e que a Sra. Kinney, que estava doente, deveria conservar o frasco em lugar escuro e tomar uma colher de chá por dia... "*which she does...*" conclui a carta, ou seja, "o que ela está fazendo".

Robert, indignado com o interesse de sua esposa pelo Espiritismo, que ele julgava uma grossa mistificação, transferia facilmente a sua revolta para Home, a quem não poupava, tanto em conversação social como em suas cartas e depois no poema famoso. Numa sessão realizada, entre outros, com Robert e Elizabeth, houve um incidente sério. Elizabeth, extremamente chocada, agarrou ambas as mãos do médium e pediu que perdoasse Robert.

Home sentiu-se profundamente desapontado com as situações que ali viveu. Em carta a Henrietta (18-11-1856), Elizabeth conclui, vitoriosa: "Todo mundo adoraria deixar de crer em Home, mas ninguém o pode. Eles detestam-no e acreditam nos fatos". Home, por sua vez, escreveu, desanimado: "Minhas experiências da vida e de suas falsidades já deixaram marca tão indelével na minha alma, por causa das minhas recentes experiências em Florença, que eu gostaria de afastar-me de tudo quanto pertence a este mundo". Chegou mesmo a pensar em entrar para um convento. E a sério. Um certo monsenhor Talbot encarregou-se de instruí-lo e dentro de três semanas Home foi crismado, no domingo de Páscoa, por um sacerdote jesuíta. O conde Branicka e a condessa de Orsini foram seus padrinhos. Pio IX concedeu-lhe audiência pessoal. Fez-lhe muitas perguntas "penetrantes, mas bondosamente formuladas". Acabou despedindo o novo converso com sua bênção. Disseram nessa ocasião que ele havia prometido ao Papa abandonar o exercício de suas faculdades, o que ele negou enfaticamente depois: "Eu não poderia fazer tal promessa, e nem ele a exigiu de mim...".

Nada mais se falou da sua entrada para o convento e de Roma ele se dirigiu, com a família Branicka — que o tinha tomado aos seus cuidados –, a Paris, para estudar francês, segundo ele mesmo declarou. Muito gentilmente, o Papa recomendou-lhe seu próprio confessor, o erudito jesuíta, padre Xavier de Ravignan, pregador da capela das Tulherias.

Essa temporada de Home em Paris foi um extravagante período na vida do médium. Padre Ravignan desempenharia junto dele um papel significativo. Mais uma vez, o caminho dos Browning se cruzava com o de Home. O casal de poetas estava em Paris e Elizabeth imediatamente escreveu a Henrietta para anunciar, algo aflita, a presença do médium, preocupada em que ele e Robert pudessem encontrar-se e reacender antigos rancores, pois, segundo suas próprias expressões, Home era "ainda um osso na garganta do leão", mas Robert prometeu a ela comportar-se bem e limitar-se a ignorar o médium se, por acaso, cruzasse com ele na rua, o que já era muito. Por via das dúvidas, Elizabeth pede na carta que, na resposta ou em futuras cartas, Henrietta jamais mencionasse o nome de Home, certamente para que Robert não soubesse que elas ainda se ocupavam de tal indivíduo.

O momento era particularmente difícil para Home. Abandonado subitamente pelos Branicka – que se cansaram dele – ficou em Paris sem dinheiro e sem muitos amigos. Corria mesmo a notícia – segundo apurou Elizabeth Browning – de que o médium estava muito mal de saúde ou até mesmo nas últimas, por causa da fraqueza de seus pulmões.

Padre Ravignan revelou-se um bom e paciente companheiro, certamente pelo interesse em conquistar aquela alma para a sua fé e sua Igreja, mas inegavelmente também porque era homem de excelente conteúdo humano e tolerante com o seu curioso catecúmeno. Além de tudo,

Home fora também abandonado pelos seus amigos espirituais que, descontentes com algumas práticas, retiraram-se, anunciando que somente retornariam às suas tarefas junto ao médium depois de passado um ano inteiro. Toda a Paris especulava sobre o estranho fenômeno da suspensão da mediunidade e sobre quando e como poderia ela ser restaurada, como se Home fosse um famoso cantor de ópera, temporariamente afastado das luzes da ribalta. A sociedade sofisticada do Segundo Império achava que se tratava simplesmente do que hoje se chamaria um "golpe de publicidade". Era um "vedetismo" de Home, nada mais. No entanto, os Espíritos cumpriram a palavra; deixaram-no um ano sem atividades mediúnicas. Completou-se o prazo a 10 de fevereiro de 1857. No dia 11, pela manhã, Home foi procurado pelo marquês de Belmont, enviado pessoal do imperador Napoleão III. Teriam os poderes do *Monsieur* Home retornado? Tinham. Precisamente ao soar meia-noite, no dia 10, um Espírito veio saudá-lo, levantar o seu moral e dizer que tudo estava bem. Logo em seguida, padre Ravignan também apareceu ansioso para saber das novas. Não precisou nem falar: foi recebido com batidas espirituais por toda parte. O sacerdote explicou a Home que aquilo tinha de parar, senão ele não poderia conceder-lhe a absolvição. Home argumentou que os Espíritos estavam satisfeitos por encontrá-lo em tamanho estado de pureza, o que certamente facilitava os contatos. Mas o Padre manteve-se firme, a despeito de Home ter acrescentado, como sempre o fazia, que as manifestações não estavam sob o controle da sua vontade. Ravignan, que não queria abandonar a alma do seu pupilo ao "demônio", insistiu em que uma vez que Home não podia evitar as "alucinações" pelo menos poderia desencorajá-las, pois quanto a ele, Padre, somente via quando queria ver e somente ouvia quando queria ouvir. Depois desse conselho, preparou-se para partir, e, ao levantar a mão para dar a bênção a Home, o barulho dos *raps* recomeçou por toda parte. Era o fim. Padre Ravignan se retirou e, a despeito dos seus entreveros com a Igreja, o médium manteve agradável lembrança do bondoso jesuíta.

Com a volta dos Espíritos, voltaram também os amigos e Home foi apanhado novamente pela roda-viva dos compromissos e dos convites para as reuniões elegantes. Já na sexta-feira, 13, "estreou" perante Napoleão III, de maneira dramática.

Quando se abriram para ele as portas do Salão Apolo, nas Tulherias, Home deu com uma multidão de nobres, tão grande que o ambiente sufocava. Chegou a recuar. A imperatriz Eugênia tinha convidado toda a sua *entourage*. Recuperado do impacto, Home explicou, com muitas desculpas e habilidade, que sessão mediúnica não era exibição teatral; que era melhor limitar o número de pessoas presentes a oito ou nove apenas e que mesmo assim ele não poderia garantir nada de positivo, dado que tudo dependia dos Espíritos. Deve ter sido uma *senhora* cena. A Imperatriz, muito ofendida, e sem dizer palavra, retirou-se e Home também preparou-se para sair, extremamente confuso, quando o Imperador, subitamente, ordenou que desocupassem o salão. Formou-se um pequeno círculo de privilegiados e a sessão desenrolou-se maravilhosamente, com fenômenos abundantes e inequívocos. Napoleão, "com seus olhos de peixe" — diz Jean Burton —, observava pensativo. Ele passava por ser um razoável mágico amador e certamente apreciava com olho crítico a *performance* do seu "colega". A questão é que os *raps* — ou seja, as batidas — respondiam a perguntas que ele fazia *mentalmente*. Tão entusiasmado ficou que achou por bem interromper os trabalhos, declarando que a Imperatriz tinha de ver aquilo. Mandou chamá-la e em pouco entrou a grande dama, com toda a imponência do seu porte e de sua posição. Não é preciso acrescentar que Home conquistou toda a corte francesa — exceto um ou outro, como, por exemplo, o conde Walewski, filho de Napoleão I e de Maria Walewska, a bela polonesa. O conde tudo faria para desmoralizar Home e fazê-lo cair em desgraça na corte, o que, aliás, não conseguiu.[15]

O médium passou a ter acesso praticamente livre ao palácio, chegando até mesmo a viver ali algum tempo, enquanto assim o desejou. Ganhou presentes riquíssimos e pouco depois foi aos Estados Unidos buscar sua irmã Christine, que, como protegida da Imperatriz, matriculou-se no próprio colégio em que Eugênia havia estudado vinte anos antes.

Jean Burton chama a atenção para a notável posição dessa moça, colocada num colégio católico grã-fino, sob o bafejo do trono, de um lado, e ligada, de outro, a um irmão que as doces freiras consideravam um tremendo "feiticeiro". Ao cabo de alguns anos, Christine voltou para os Estados Unidos, onde se casou. Home tem parentes nos Estados Unidos até hoje.

É uma pena que não seja possível, nas escassas dimensões de um artigo, reproduzir tantos pormenores

---

[15]Na terceira sessão realizada nas Tulherias, materializou-se a mão de um homem que, tomando do lápis, assinou "Napoléon". O Imperador reconheceu a assinatura de seu famoso tio e a Imperatriz pediu permissão para beijar a mão, que se elevou para receber o beijo de Eugênia.

interessantes dessa vida fascinante. Temos que nos limitar aos episódios mais importantes.

Em 1858, Home foi à Holanda, onde realizou sessões para a rainha Sofia, em Haia. Ganhou um belo anel de uso pessoal da soberana. Em Bruxelas, apanhou um severo resfriado e novamente suas faculdades falharam. De volta a Paris, o médico aconselhou uma permanência na Itália. Home partiu para Roma, onde se tornou amigo de um jovem nobre cossaco, o conde Kucheleff-Besbordka.

Da amizade pelo conde surgiu o amor por Alexandrina, sua cunhada, pouco mais que uma menina, pois contava apenas dezessete anos. Sacha — como era conhecida na intimidade — era bela, viva, encantadora. Filha do general e conde de Kroll e nada menos que afilhada do próprio Tzar. Home, convidado para jantar, sentou-se à direita da dona da casa e, ao ser apresentado à encantadora Sacha, teve a estranha impressão de que ela seria sua esposa. A menina disse-lhe, rindo, que ele se casaria dentro de um ano, porque, segundo uma superstição folclórica russa, era infalível o casamento quando um homem se sentava entre duas irmãs que acabasse de conhecer. As impressões de ambos se realizaram.

Depois de sessões verdadeiramente notáveis para o Tzar e sua corte — a convite do Imperador, naturalmente —, Home partiu para a Escócia, onde foi apanhar documentos pessoais, e a 1º de agosto de 1858 casou-se com Sacha. No peito de muitos convidados luziam condecorações imponentes. O Tzar foi representado por dois figurões do Império, o conde Bobrinski e o conde Alexis Tolstoi, irmão do genial romancista (Leon). Elizabeth Browning, maliciosa, brincava com a irmã, por carta: "Imagine só o mobiliário conjugal flutuando pelo quarto, à noite, Henrietta!".

Sacha foi uma boa e dedicada esposa e deu a Home um filho, Gregoire, apelidado Gricha. Home transmitiu a ela a tuberculose, da qual morreria, lúcida e conformada, em 3 de julho de 1862, após uma doce convivência de menos de quatro anos, seguida de uma disputa judicial demorada por causa da herança da jovem esposa. Gricha nasceu a 8 de maio de 1859 e, com a morte da mãe e as andanças do pai, acabou gravitando para o ramo russo da família. Os Home dos Estados Unidos souberam mais tarde que ele havia entrado para o exército russo.

Mas nem tudo eram flores no caminho de Home. Havia detratores gratuitos e inimigos impiedosos, como Robert Browning. Charles Dickens, o grande novelista inglês, foi um deles. Não fazia segredo algum da sua opinião, tachando Home de "impostor". Achava, porém, que a coisa não tinha jeito, porque mesmo que se provasse a falsidade de Home "em cada célula microscópica de sua pele e em cada glóbulo do seu sangue, ainda assim os seus discípulos acreditariam nele e o adorariam".

Foi o que escreveu em carta de 16 de setembro de 1860 à Sra. Linton. Diria e escreveria outros horrores do médium. Pobre Dickens! Depois de desencarnado, voltou em Espírito, para terminar, através de um médium humilde, o seu notável romance *O mistério de Edwin Drood*, que deixara pela metade...

Pelo final de dezembro de 1863 achava-se Home novamente em Roma. A pressão do Vaticano começou a tornar-se insuportável. Home pretendia ficar na cidade eterna para estudar escultura. Um livro de William Howitt, sua monumental *History of the Supernatural*, havia, de certa forma, contribuído, involuntariamente, para açular a hostilidade de católicos e protestantes contra os médiuns em geral e contra Home em particular, o médium mais eminente e celebrado do seu tempo. "As luzes espirituais" — dizia Howitt —, "o tremor das casas, a transposição de portas fechadas, ventanias poderosas, levitação, escrita automática, comunicações em línguas estrangeiras, tudo isso ocorre todos os dias, tanto em Londres como nos *Atos dos Apóstolos.*"

Seguia-se um trecho em que, se não era feita a apologia de Home, pelo menos se buscava entender a sua missão e natureza do seu trabalho. Com a segurança de um Espírito lúcido e dono de profunda intuição, achava Howitt que as manifestações físicas, "desprezadas e ridicularizadas", deveriam preceder acontecimentos mais importantes. Ao demonstrar suas faculdades perante o testemunho de imperadores, reis e rainhas, Home estava desempenhando sua tarefa de precursor, lançando alicerces.

Admirável inteligência dos fatos a de Howitt, mas que ajudou a agravar em hostilidade aberta o que antes era simples desconfiança da Igreja pelo médium. O famoso cardeal Manning disse coisas incríveis, declarando que por meio de trabalhos espíritas o demônio se materializava, ora como mulher, ora como homem, e desses encontros resultavam criaturas híbridas de natureza diabólica, mas de forma humana! Segundo narrativa de W. H. Mallock, autor de *The New Republic*, o Cardeal usou linguagem de tal modo grosseira (*unvarnished*) que os detalhes não poderiam ser reproduzidos.

Assim, a 2 de janeiro de 1864, Home recebeu intimação para comparecer à polícia. Dia 3, pela manhã, lá foi ele, em companhia de um amigo, chamado Gauthier, cônsul da Grécia. Preservou-se o diálogo do médium com a polícia, um documento do próprio punho de Home, que vale a pena reproduzir, conservando o seu estilo telegráfico:

Janeiro 2, recebida carta solicitando minha presença na polícia, no dia 3, entre as dez e uma hora. Em 3 de janeiro fui e me levaram à sala do advogado Pasqualoni. Eu estava acompanhado de meu amigo Sr. Gauthier, cônsul da Grécia em Roma. As perguntas foram as seguintes: Nome do meu pai e de minha mãe? Publicou algum livro? Sim. Sua profissão? Estudante de arte. Sua residência? Via dei Tritoni, 65. Quando você chegou? Há seis semanas. Quantas vezes você esteve em Roma? Duas. Quanto tempo ficou de cada vez? Dois meses da primeira e três meses da última vez. Quanto tempo pretende ficar desta vez? Até abril. Você tem residência permanente na França? Não. Quantos livros escreveu? Um. Quantos exemplares vendeu? Como não sou o próprio editor, seria impossível dizê-lo. Depois que você se tornou católico exerceu seus poderes mediúnicos? Nem antes, nem depois eu exerci meus poderes mediúnicos, de vez que não é poder que dependa da minha vontade. Não poderia usá-lo. Como é que você faz isso? Acho que a resposta que acabo de dar é suficiente para esclarecer. Você considera seu poder um dom da natureza? Não; considero um dom de Deus! Que é um transe? Um estudo de fisiologia explicaria melhor do que eu. Você vê os Espíritos quando dormindo ou acordado? De ambas as maneiras. Por que os Espíritos procuram você? Para me consolarem e para convencer aqueles que não acreditam na sobrevivência da alma! Que religião eles pregam? Isso depende. Que é que você faz para eles se manifestarem? Eu estava para responder que eu nada fazia quando na mesa em que ele escrevia soaram batidas claras e distintas. Ele então disse: Mas a mesa não se mexe. Exatamente enquanto ele dizia isso, a mesa moveu-se. Qual é a idade de seu filho? Quatro anos e meio. Onde está ele? Em Malvern. Com quem? Dr. Gully. Dr. Gully é católico? Não. Quando você viu seu filho pela última vez? Em abril. Então, ele disse, sem nenhuma justificativa, que eu deveria deixar Roma dentro de três dias. Está de acordo? Não, decididamente não, ainda mais porque nada fiz para infringir as leis deste ou de qualquer outro país. Falarei com o cônsul inglês e seguirei seu conselho.

Há um pormenor que Home omitiu no seu documento autógrafo. Quando as manifestações começaram na polícia, o excelente Dr. Pasqualoni, enormemente surpreendido, perguntou a razão dos ruídos. O cônsul Gauthier informou tranquilamente que eram os Espíritos.

— Espíritos! — exclamou Pasqualoni, olhando assustado em volta da mesa.

E em seguida: "Vamos continuar nosso interrogatório".

Não adiantou a interferência — de má vontade — do Cônsul inglês. Havia "ordens superiores" para despachar o médium para fora de Roma, e assim foi feito. Segundo a biógrafa, as autoridades do Vaticano eram de opinião que o demônio estava metido naquilo e seria totalmente impossível tolerar aquele bando de Espíritos nos domínios da soberania papal. Ademais, não era de admirar-se a expulsão, depois da audaciosa demonstração de seus amigos espirituais nas barbas da polícia! E assim Home foi expulso de Roma, seguindo para Nápoles, depois de uma despedida comovente na estação, onde compareceram muitos dos seus amigos nobres, inclusive Sua Alteza Real, o conde de Trani.

Outro problema bem mais sério teria Home com a lei. Foi o famosíssimo caso com a Sra. Lyon. Vamos resumi-lo.

Jane Lyon era viúva de 75 anos de idade, sem filhos. Encantou-se com o jovem Home e resolveu adotá-lo como filho, exigindo mesmo que o médium aceitasse até o seu nome. Por algum tempo — muito breve —, ele assinou Daniel Dunglas Home-Lyon. A velhinha, a despeito da sua aparência extremamente modesta, era bastante rica e, em sucessivos e repentinos impulsos, entregou a Home cerca de sessenta mil libras esterlinas, uma fortuna considerável para a época. Além de rica, Jane Lyon parecia pouco segura de suas faculdades mentais e estava agindo daquela maneira para chamar a atenção sobre si mesma, para atiçar o despeito dos parentes de seu marido e provar que era dona do seu próprio dinheiro, podendo fazer dele o que quisesse.

Dizia que o Espírito de seu marido havia mandado entregar a importância a Home. O certo é que dentro de pouco tempo ela se arrependeu de tudo e, desejando recuperar o seu dinheiro, levou a questão à Justiça. O escândalo foi enorme e danoso para a reputação de Home. Muitos amigos deram-lhe apoio maciço; outros se omitiram. Seus detratores exultaram. Browning escreveu uma carta extremamente cruel a Isa Blagden, para narrar a infelicidade do aturdido médium, alegando mesmo que Home pretendia casar-se com a Sra. Lyon, o que parece fantástico. Por fim, Home foi condenado. O juiz achou que não ficara provado que Home se utilizara de "influências indevidas", mas que também não ficara provado o contrário e que o ônus da prova de sua inocência caberia a ele próprio. Por conseguinte, disse o juiz, "decido contra ele; porque, como acho que o Espiritismo é uma burla, sinto-me no dever de considerar a queixosa como vítima de uma burla e não há evidência que me convença do contrário".

Home devolveu o dinheiro e o nome à senhora Lyon, mas saiu endividado e arrasado do episódio doloroso. Muitos foram os amigos que lhe manifestaram sua simpatia, entre eles católicos eminentes e até sacerdotes, como monsenhor Talbot, que fora seu instrutor na tentativa de levá-lo para o seio da Igreja.

Ainda estava pendente a questão judicial com a família de Sacha, mas essa ele ganhou e entrou na posse de consideráveis recursos. Em 16 de outubro de 1871, Home casou--se novamente com uma jovem russa, Julie, filha de Michel de Glumeline, Conselheiro de Estado do Imperador da Rússia, prima do eminente Alexandre Aksakof, também Conselheiro de Estado, brilhante pesquisador de fenômenos psíquicos, autor de livros respeitáveis como *Animismo e Espiritismo*.

Julie também foi esposa compreensiva, suave e dedicada. Sobreviveu a Home e escreveu uma excelente biografia do marido. Deu-lhe uma filha que morreu em alguns dias. "A extrema beleza da criança é inacreditável", escreveu Home, ao ver a recém-nascida. Julie tratou Gricha com "angélica paciência", pois o menino, altamente nervoso, constituía problema.

Por alguns anos, Home e Julie viajaram pela Europa visitando amigos, enquanto ele consentia, aqui e ali, em realizar uma sessão. Suas forças, no entanto, o abandonavam, enquanto a doença ia minando seu organismo delicado. Aos 38 anos, praticamente retirou-se da vida ativa. Escreveu suas memórias — *Incidents of My Life* (*Incidentes da minha vida*), em dois volumes, e *Lights and Shadows of Spiritualism* (*Luzes e sombras do Espiritualismo*).

Em tempos passados, despertara o interesse do jovem físico e químico William Crookes, do qual se tornou grande e íntimo amigo, pois era de apenas um ano a diferença de idade entre eles. Crookes declarou-se corajosamente convencido da legitimidade dos fenômenos produzidos por Home, enfrentando a tremenda e irracional hostilidade de seus colegas cientistas. Manteve-se até o fim da vida nessa convicção e proclamou-a publicamente, no apogeu de sua carreira, sob a responsabilidade de seu nome famoso e agraciado com o título de *Sir*.

Quanto a Home, viveu seus últimos dois anos na França. Gostava de joias e as usava com prazer, mesmo porque cada uma delas recordava um amigo famoso: Napoleão III; Sofia, da Holanda; o Tzar Russo; Guilherme I, da Alemanha; e condes, príncipes e duques...

Na primavera de 1886, Julie levou o marido de Auteuil, onde estavam por algum tempo, até Paris, para consultar os médicos da capital. O prognóstico foi sombrio. Ambos os pulmões estavam muito afetados. A viagem de volta a Auteuil foi feita em etapas suaves.

Home morreu a 21 de junho, aos 53 anos de idade, assistido por um sacerdote da Igreja Ortodoxa Grega e foi enterrado no cemitério russo de Saint-Germain-en-Laye, junto dos restos físicos de sua linda filhinha. Julie Home regressou à Rússia, quatro anos depois, e levou consigo Gricha, filho da primeira esposa com seu marido.

Daniel Dunglas Home, que a *Enciclopédia Britânica* considerou "um enigma não solucionado", jamais foi apanhado fraudando. Desempenhou sua missão com dignidade e autenticidade, num ambiente fútil e que facilmente poderia fascinar e corromper um jovem de modestas origens sociais. Creio poder afirmar que seus amigos espirituais ficaram satisfeitos com os seus trabalhos. Sua mediunidade tinha mesmo que ser de forma espetacular, de efeitos físicos, para que pudesse sacudir a incredulidade de uns, a má vontade de muitos, a hostilidade de tantos. Viram-na todos aqueles que tiveram olhos para ver. Sem dúvida, Howitt estava certo: Home ajudou a lançar os alicerces do edifício que só agora começamos a vislumbrar em todo o seu esplendor e em toda a grandeza do seu futuro. Espírito profundamente afetuoso e sereno, merece as vibrações mais puras do nosso afeto.

16

LUZES E SOMBRAS DO ESPIRITUALISMO

A prática do Espiritismo, ou seja, a participação em trabalhos mediúnicos, não desobriga o espírita do estudo da Doutrina; pelo contrário, é aí, mais do que nunca, que se faz necessário o exame contínuo e repetido das questões doutrinárias que explicam e interpretam a fenomenologia, que nos orientam no meio da extraordinária multiplicidade de caminhos que vemos diante de nós. Nunca serão suficientemente repetidos esses conceitos. É bom que, de tempos em tempos, a gente repasse os fundamentos em que se apoia a nossa experiência. Quantos médiuns de excelentes perspectivas não se deixam extraviar porque julgaram dispensáveis os estudos doutrinários. Muitos, por acharem que os próprios Espíritos ensinam a Doutrina; outros por se julgarem já bastante instruídos na matéria, sem necessidade de "perder tempo" com leituras cansativas. Há, também, aqueles que desejam desenvolver uma prática mediúnica toda pessoal, inteiramente livres dos cuidados recomendados pela boa Doutrina. Há os que não se interessam mesmo pelo estudo, como ainda os que somente desejam do Espiritismo a manifestação prática, o fenômeno. Quase todos se dizem espíritas, mesmo desconhecendo as obras básicas da Codificação. E é por isso que se perdem pelos desvios, levados com sutileza, pela habilidade de Espíritos desencarnados, que se dizem portadores de revelações pessoais, mensageiros diletos do Cristo ou o próprio Cristo!

Tais coisas não precisavam mais acontecer. Há um século a Codificação de Allan Kardec está aí para esclarecer, orientar e apontar os cuidados que o exercício da mediunidade deve merecer da parte de todos aqueles que se interessem pela fenomenologia. Mesmo antes de Kardec, já encontrávamos nos escritos do apóstolo Paulo — especialmente na sua *Primeira Epístola aos Coríntios* — advertências, conselhos e sugestões para o seguro desempenho das faculdades mediúnicas. Como qualquer fenômeno natural, a mediunidade é regida por leis próprias, que precisam ser estudadas e respeitadas. Sua prática nos coloca em relação direta com Espíritos desencarnados que nos trazem uma verdadeira multidão de problemas, de dificuldades, de dúvidas, tanto quanto de ensinamentos preciosos, ao oferecerem a nós, encarnados, a oportunidade de aprender as Leis de Deus no próprio desempenho das nossas tarefas de fraternidade. Para esse trato com irmãos desencarnados, muitos dos quais em penosíssimas situações espirituais criadas por falhas clamorosas de procedimento, precisamos estar preparados, não apenas com o coração aberto, iluminado pelo verdadeiro sentimento de amor cristão, como também munidos de conhecimento das leis mais elementares que regulam as manifestações. É indispensável uma sólida noção geral da Doutrina Espírita, da lei da reencarnação, da lei de causa e efeito, das condições do Espírito desencarnado no outro lado da vida, dos aspectos morais contidos e implícitos em tudo isso.

E se ainda agora, repetimos, tantos e tantos médiuns se perdem, tendo diante de si, ao alcance da mão, um roteiro seguro, imagine-se o que não foi no passado o exercício da mediunidade... Quanta aberração, quanta obsessão desencadeada, quanta gente fascinada por ideias fantasiosas, quantas tolices e ingenuidades cometidas, quantas doutrinas fantásticas que chegaram até a servir de apoio às mais absurdas seitas místicas.

Tive há pouco a feliz oportunidade de encontrar um livro bastante raro hoje, que nos leva àquele período em que a Codificação lutava bravamente contra uma enorme hostilidade do ambiente para divulgar o Espiritismo ordenada, racional e cuidadosamente, alertando quanto às práticas perniciosas, advertindo quanto ao exame atencioso dos fenômenos e das ideias suscitadas nas sessões. Essa época de tumultuada fascinação diante do fenômeno foi a segunda metade do século XIX.

Como se sabe, foi quase que exatamente no meio do século, isto é, em 1848, que a espiritualidade deslanchou, como se diria hoje, o plano, na tentativa última de chamar o homem à realidade de sua condição espiritual. A celeuma foi enorme entre detratores apaixonados e negadores irredutíveis de um lado, e, os primeiros convertidos, do outro lado. De certa forma, a controvérsia continua, porque haverá sempre aqueles que se empenham em não tomar conhecimento do progresso irreversível da Humanidade, mas a coisa está hoje bastante mudada, porque as questões religiosas não suscitam mais as paixões antigas que, por exemplo, levantaram toda a Alemanha no século XVI, por ocasião da Reforma. Naquele tempo, desde o humilde artífice até o Príncipe Eleitor, eram todos teólogos amadores, a discutirem acirradamente dogmas e pontos de vista religiosos. Hoje, as doutrinas religiosas, que se opõem à concepção formulada pelos Espíritos junto a Kardec, estão muito esvaziadas do seu próprio conteúdo e de sua autoridade. Por outro lado, uma parcela significativa da Humanidade encarnada, talvez a maioria, no momento, desinteressou-se das questões espirituais, voltando-se mais para as condições suscitadas pela vivência do ser encarnado, para os aspectos meramente materiais, imediatistas, oportunistas, numa sede insaciável de prazeres, que coloca todos os demais valores da vida em plano secundário. Em muitos círculos sociais, se hoje declararmos nossa condição de espíritas, a reação será normal, como se disséssemos que somos fluminenses, ou nordestinos, ou gaúchos. Na Idade Média, qualquer posição contrária à religião oficial acarretava punições tremendas. Com o passar do tempo, o "ódio teológico" abrandou-se, mas ainda no século XIX predominava um resíduo considerável de preconceito religioso.

Por isso, ao surgir a Doutrina Espírita, passado o primeiro momento de curiosidade e até de algum espanto, quando as diversas correntes do pensamento humano começaram a tomar posição, vimos um verdadeiro desatar de paixões contra ela e contra o seu Codificador. E, coisa curiosa, não eram só os materialistas e descrentes, nem somente os religiosos das diversas seitas que se esforçaram por combater a jovem Doutrina — foram também aqueles que tinham conhecimento do fenômeno mediúnico e sabiam por experiência própria que os fatos eram autênticos. Vemos essa posição no barão de Guldenstubbé, no seu hoje raríssimo livro *Realité des Esprits* e vemos igual posição nos escritos e pronunciamentos até de médiuns que, como ninguém mais, deveriam estar preparados para corroborar a Doutrina revelada a Kardec com os exemplos abundantes suscitados pela prática mediúnica. Está neste caso o médium Daniel Dunglas Home.

• • •

Há muito andávamos à procura de seus livros. Localizamos um deles na preciosa biblioteca da Federação Espírita Brasileira. O original inglês chama-se *Lights and Shadows of Spiritualism* (*Luzes e sombras do Espiritualismo*). O exemplar da FEB é a tradução de Henry La Luberne para o francês, sob o título *Les Lumières et Les Ombres du Spiritualisme*, datada de 1883. Baseia-se no original inglês escrito em 1876. Ao ser publicado o livro de Home, fazia dezenove anos que saíra *O Livro dos Espíritos* e apenas sete anos que desencarnara Kardec. A obra tem, pois, o valor de um depoimento pessoal, retrato de uma época difícil para o Espiritismo em que, a despeito da sua rápida expansão no seio da classe média, a Doutrina enfrentava terrível campanha de oponentes de muitas cores, tendências e propósitos. Uniam-se nessas lutas contra o Espiritismo, correntes religiosas e agnósticas, materialistas e crentes, e até médiuns!

A prática mediúnica desordenada e descontrolada se desenvolvera fantasticamente, porque sob o impacto da novidade e diante do insólito dos fenômenos suscitados, toda a gente queria ver Espíritos, conversar com Espíritos, receber mensagens, dar notícias, pedir informações, buscar conselhos, solicitar curas de seus males e resolver problemas humanos, sem nenhum conhecimento doutrinário orientador. Funcionou aí, também, a velha lei econômica da oferta e da procura. O assédio aos médiuns foi tão intenso que a mediunidade tornou-se rendosa. Ainda que o médium não procurasse ficar rico, pelo menos gostava da projeção e da fama que alcançava facilmente. Se as faculdades lhe eram retiradas, aprendia a forjar os fenômenos, a fingir comunicações, enfim, a enganar o próximo, pois a *clientela*, pagante ou não, ali estava para ser atendida. Quando começaram a se popularizar os fenômenos de materialização, por exemplo, foi um deus nos acuda: os médiuns de efeitos físicos eram solicitadíssimos, principalmente pelas altas rodas sociais da nobreza. Todas as portas se abriam e os acolhiam principescamente. Os grandes médiuns se hospedavam em palácios e levavam uma vida mansa e farta, adulados, cercados pela admiração de gente importante: imperadores, reis, príncipes, poderosos de toda a sorte e damas da nobreza e da riqueza.

Com o conhecimento que hoje temos da Doutrina e com a experiência que se acumulou ao longo de todos esses anos, é fácil imaginar as enormes tolices que foram cometidas em nome do Espiritismo, mascaradas de Espiritismo ou supostamente acobertadas pelo Espiritismo.

O livro de Home é, pois, um testemunho valioso dessa época. Ele próprio, a despeito de suas notáveis faculdades — sua mediunidade era multiforme —, não compreendeu Kardec, nem aceitou a sua Doutrina, que combateu energicamente. Foi, no entanto, um médium honesto no exercício de suas faculdades, prestou-se docilmente à experimentação científica, trabalhava às claras, sem mistificação, e jamais foi apanhado em fraude. Quando os Espíritos lhe anunciaram certa vez que sua mediunidade seria suspensa por um ano — e foi —, retirou-se discretamente, recusando-se a qualquer prática fraudulenta para manter-se em evidência. O próprio imperador da Rússia, que desejava conhecê-lo, foi fielmente informado pelo médium de que suas faculdades haviam sido retiradas. O Imperador, muito diplomaticamente, mandou dizer-lhe que desejava conhecer o homem, e não apenas o médium, no que foi gentilmente e com alegria atendido por um Home extremamente lisonjeado.

• • •

O livro de Home apresenta um esboço histórico das antigas crenças da Humanidade, desde o tempo dos caldeus, babilônios e egípcios até gregos e romanos, passando pela Índia e pela China e estudando, em algumas páginas breves, as crenças dos judeus e depois o Cristianismo. Entra, a seguir, na apreciação do Espiritualismo moderno, em cujo terreno se sente mais à vontade. Home é um autor inteligente e dono de razoável cultura. Sem ser um escritor no verdadeiro e amplo sentido da palavra, expõe suas ideias com facilidade e, às vezes, com certa veemência. As farpas do estilo ele as reserva para Kardec e sua Doutrina, principalmente para a reencarnação, que combate tenazmente, com argumentos insustentáveis e até infantis. (Veremos isso.) Sente-se na obrigação de escrever o livro, como um testemunho pessoal, cuja autoridade se apoia na sua experiência de longos anos de prática mediúnica: ao escrevê-lo, em 1876, estava com 43 anos e viveria ainda mais dez. É, pois, uma obra destinada a colocar as coisas no seu devido lugar, tal como ele, Home, entendia que deveriam ficar.

A ideia de escrever esse livro não foi bem recebida por vários de seus amigos, enquanto outros a apoiaram, invocando a autoridade de que ele se achava investido para opinar sobre a matéria. Seu famoso amigo William Crookes foi de uma franqueza algo rude ao dizer-lhe, sem rebuços: "Duvido que um livro como o seu possa prestar grandes serviços. Os médiuns, você sabe, são muito ciumentos uns dos outros. Ora, uma acusação por mais bem provada que seja, do momento em que seja levantada por um médium contra outro médium torna-se, por esta simples razão, duvidosa; é posta, logo de início, na conta do ciúme e perde seu valor". E por aí vai. Home, no entanto, deixou-se convencer pelos que apoiavam seu projeto e meteu mãos à obra.

• • •

Depois da exposição histórica e de uma breve apreciação do Espiritualismo moderno, o autor, já no capítulo VI, intitulado "Ilusões", entra na apreciação da balbúrdia em que se encontrava o exercício da mediunidade no seu tempo e dos médiuns que se perdiam em fantasias e induziam tantas pessoas à prática de loucuras e infantilidades. Dois desses "profetas", ambos ex-reverendos protestantes, cometeram os maiores desacertos. Chamava-se um J. D. Scott e o outro T. L. Harris. Mantinham em Auburn (Nova Iorque) um círculo mediúnico a que deram o nome de *The Apostolic* (*O Apostólico*), onde pontificava como médium uma senhora Benedict. Os Espíritos manifestantes se diziam todos pertencentes aos primeiros anos da Era Cristã, tendo vivido na Judeia. Dentro em pouco havia um boletim para divulgar as ideias dos Espíritos que, declarando-se seres sobrenaturais, portadores de uma revelação superior, conseguiram criar uma seita fanática, cuja sede fizeram deslocar-se para Mountain Cove, na Virgínia, onde uma comunidade foi fundada para dar início à idade de ouro da fraternidade. Dentro de algum tempo, Scott, cuja ambição fora crescendo incessantemente, declarava ter visto o próprio Deus face a face. Tornara-se seu médium absoluto, dizia. A entrada obrigatória para o Céu era o templo sagrado de Mountain Cove e em torno dessa comunidade muitos e poderosos interesses começaram a se agrupar. "Ao cabo de alguns anos", diz Home, "a Nova Jerusalém" — pois assim designavam a comunidade — virou Pandemônio" e a fortuna entregue aos profetas pelos crentes ingênuos desapareceu para sempre.

Em Genebra, em 1856, apareceu uma obra intitulada *Roma, Genebra e a Igreja do Cristo*, ditada — dizia a primeira página — por meio da mesa, pelo próprio "Filho de Deus, o Salvador do mundo".

Uma pobre senhora conta a Home como se deixou envolver, e ao marido, numa lamentável aventura mediúnica, na qual o casal perdeu uma fortuna considerável que foi entregando, por vários meios e processos, ao médium, seus familiares e amigos. O marido, professor de Matemática, morreu ao cabo de alguns anos, deixando a viúva numa terrível miséria sob a indiferença total dos antigos beneficiados de sua fortuna.

"Os únicos Espíritos que produzem esse tipo de monomania religiosa são os vaidosos e orgulhosos", diz Home e continua: "O mesmo se pode dizer das fantasias de Allan Kardec, cujos adeptos são recrutados sobretudo nas classes burguesas da sociedade. É um consolo para essas pessoas que nada são acreditarem que foram grandes personagens antes do nascimento e que serão ainda importantes depois da morte".

Home oferece aqui uma pequena amostra da sua posição diante de Kardec e principalmente ante a reencarnação, mas é no capítulo seguinte, "A Doutrina de Allan Kardec", que ele desenvolve mais longamente suas críticas ao Espiritismo. Vejamos.

• • •

"Classifico a Doutrina de Allan Kardec", diz ele logo de início, "entre as ilusões deste mundo e tenho boas razões para isso, como se verá. Conheci o iniciador, ou antes, o renovador dessa fase moderna do velho paganismo"... Prossegue dizendo que não põe em dúvida a sua boa-fé (ainda bem), mas que ele pretendeu iluminar o mundo com a velha doutrina pitagórica das vidas sucessivas. Para isso, segundo Home, Kardec magnetizava os médiuns e fazia-os dizerem aquilo que ele, Kardec, queria que eles dissessem. Muito simples. Estranha o médium-autor que Jâmblico tenha aprendido tão bem a escrever em francês nas suas comunicações a Kardec e que Pitágoras tenha esquecido o grego. Julga-se com direito a fazer essas críticas ao dizer: "Sou conhecido por ser o que se convencionou chamar um clarividente; tenho, assim, o direito de falar com conhecimento de causa quanto a essa fase particular da Psicologia". E volta a insistir na sua tese: Kardec não era médium, e sim um mero magnetizador. "Sob o império de sua vontade enérgica, seus médiuns não passavam de máquinas de escrever, que reproduziam servilmente seus próprios pensamentos." E junta um testemunho pessoal, da seguinte maneira: "Atesto a veracidade do seguinte fato. Antes mesmo que eu tivesse conhecimento da morte de Allan Kardec, recebi dele, na presença do conde de Dunraven, hoje visconde Adare, uma mensagem nos seguintes termos: *Lamento haver ensinado a Doutrina Espírita. Allan Kardec*".

Como as nossas paixões são artificiosas e como descobrimos mil modos e meios para satisfazê-las... O próprio Home, em exemplos pelo seu livro afora, recomenda que se acautele o médium com o exame cuidadoso do que dizem os Espíritos e tome suas precauções contra as falsas identidades e fantasias. Quando chega, porém, o momento de manifestar um ponto de vista que lhe é próprio, qualquer mensagem é considerada autêntica. Essa mensagem, no entanto, nem o Sr. Jean Vartier,[16] um século depois, conseguiu aceitar como autêntica. Não era mesmo para desconfiar que logo em seguida à sua desencarnação, a primeira coisa que o Espírito Kardec se lembra de fazer é vir atestar junto a Home o seu arrependimento por ter pregado o Espiritismo?

Mas isso ainda não é tudo. Home reproduz uma mensagem que teria sido recebida por Morin que, segundo ele, Kardec considerava "um dos seus melhores médiuns". Nessa mensagem, Kardec, também arrependido, teria feito sua "confissão póstuma", repudiando os ensinamentos que difundira "em vida" e se acusando de "orgulho insensato" por ter desejado passar por um semideus salvador da Humanidade, quando tudo não foi além de um egoísmo ridículo que somente conseguiu impressionar as classes mais humildes da população!

A evidente falsidade da mensagem e sua total discordância com o verdadeiro Espírito de Kardec não impressionam ao médium Home, que não põe em dúvida sua autenticidade.

• • •

Passa em seguida à crítica de alguns pontos da Doutrina, concentrando-se sempre na espinhosa — para ele — questão da reencarnação. Não se conforma com a resposta dos Espíritos de que a doutrina reencarnacionista é fundada na justiça e oferece condições para expiação das

---

[16]Vide o artigo "Allan Kardec e o mistério de uma fidelidade secular", publicado em *Reformador* de abril de 1973, pág. 101.

nossas faltas passadas. Evidentemente Daniel D. Home não se aprofundou no estudo da Codificação, pois suas críticas, nesse particular, revelam irreparáveis lacunas. Para Home, Kardec pregou que a conquista do Céu se dava através do "baralhamento total da identidade das criaturas" através das encarnações sucessivas e que a ordem que reina em toda parte na Natureza não encontra a sua contrapartida no mundo dos Espíritos. Onde está isso em Kardec, meu Deus? Acha ele também que os Espíritos são dominados pelo constante temor de se esquecerem de suas experiências terrestres "porque se eles perdem a lembrança de um único incidente, são reenviados cá para baixo para adquirirem um pouco mais de memória" e, por isso, submetem-se a inúmeras encarnações...

Em seguida, manifesta sua estranheza e repulsa ante as situações que a reencarnação pode criar, no que manifesta, mais uma vez, completo desconhecimento do problema. A seu ver, são incalculáveis as perplexidades contidas nessa "doutrina monstruosa". A avó pode vir a ser a sua própria neta. (E daí?) O Nero do primeiro século pode *metamorfosear-se* (palavra sua) na mística *Madame* Guyon do último século, o que é um tanto duvidoso, mas não impossível. "A alma de um criminoso pode transformar-se na de um São Vicente de Paulo." E isto não é maravilhoso? Um Espírito pejado de crimes saber que com arrependimento sincero e muito trabalho regenerador pode chegar a tornar-se um verdadeiro santo, no sentido lato da palavra? Que há nisso de monstruoso ou errado?

Outros aspectos da questão parece perturbarem sobremodo o famoso médium. Partindo do ensinamento doutrinário segundo o qual o Espírito pode renascer ora como homem, ora como mulher, Home imagina "corolários revoltantes", que mal se arrisca a indicar, de tanto pavor que lhe inspiram. Um exemplo: duas pessoas se unem pelo matrimônio. Têm filhos, depois morrem e renascem com as posições trocadas. "Se se casassem novamente, como explicar o enigma de sua paternidade e da paternidade de seus filhos?" Não entendi. Não há enigma algum. Os componentes de um casal que renasce na mesma família guardam novas relações de parentesco, qualquer que seja o sexo escolhido para a encarnação. O relacionamento anterior é meramente histórico. Sou hoje o pai do meu filho, tanto quanto poderei ser amanhã seu neto, seu genro, ou seu sobrinho. Qual é o problema? Para Home, o problema está em que a doutrina da reencarnação "destrói toda a consanguinidade". É que os Espíritos não se ligam pelo sangue, pela matéria; unem-se pelas afinidades espirituais ou se repelem pela ausência delas. Os laços de sangue, a hereditariedade biológica, física, representam vínculos ocasionais. Às vezes confirmam antiquíssimas relações de amizade ou de amor, mas nem sempre o Espírito renasce dentro dos seus grupos habituais; somos às vezes "desterrados" para grupos estranhos, onde os vínculos de sangue realmente nada representam senão uma situação transitória que temos de suportar com tranquilidade, paciência e amor, a fim de que possamos aprender a lição da fraternidade. É até provável que no novo grupo, com o qual não temos grandes afinidades, venhamos a fazer grandes e inseparáveis amigos novos.

Diversamente do que pensava Home, a doutrina da reencarnação não nos prende, como condenados, a uma cadeia eterna de vidas sem remissão. Ao contrário, se não estivéssemos submetidos à lei da reencarnação é que ficaríamos para sempre a errar por aí, como almas perdidas, sem perdão e sem condições de reparar o mal que praticamos.

Para Home, "o mundo reencarnacionista é como um teatro onde as marionetes aparecem, fazem umas piruetas e desaparecem, sujeitas à vontade de quem manipula os cordéis". Diz ele que a natureza humana "se revolta diante de tais exageros". Mais adiante, apresenta outras "confusões revoltantes": ele próprio teve "a honra de encontrar pelo menos doze Marias Antonietas, seis ou sete Marias Stuart, uma porção de São Luízes e outros reis, além de uma vintena de Alexandres e Césares, mas jamais um simples joão-ninguém". E que tem isso a ver com a justeza da doutrina reencarnacionista? Não é por causa disso que a reencarnação vai deixar de existir. O que ele testemunhou, se são exatos os dados que apresenta, foi a existência de uma porção de Espíritos vaidosos, iludidos, fantasistas, mal informados, que se julgam figuras eminentes do passado. As pesquisas de regressão de memória revelam, às vezes, uma ou outra personalidade eminente, mas revelam também — e sempre — existências em que o Espírito mergulhou no anonimato, no sofrimento, na miséria, na ignorância, na dor, exatamente para redimir faltas cometidas quando estava lá em cima na escala social ou no ápice do poder temporal. A paixão do argumento leva Home a observações totalmente infantis: Onde estariam hoje, pergunta ele, os heróis do passado, Turenne, Bayard, Condé, que não vêm socorrer a França no momento em que os exércitos alemães se acampam sob os muros de Paris (refere-se, naturalmente, à Guerra de 1870)? "Onde estavam esses heróis no dia da agonia de sua pátria? Ou a ausência de patriotismo é uma virtude na Doutrina de Kardec ou toda grandeza da alma 'é uma impureza da qual os Espíritos devem se despojar'?"

Sua confusão é total. Supõe ele, a certa altura, que um Espírito que foi sucessivamente Nero, Constantino, Maomé, Carlos Magno, Bacon — uma impossibilidade flagrante em tão curto espaço de tempo — "e se vê subitamente *encarnado no corpo do primeiro*, a vida inteira não lhe bastaria para decidir-se a adotar uma das quatro proposições" que apresenta a seguir: botar fogo em Paris e tocar violino enquanto a cidade se incendeia; mudar a capital da França; reunir numa só crença católicos, voltaireanos, protestantes e positivistas; inventar um novo produto para matar os homens. (A invenção da pólvora é atribuída a Bacon, o Roger, não a Francis.)

Acha ele, portanto, que as faculdades espirituais que compõem a personalidade de Nero, por exemplo, se encontram no corpo físico de Nero, e não no seu Espírito. Não sabe ele — e se diz autorizado a falar como médium — que é o Espírito que impõe suas tendências, vícios ou virtudes à personalidade do homem encarnado. O corpo físico nada é senão um instrumento de trabalho; uma vez abandonado pelo Espírito, é matéria que se decompõe e deixa de oferecer condições para abrigar a alma. Como é que o corpo de Nero, já apodrecido há milênios, vai receber um Espírito — que Espírito? — e influenciá-lo com as suas tendências? Além do mais, decorridos tantos séculos, é de esperar-se que Nero já esteja bastante diferente do que foi, pela evolução irreversível da alma através do tempo. Seu Espírito, hoje reencarnado num corpo que ele próprio formasse deveria, por certo, apresentar-se de maneira mais tranquila e moralizada, pelas duras lições que deve ter estudado ao longo de vinte séculos de muitas dores. Que seria do pobre Nero — já que Home se refere a ele mais de uma vez — se não fosse a maravilhosa lei das vidas sucessivas? Que seria de nós?

E assim, sem entender os princípios sobre os quais se apoia a doutrina da reencarnação, Home não entende nem aceita as suas consequências. Por exemplo: se os Espíritos evoluem de vida em vida, como ensina Kardec, para ele "a Grécia de hoje seria mais inteligente que ao tempo de Homero e Sócrates, e a França menos imoral que era há quinze séculos". Isto seria verdadeiro se ao longo de todos esses séculos, exatamente os *mesmos* Espíritos voltassem continuamente a se reencarnar nas mesmas regiões da Terra; sabemos, no entanto, que aqueles que atingiram um estágio superior na evolução espiritual ficam liberados da dura condição de renascerem na carne. Só virão se e quando desejarem, em missões especiais de sacrifício ou de esclarecimento, ditadas pelo mais puro amor. Para aqui só voltam, obrigatoriamente, aqueles como nós, que ainda muito devemos perante a lei do nosso Pai. Não que Ele nos venha cobrar, como um Deus implacável e temível, mas porque Ele colocou em nossa própria consciência o sonho imortal da felicidade e o anseio invencível da paz que vamos encontrar nas realizações superiores do verdadeiro amor.

Para demonstrar as "incongruências" da reencarnação, Home cita alguns casos. Diz ter conhecido um homem que se lembrava de ter permanecido no seio da terra por longos séculos "como um metaloide"! Depois, encarnou-se no corpo de um tigre real e a essa "encarnação" atribuía seu temperamento fogoso e atirado. Outro seu conhecido lembrava-se de ter sido "uma lâmina de aço"! Casos evidentes de pobres seres ingênuos, montados numa ignorância comovente e servidos por uma imaginação fértil e fantasista, que são tomados como exemplos para demonstrar a falsidade da doutrina da reencarnação. Assim não dá nem para argumentar.

Home conclui seu capítulo dizendo que, fora essas ilusões, nada resta da Doutrina de Allan Kardec. "É um sonho, uma alucinação como tantas outras."

Kardec não passaria de um escolar da Idade Média, discípulo de Tomás de Aquino, que veio ao século XIX para perturbar as pesquisas de um grupo de sábios positivistas. Traz na mão direita um pergaminho com as seguintes palavras enigmáticas: "Minha missão é dupla: tomo o lugar do Cristo e confundo a identidade da criatura...".

• • •

Tais são, segundo Home, as *sombras* do Espiritismo. As *luzes* ele reserva para o último capítulo, no qual narra alguns episódios interessantes, mas banais, de sua própria mediunidade, nos quais identificou Espíritos, fez tocar acordeão por mãos invisíveis, apanhou brasas com as mãos, na lareira, moveu peças de mobiliário etc., tudo muito legítimo e muito interessante, mas a velha pergunta retorna: E daí? Para substanciar esses relatos, transcreve depoimentos pessoais de amigos seus, quase sempre da nobreza da época. Modestamente, reproduz até elogios como este da condessa Catarina Lugano di Panigai, de Florença: "Uma noite de julho de 1874, tive a felicidade de assistir a uma sessão dada pelo Sr. Daniel Dunglas Home, médium célebre, do qual não farei aqui o retrato; o Sr. D. D. Home é muito conhecido pelas suas distintas qualidades e por aquela leal e franca conduta que distingue o verdadeiro cavalheiro". O que, aliás, é estritamente verdadeiro, diga-se em favor da justiça. Home foi realmente uma pessoa de excelente educação, grande desembaraço social, de conduta irrepreensível e que jamais comerciou a sua mediunidade e nem procurou fraudar fenômenos para ganhar prestígio ou dinheiro. Sua dificuldade esteve em conciliar os fenômenos que produziu com um corpo doutrinário coerente, racional e amplo como a Codificação de Allan Kardec. Todo o seu trabalho — e foi extremamente valioso — concentrou-se em comprovar a sobrevivência do Espírito. Muitos seres humanos atraiu para essa ideia redentora e, com isso, dava-se por satisfeito. De certa forma, deixou passar a sua oportunidade, naquela encarnação. Sendo contemporâneo de Kardec, não quis ouvir o chamado da Doutrina. Mas, afinal de contas, a reencarnação, que tanto combateu sem entender, já o trouxe, segundo suspeitamos, de volta à carne, para espalhar por toda parte a palavra redentora do Espiritismo puro. O mestre lionês, a quem então não entendeu, é hoje objeto de sua profunda e respeitosa veneração; nele reconhece o mensageiro que nos trouxe a ciência e a moral, a lógica e o amor, a explicação e a esperança, contidos num só corpo doutrinário. Que mais poderia desejar o ser humano, além e acima desse breviário de paz, desse roteiro para as mansões da luz?

Graças a Deus, Daniel Dunglas Home também encontrou um dia a sua estrada de Damasco e, algo aturdido, perguntou como Saulo:

— Senhor, que queres que eu faça?

E Jesus lhe mostrou a grandeza da obra e o trabalho que ela exige para expulsar, com as novas luzes, as sombras dos nossos descaminhos.

17

SYBIL — O DRAMA DA POSSESSÃO

A aula seguia seu ritmo normal, no laboratório da Universidade de Columbia, em Nova Iorque, quando o vidro espatifou-se no chão. O incidente disparou em Sybil o mecanismo do pânico irracional. A cabeça parecia pulsar e girar desgovernada, enquanto acudiam lembranças desagradáveis de remotos episódios da infância, em que ela era sempre a culpada de ter quebrado alguma coisa. Sybil apanhou suas notas de aula e meteu-as apressadamente na pasta de zíper. No instante seguinte, deixava a sala ante o olhar atônito do professor e dos colegas. Parou em frente à porta do elevador, que ficava no longo e escuro corredor do terceiro andar. Estava só e o elevador demorava a chegar. Ou seria sua impaciência que prolongava a espera?

• • •

A certa altura, porém, notou que não tinha mais a pasta de zíper nas mãos. Nem se achava diante do elevador, no corredor da Universidade. Encontrava-se numa rua estreita, coberta de neve, pela qual caminhava tiritando de frio, pois o agasalho que trazia era insuficiente. Além disso, estava sem chapéu, sem luvas e sem galochas. Que rua seria aquela? Onde estava? Certamente que não era Nova Iorque. Talvez fosse Wisconsin, sua cidade natal, mas isso era impossível, pois ela não poderia ter vindo de Nova Iorque a Wisconsin numa fração de segundo. Ainda há pouco, estava no corredor diante do elevador. Talvez fosse um pesadelo, mas o frio era real, a rua, a sua caminhada, os edifícios. Ela não poderia ter inventado aquilo tudo.

Precisava encontrar uma cabina telefônica e ligar para sua companheira de quarto, mas logo em seguida lembrou-se de que Teddy havia partido em férias para visitar sua família, em Oklahoma. Chamaria, então, a Dra. Cornélia Wilbur, sua psiquiatra. O telefone seria o elo com a realidade, pois nada daquilo parecia real. Continuava a andar sob a neve que caía implacavelmente. Seus pés e suas mãos estavam gelados. Era preciso continuar andando, ao longo da rua escura, fria e desconhecida, onde aqui e lá passavam vultos furtivos e silenciosos.

Sybil parou junto a um poste de iluminação e abriu a bolsa. O conteúdo apresentou também algumas intrigadoras surpresas. É verdade que lá estavam seu cartão de Previdência Social, o da *Blue Cross*, a licença de motorista e o cartão da biblioteca da Universidade, que, em conjunto e separadamente, confirmavam sua identidade. Era de fato Sybil Isabel Dorsett.

No entanto, a carteira de dinheiro continha apenas 37 dólares e 42 centavos e ela estava certa de que ao sair de casa para a Universidade tinha cinquenta dólares e alguns trocados. Como gastara os treze dólares? Será que pagara alguma passagem a fim de viajar para aquele estranho lugar? Que acontecera entre a espera do elevador e aquele momento, ali na rua gelada? A chave do seu apartamento também estava com ela, mas havia outra, presa a uma etiqueta avermelhada, com um número gravado: 1.113. Evidentemente, era uma chave de hotel. E daí?

A confusão aumentava. Continuou caminhando ainda mais desorientada. Num posto de gasolina, encontrou um telefone, afinal, mas não funcionava. Serviu, porém, para identificar o lugar, pois o catálogo era de Filadélfia, cidade que ela visitara muitas vezes. A chave poderia, então, ser do Hotel Broadwood, onde costumava hospedar-se. Mas seria mesmo? As perguntas eram muitas e o medo crescia, enquanto ela tomava um ônibus desgarrado. Saltou na esquina do hotel, já reconhecendo o local e os edifícios. Em frente, comprou um jornal. Estava datado de 7 de janeiro de 1958. Não era possível; havia algum engano. Comprou outro. Não tinha dúvida: era mesmo 7 de janeiro e, no entanto, ela deixara o laboratório da Universidade no dia 2. Perdera cinco dias da sua vida sem saber como, nem onde, nem por quê.

A mulher da portaria recebeu-a preocupada e maternal, lamentando que ela tivesse insistido em sair com aquele tempo miserável. Recomendou-lhe que se recolhesse ao quarto, tomasse uma refeição quente e não saísse mais, por favor.

Sybil subiu para o 11º andar, abriu a porta cautelosamente, depois de muita hesitação e temor. Não tinha ninguém, felizmente. Tanto quanto sabia, jamais havia estado naquele quarto e, no entanto, obviamente ali vivera durante cinco dias; do contrário não estaria na posse da chave e nem seria reconhecida pela senhora da portaria.

Precisava falar urgentemente com a Dra. Wilbur, em Nova Iorque. Enquanto pedia a ligação interurbana, viu sobre a cômoda a sua pasta de zíper. Desligou o telefone e levantou-se. A pasta continha suas anotações de aula. A um canto da cômoda, encontrou uma nota de compra: um par de pijamas adquirido na *Mayflower Shop*, 5.007 Wayne Avenue, por 6 dólares e 98 centavos. Que pijamas seriam aqueles que ela jamais vira? Depois de longa procura, achou-os dependurados atrás da porta do banheiro. Evidentemente "alguém" tinha dormido com eles, pois estavam amarrotados.

Nesse ponto, Sybil tinha uma só certeza: regressar prontamente a Nova Iorque e procurar a Dra. Wilbur. Regressar enquanto ainda era Sybil Isabel Dorsett, pois de um momento para outro, sem saber como nem por quê, poderia "apagar" novamente e vaguear pelo mundo em busca de si mesma.

• • •

É uma longa, dramática e dolorosa história a de Sybil e está narrada num livro muito bem escrito por Flora Rheta Schreiber (*Sybil*, publicado por Henry Regnery Co., Chicago, 1973).

Desde criança Sybil sofrera dessas "ausências", que poderiam durar dias, semanas, meses e até anos inteiros. No decorrer desse "tempo perdido", dezesseis personalidades distintas se apossavam alternadamente de seu corpo, cada uma com suas bem definidas características. Uma dizia chamar-se Victoria Antoinette Scharleau, apelidada Vicky. Era muito segura de si, sofisticada, loura, atraente. E também Márcia Lynn Dorsett, que falava com sotaque inglês, ou Vanessa, "intensamente dramática e extremamente atraente", ou, ainda, Mike Dorsett que, juntamente com Sid Dorsett, formava a dupla masculina de personalidades. Eram ambos hábeis carpinteiros, sendo que Mike se dizia empreiteiro de obras. Diferiam, porém, na aparência "física". A variedade é enorme, como também os contrastes. Havia um ou outro traço comum, como o gosto pela arte que ocorreria em várias das personalidades.

A solução médica desse complexo problema psiquiátrico absorveu onze anos e 2.354 sessões com a Dra. Cornélia Wilbur. O tratamento começou em 1954. Poucos meses depois, Sybil entrou um dia no consultório e disse à Dra. Wilbur:

— Alô. Eu sou Vicky. Sybil estava doente hoje e por isso eu vim em seu lugar.

Começava a desenrolar-se a trama.

• • •

Sybil teve uma infância difícil, sobrecarregada com exagerada cota de angústias, traumas, punições e ausência de afeto, clima fértil para eclosão dos mais terríveis complexos e frustrações, especialmente para uma criança sensível e inteligente. (Sybil tem o Q.I. bastante elevado de 170.) É pelo menos o que vê a Ciência oficial. O Espiritismo vê, em casos como esse, outras angulações, como o pesado lastro de um passado culposo, os inescapáveis compromissos de Espíritos em reajuste perante a lei tantas vezes desrespeitada, as ligações antigas de grupos espirituais que repetem experiências e erros, agravando dores em vez de libertarem-se delas.

Colocada entre a mãe extremamente dominadora e evidentemente desequilibrada e um pai algo apático, Sybil cresceu numa atmosfera surrealista de aflições e perplexidades inacreditáveis. Muitas das cenas que presenciou ou das que sofreu na própria carne são irreproduzíveis, tal o seu teor de impressionante e alienada perversão ou irresponsabilidade. Não deve ter sido fácil a tarefa de escrever este livro denso e terrível. Durante dez anos, a autora estudou o caso, consultou notas, ouviu gravações, conviveu com a paciente e a médica, levantou o passado de Sybil e acompanhou o desenrolar do drama aflitivo de um ser que busca sua própria identidade num labirinto de "ausências", de invasões em sua personalidade, de enganos, de terrores ante a perspectiva de perder completamente o juízo.

Nas primeiras entrevistas com o médico, ainda em Omaha, Sybil queixava-se das suas estranhas ausências, durante as quais perdia completamente a memória. Às vezes, por exemplo, não guardava lembrança alguma do que acontecera no consultório. De outras vezes, lembrava-se de ter entrado no elevador, mas não no consultório médico, ou então via-se entrando, mas não tinha lembrança de ter saído. Em outras ocasiões, passava pelo vexame de encontrar pessoas que insistiam tê-la conhecido sob circunstâncias que ela ignorava por completo. Roupas que ela estava certa — ou seria mesmo certeza? — de não ter comprado apareciam no seu guarda-roupas e o pior é que não eram de seu gosto. Em algumas oportunidades encontrava misteriosamente concluídos quadros que ela começara a pintar, num estilo que não era definitivamente o seu. Dormir era um pesadelo constante, porque cada vez se tornavam mais difusos os limites entre vigília e sono, entre dia e noite. Acordava sem ter realmente dormido ou adormecia para acordar não na manhã seguinte, como toda gente, mas em horas irreconhecíveis.

É inevitável para o leitor espírita a identificação do fenômeno com a possessão. Como ensina o Espiritismo:[17]

---

[17] *A Gênese*, de Allan Kardec, edição FEB, cap. XIV, nº 47. As palavras grifadas não estão com destaque no original. (**Nota da Editora**).

> Na obsessão, o Espírito atua exteriormente, com a ajuda do seu perispírito, que ele identifica com o do encarnado, ficando este afinal enlaçado por uma como teia e constrangido a proceder contra a sua vontade.
>
> Na possessão, em vez de agir exteriormente, o Espírito atuante se substitui, por assim dizer, ao Espírito encarnado; toma-lhe o corpo para domicílio, sem que este, no entanto, seja abandonado pelo seu dono, pois que isso só se pode dar pela morte. A possessão, conseguintemente, é sempre *temporária e intermitente*, porque um Espírito desencarnado não pode tomar definitivamente o lugar de um encarnado, pela razão de que a união molecular do perispírito e do corpo só se pode operar no momento da concepção.
>
> De posse momentânea do corpo do encarnado, o Espírito se serve dele como se seu próprio fora: fala pela sua boca, vê pelos seus olhos, opera com seus braços, conforme o faria se estivesse vivo. [...]

Vejamos agora a cena no consultório da Dra. Wilbur.

A data é 21 de dezembro de 1954. As sessões regulares de análise começaram há três meses. Sybil deseja que a doutora leia uma carta que ela acaba de receber de Stan, um jovem que lhe propõe casamento. Ao procurar a carta na bolsa, ficou terrivelmente perturbada porque encontrou apenas metade da folha, rasgada em zigue-zague. Quem teria rasgado o documento? Sybil estava novamente confusa e, como sempre, sentada tensamente no sofá, tão afastada quanto possível da doutora. Disfarçadamente, colocou a carta rasgada entre duas outras que se encontravam na bolsa, mas a médica perguntou:

— Você não queria que eu lesse a carta?

Sybil começou a gaguejar e, num segundo, tudo aconteceu. Ela se levantou num impulso, furiosa, rápida como um raio, rasgou as outras duas cartas e atirou-as à cesta de papéis. Em seguida, de punhos cerrados, parada no meio da sala, resmungou encolerizada:

— Os homens são todos iguais. Ninguém pode confiar neles. Não pode mesmo.

Voltou-se e dirigiu-se para as janelas, afastou a cortina num ímpeto e, antes que a doutora pudesse fazer alguma coisa, ela já esmurrava o vidro até quebrá-lo, gritando agoniadamente que a deixassem sair, como se tivesse caído numa armadilha. A doutora pegou-a delicada, mas firmemente pelo pulso com a desculpa de ver se ela estava ferida. A moça olhou-a muito admirada, como se a visse pela primeira vez. Estava calma e falava agora com uma voz quase infantil, bastante diferente daquela em que denunciara a vilania dos homens. Pacientemente foi reconduzida ao sofá, onde se acomodou sem resistência. Não havia ferimento, felizmente. Quanto ao vidro, não se preocupasse — disse a doutora —; ela mandaria consertar. A moça no sofá começou a contar um episódio de infância em que certo companheiro por nome Ewald havia caído em cima de uma arma que disparou, matando-o instantaneamente. Depois de uma conversa mais ou menos longa, a doutora lhe fez a pergunta-chave:

— Quem é você?

— Será que você não percebe a diferença? — diz ela. E com um gesto muito característico da cabeça: — Eu sou Peggy.

A médica continuou em silêncio e ela prosseguiu:

— Nós não nos parecemos. Você pode ver isso. Você pode.

A uma pergunta da médica, quanto ao sobrenome, ela respondeu:

— Uso o Dorsett e, às vezes, Baldwin. Na realidade sou Peggy Baldwin.

Interessante que ela não é uma Dorsett — sobrenome de Sybil —, apenas *usa, às vezes*, esse nome. Fala de suas pinturas. Gosta de pintar em preto e branco, mas reconhece que não tem o mesmo talento de Sybil. E aí outra pergunta crítica:

— E quem é Sybil?

— Sybil? Ora, é *a outra* moça.

— Sim. Onde você mora?

— Vivo com Sybil, mas minha casa, como lhe disse, é Willow Corners (local onde Sybil vivia antes de vir para Nova Iorque).

— Sua mãe então é a Sra. Dorsett?

— Não! Não!

Peggy recuou, procurando esconder-se atrás do pequeno travesseiro.

— A Sra. Dorsett não é minha mãe!

— Muito bem. Eu apenas queria saber.

Nesse momento ela se levantou e sentou-se numa cadeira. Não era mais Peggy, e sim Sybil. A doutora já começava a distinguir as personalidades manifestantes.

A moça estava surpresa ante o cenário. A bolsa no chão, suas coisas espalhadas, a janela quebrada. Seguiu-se um penoso diálogo. Ela aflita e aterrorizada e a médica contando o que houvera.

— Você rasgou as cartas e as jogou no cesto.

— Eu?

— Você. Deixe eu lhe contar o que houve.

E, depois, a explicação:

— Não se assuste. Você esteve num outro estado de consciência. Teve o que chamamos de "fuga". A fuga é um estado agudo de dissociação da personalidade, caracterizado pela amnésia e fuga real do ambiente.

— Você não me julga culpada?

— Não, não julgo. A culpa não tem nada a ver com isso. Precisamos conversar e o faremos na sexta-feira.

Quando Sybil partiu, a doutora ficou alguns minutos meditando sobre o caso que, segundo os anais da Medicina, parecia um problema de "dupla personalidade".

Na sessão seguinte, a própria doutora resolveu chamar Peggy, que surgiu prontamente, satisfeita por estar sendo identificada separadamente. A doutora queria aprofundar-se um pouco mais naquele mistério.

— Peggy — disse ela —, você se parece com Sybil?

— De jeito nenhum! — respondeu a moça.

Estava indignada. Levantou-se do sofá, caminhou de um lado para outro e anunciou:

— Somos completamente diferentes. Veja como é meu cabelo. E o formato de meu rosto.

Claro que a Dra. Wilbur não via nenhuma diferença física e certamente ela não poderia admitir ou supor que o Espírito manifestante tinha a sua própria imagem, que muito diferia da de Sybil. No fundo, deveria achar bem tola a pergunta da psiquiatra. Realmente, Peggy parecia mais jovem que Sybil, falava diferente e portava-se de outra maneira; no entanto, diz o livro, "os cabelos, a face e o corpo eram os mesmos. Peggy estava em pleno comando do corpo, mas a doutora sabia, pela sua experiência da semana anterior, que a qualquer momento Peggy poderia transformar-se em Sybil. Na realidade, Peggy permaneceu durante todo o tempo da análise".

Às vezes, as observações de Peggy — ou das outras, mais tarde — são completamente obscuras para aquele que não está familiarizado com os processos da mediunidade. Na sua ânsia de encontrar o fio que ligava Peggy a Sybil, a doutora segue interrogando a paciente que, a certa altura, tem um desabafo:

— Puxa! Você faz tanta pergunta!

Ou, então, ainda mais impaciente:

— Deixe-me em paz. Há coisas que não posso dizer-lhe. Simplesmente não posso. É como os guardas em torno de um palácio. Não podem sorrir. Estão de serviço.

Sorriu e continuou:

— Acho que você pode fazê-los sorrir, se fizer-lhes cócegas com uma pena de galinha. Eu não. Não sorrio e não falo a não ser que eu queira. E ninguém pode fazer-me falar.

De outra vez, há uma observação que se perde na massa de dados, mas que tem, provavelmente, sentido que apenas no contexto espírita poderia ser entendido.

A doutora se preocupa com Sybil, tão desprotegida, caminhando sozinha pelas ruas de Nova Iorque. Peggy, muito mais dinâmica e resolvida, não precisava de proteção. No diálogo daquele dia — 23 de dezembro de 1954 —, Peggy dissera à doutora que tivera de tomar uma atitude diante da carta de Stan, porque Sybil não tinha coragem de ficar zangada. E acrescentou:

— *Sua mãe não deixa.* Eu sei que é pecado ficar com raiva, mas as pessoas ficam zangadas com frequência.

Curiosa expressão essa: sua mãe não deixa. A essa altura, Hattie Dorsett, mãe de Sybil, já morrera, e a doutora interpreta a afirmativa de Peggy como uma dificuldade que ela demonstra em distinguir o presente do passado. Há, porém, outra explicação. Estaria o Espírito da mãe ainda tentando dominar a filha? Será que realmente Peggy estava pensando em termos de passado, quando a mãe ainda encarnada sufocava a personalidade da filha? Que bom seria se tais casos fossem também submetidos ao exame de um psiquiatra espírita...

A Dra. Wilbur imagina que "a personalidade secundária" de Peggy é apenas uma defesa de Sybil contra os súbitos acessos de raiva. Enquanto isso, Peggy, na rua, pensava, divertida: como é que aquela simpática doutora de cabelos vermelhos a confundia com Sybil? Será que ela não "via" que eram diferentes? E riu alto, chamando a atenção dos passantes. Peggy não estava com a menor intenção de ir para casa. Andou ao acaso, vendo vitrina e gozando sua liberdade, sonhando seus sonhos no corpo da "outra". Ao entrar num grande edifício, leu o letreiro *Pennsylvania Railroad*. Era a estação central da estrada de ferro. Que bom dar um passeio, pensou. Entrou numa fila e nem chegou a pedir o bilhete, porque a moça no guichê perguntou se a passagem era para a cidade de Elizabeth. Era. Que importava? Qualquer lugar serviria. Antes de chegar a Elizabeth, no entanto, descobriu que "alguém", que não ela, já havia ocupado o corpo de Sybil, talvez a própria, de vez que ocorrera mais uma "ausência". Na pequena cidade, meteu-se prontamente num incidente que por pouco não acaba na polícia.

Caminhava sem rumo, quando encontrou, num estacionamento para automóveis, um carro que lhe pareceu ser de seu pai. É preciso esclarecer que Peggy estava certíssima de que o pai de Sybil era também o seu. Como o carro estivesse trancado, ela quebrou a vidraça justo no momento em que o dono verdadeiro se aproximava. O diálogo foi áspero e contou com a participação de outro homem, também desconhecido. O dono do carro queria que ela o indenizasse do prejuízo e ela se recusava, pois o carro era de seu pai... O homem somente deixá-la-ia partir se ela pagasse os vinte dólares do reparo e assinasse um papel. Cansado de perguntar pelo seu nome, o homem arrancou-lhe a bolsa das mãos e sacou o cartão de identidade no qual se lia: Sybil I. Dorsett.

— É esse o seu nome?

— Não — disse ela.

— E o que está fazendo você com esse cartão?

Não havia resposta inteligível. Como é que Peggy iria explicar àquele brutamontes que Sybil *era a outra*? Além do mais, a fotografia da carteira de identidade conferia com o original. Não havia dúvida, a moça era Sybil I. Dorsett e estava tentando furtar-se ao pagamento do prejuízo.

— É você mesma. E aqui está o seu nome debaixo do retrato. Você é Sybil I. Dorsett.

— Não sou.

— Bem. Qual é o seu nome?

— Eu sou Peggy Lou Baldwin.

— Nome falso — comenta um dos homens.

— Ela disse que o nome do pai era Willard Dorsett — diz o outro. — Há qualquer coisa estranha nisso tudo.

— Certamente que há.

O problema maior é que o dono do carro não desistia de receber os vinte dólares e ameaçava com a polícia. Daí em diante, Peggy sentiu que o controle da situação começava a escapar-lhe. Sybil voltava a assumir o comando do corpo. Houve ainda uma débil resistência, mas daí a pouco Peggy viu Sybil estender ao homem duas notas de dez dólares; ele insistia também que ela assinasse um papel, o que ela recusava terminantemente. Peggy ficou satisfeita, pois não era comum para Sybil "defender-nos", mas o homem era implacável: queria a assinatura de qualquer maneira. E enquanto Sybil lia o papel que ele punha sob seus olhos, Peggy conseguiu perceber somente uma expressão: "O proprietário do veículo...". Então o carro não era mesmo de *seu* pai, como ela pensava! Deu-lhe pânico e ela pôs-se a correr, mas o homem a agarrou pelos pulsos. Tinha que assinar.

— Mas você já pôs o meu nome naquele cartão. Você disse que eu podia ir embora. Não sei por que você quer que eu assine meu nome.

— Pensava que você havia dito que esse não era o seu nome — respondeu o homem. — Você é demais. Suma!

Interessantes observações podem ser feitas com relação a esse curioso episódio. O corpo de Sybil é uma espécie de "condomínio" espiritual ocupado alternadamente por mais de um Espírito. Peggy, mesmo afastada, consegue "assistir" às cenas que se desenrolam e até mesmo perceber um pouco do que Sybil lê no impresso que lhe é oferecido para ser assinado. Sente orgulho da "outra" quando esta defende o "condomínio", dizendo *não* para o homem. Quando o pânico surge, porém, Peggy parece novamente assumir o controle e tenta fugir. O diálogo final com o homem é obviamente por sua conta, como, aliás, está evidenciado nos acontecimentos subsequentes. É Peggy quem retorna ao apartamento, em Nova Iorque, que, na sua opinião, "partilha" com Sybil, e resolve ir a uma festa na faculdade com um dos vestidos da "outra", que, aliás, considera horroroso, porque o gosto de Peggy é mais espalhafatoso. Peggy dá um *show* de desinibição na festa, imitando com grande sucesso o empertigado professor de Arte, que muitos dos presentes conhecem por serem colegas de turma de Sybil. Todos têm certeza absoluta de que estão falando com Sybil Dorsett.

Dois dias depois é ainda Peggy que se mantém no controle do corpo de Sybil. Está confusa e aflita. Queixa-se de dor de cabeça e dor de garganta. Há gente esperando por ela, mas não explica quem é. Parece sentir-se aprisionada, pois de repente começa a gritar que deseja sair. Está mergulhada em confusas recordações de infância, que parecem ser comuns a ambas as personalidades. Como insiste em sair, a médica também insiste em que ela pode abrir a porta e ir-se. Não é isso. Peggy, muito irritada, exclama:

— Não. Não posso. Por que é que você não entende?

Depois de um longo e agitado diálogo, prossegue a autora do livro:

— De repente, Peggy ficou silenciosa. Em seguida, desapareceu. Sentada no lugar de Peggy estava Sybil.

— Tive outra fuga? — pergunta Sybil, tão prontamente quanto conseguiu afastar-se da médica. Estava assustada e aflita.

Até esse ponto, Sybil nada sabia de Peggy, pois é evidente que Sybil não traz para a vigília, quando *desperta* no corpo, as lembranças da atividade que Peggy desenvolve com seu corpo físico. Quando a Dra. Wilbur decide contar a Sybil algo sobre Peggy, esta emerge rapidamente e, como se aceitasse a prévia sugestão da médica, levanta-se, abre a porta e se vai embora.

A Dra. Wilbur não tem mais dúvida de que se trata de um caso de "dupla personalidade". Peggy e Sybil partilham o mesmo corpo, mas possuem memórias, atitudes e experiências diferentes. As vozes são diferentes, a dicção, o vocabulário, a cultura. Que fazer? Falar de Peggy a Sybil provocava, segundo a doutora, a *dissociação* que justamente ela deseja curar.

Em 16 de março de 1955, a Dra. Wilbur teve nova surpresa. Era impossível saber se a paciente que esperava lá fora era Sybil ou Peggy. Quando o cliente anterior se retirou, a Dra. Wilbur abriu a porta e viu a moça sentada, tranquilamente, lendo uma revista. Ao ver a médica, levantou-se prontamente, caminhou ao seu encontro e disse amavelmente.

— Bom dia, Dra. Wilbur.

Não era Peggy, evidentemente. Peggy não lia e não ficava sossegada, nem tinha aquela voz. Seria talvez Sybil, mas esta nunca tomava a iniciativa da palavra e jamais sorria assim tão espontaneamente.

— Como está você hoje? — perguntou a médica.

— Estou bem. Mas Sybil não está aqui. Estava tão doente que não pôde vir. Então eu vim no lugar dela.

A explicação foi precisa e bem formulada para a surpreendida doutora. Sybil bem que tentara vir, mas não conseguira nem mesmo vestir-se, apesar de seu firme propósito de não faltar ao encontro com a médica. Ela, às vezes, tinha mesmo essas "ausências". E, então, a moça interrompeu para se desculpar por ter iniciado a conversação sem se haver apresentado. Chamava-se Vicky, ou melhor, Victoria Antoinette Scharleau. Usava muitas expressões francesas, era culta, educada, sofisticada e inteligente. Conhecia bem "as circunstâncias". Não era de fato onisciente, mas observava "tudo quanto todos faziam". Sabia de tudo. Sua história era simples. Era estrangeira, nascida em uma família muito grande. Seus pais e seus irmãos — eram muitos — viviam em Paris. "*Mon Dieu*", disse a essa altura, "há quanto tempo não os vejo!" O nome francês se americanizara para Vicky. Discutia inteligentemente com a médica o problema de Sybil. Era muito complexo e começara antes que ela chegasse.

— Mas quando você chegou?

— Sybil era uma criança.

— Sei... Você conheceu a Sra. Dorsett?

A doutora pôde ver claramente que Vicky ficou em guarda.

— Era a mãe de Sybil. Eu vivi com os Dorsett muitos anos. É, eu conheci a Sra. Dorsett.

— Você conhece Peggy?

— Naturalmente.

— Diga-me algo sobre Peggy.

— Você quer que eu fale sobre Peggy? Você quer dizer Peggy Lou? Quer ouvir também algo sobre Peggy Ann?

— Quem?

— Desculpe — diz Vicky. — Havia esquecido completamente que Peggy Lou é a única que você conhece. Há duas Peggy.

• • •

Como vê o leitor, seria preciso muito espaço, mesmo para resumir o livro, e seria injusto para com a autora que realizou um trabalho tão excelente. Desejamos, se possível, ressaltar os aspectos que dizem respeito à fenomenologia mediúnica. Como, por exemplo, esta observação de Vicky: a doutora acabara de dizer a ela que Sybil sofria de estados de fuga, durante os quais não tinha consciência do que acontecia. E Vicky:

— Eu sei, mas isso é muito diferente de dizer-lhe que *ela não está sozinha no seu próprio corpo.*

— Acho que ela se sentirá mais segura — disse a médica — se souber que ela continua a atuar mesmo sem o saber.

E Vicky, algo irônica:

— *Ela*, doutora? O pronome não deveria ser *nós*?

A médica não respondeu. E Vicky continuou:

— Acho que você pode dizer-lhe isso. Mas repito: é *ela* que está atuando?

E sem esperar resposta da médica:

— Somos gente, você sabe. Gente mesmo.

A única razão pela qual ali estava visitando um psicanalista, em vez de estar em Paris com sua família, era porque desejava ajudar Sybil. Nem Sybil nem os outros tinham, a seu ver, conhecimento das verdadeiras razões de toda aquela confusão.

— Dessa forma, eu simplesmente tinha de vir trabalhar com você. Creio que juntas poderemos ir às raízes disto. Por favor, conte comigo. Sei tudo acerca de todos.

E, assim dizendo, Victoria Antoinette Scharleau levantou-se educadamente e se despediu, deixando a médica ocupada em decidir o que fazer para fundir aquelas personalidades numa só. Quantas seriam, afinal? Um ponto era certo: as personalidades que se alternavam em Sybil eram obviamente autônomas. Como e por que Sybil se tornara o que a Ciência chama de caso de personalidade múltipla? Haveria uma predisposição física? Talvez fatores genéticos? Nenhuma indagação de teor espiritual para iluminar esses caminhos. Nem mesmo ante a repetida e insistente afirmativa das próprias personalidades que se dizem criaturas independentes, "gente mesmo". Que bom seria saber se Vicky Scharleau tinha realmente parentes na França, e onde. Se os teve, quando e onde? Deixar que ela discorresse livremente acerca dos aspectos espirituais envolvidos. Ouvir-lhe as sugestões, instruí-la no que não soubesse, utilizar os conhecimentos de que dispunha no caso. Nada disso ou muito pouco é feito. A tese ainda é estritamente freudiana: Sybil precisava de muitas personalidades porque se sentia rejeitada. Sua condição, tal como diziam os primeiros investigadores há um século, era devida à chamada "grande histeria", que não apenas eclodia numa variedade de personalidades, mas também em doenças psicossomáticas igualmente inexplicáveis. No entanto, a Dra. Wilbur sabia muito bem da presença das "outras" no dia a dia de Sybil. Quando fez um passeio com esta, verificou depois o conhecimento e as reações de Peggy e de Vicky. Após o passeio, Márcia Lynn, uma das personalidades, virou-se para uma amiga que a acompanhava e disse, evidentemente muito satisfeita, que a Dra. Wilbur tinha interesse "em *nós*". Foi daí em diante que as demais componentes daquele "condomínio" espiritual resolveram também emergir e começaram a comparecer às sessões no consultório da Dra. Wilbur.

Há neste ponto um corte no livro para contar, em longo capítulo, as origens de Sybil, seus anos de formação e as terríveis deformações da sua vida familiar. Entre os muitos incidentes havidos, um deve ser destacado pelo impacto que representa, mesmo para o leitor.

Sybil encontrou-se de repente numa sala de aula que obviamente fazia parte do seu colégio primário, mas não era a *sua* sala, nem a professora era a *sua* familiar Srta. Thurston, da terceira série, e sim a Srta. Henderson, da quinta série. O fenômeno deixou-a atônita e depois apavorada. Os colegas eram os mesmos que a acompanhavam desde o jardim de infância, mas haviam crescido de repente e usavam roupas estranhas que ela não reconhecia. Suas próprias roupas eram diferentes e estavam irreconhecíveis. Teria ela também crescido? Que estava fazendo na quinta série? No seu caderno de aula havia anotações de matemática que ela não sabia decifrar e até mesmo deveres para casa que "alguém" havia feito, mas não ela. Foi enorme o choque com a realidade. Cerca de dois anos haviam decorrido. Alguém tomara o seu corpo, estudara suas lições, respondera às questões da professora e a deixara agora na ignorância de toda a matéria intercorrente. Não foi menor o choque com *Miss* Henderson, que de forma alguma podia entender por que Sybil, que obtinha consistentemente as maiores notas da turma, de repente não soubesse multiplicar, nem operar decimais. Em casa, onde foi para o almoço, a transformação era também evidente e chocante. Havia uma cadeira a mais na mesa (para quem?), a cozinha estava pintada com uma cor diferente e logo Sybil descobriu que não dormia mais no quarto dos pais, e sim num cômodo, no piso superior da casa. (O lugar na mesa era para o avô paterno que vivia uns tempos com eles.) Sybil não reconhecia sua boneca. Havia na conversação referências que ela não identificava e falavam de coisas do *seu* passado recente, de que ela não tinha lembrança alguma. Estaria ficando doida?

O pior, no entanto, foi enfrentar os desajustes na classe e a cólera da professora. Estaria a brilhante aluna de repente brincando com a mestra? Pois se ainda ontem ela sabia tudo aquilo, como é que agora sua expressão era de apatetado terror? *Ontem* era uma palavra estranha; para Sybil o ontem não existira. A última lembrança que tinha ainda era a penosa cena do enterro de sua avó, dois anos antes. Dois anos perdidos para Sybil. Por que é que ninguém entendia isso?

Daí em diante foram frequentes as alternâncias de personalidade. Mas isso, com os pormenores necessários para preencher os claros deixados na sua vida, somente muitos anos depois a Dra. Wilbur iria descobrir, conversando com as próprias personalidades. E se para Sybil a sequência do tempo apresentava aquelas clareiras, para Vicky era constante, sem interrupções. Vicky sabia realmente de tudo e podia narrar todo o drama sem os "brancos" que perturbavam a sequência das lembranças de Sybil. Os dois anos perdidos na escola haviam sido ocupados por Peggy Lou, que assumira o controle do corpo de Sybil à beira da sepultura da avó, num momento de aguda crise no pequeno e tumultuado mundo interior de Sybil. Vicky estava presente e aconselhou Peggy Lou a que ela respondesse sempre ao nome de Sybil e não impusesse o seu, porque "não era de boa educação apontar os erros alheios".

Na sexta série, Vicky tomou conta do corpo, por algum tempo, numa parceria precária com Sybil e com as outras, mas, anos depois, observaria à Dra. Wilbur que lhe parecia muito melancólico que Sybil "não soubesse da presença de nenhuma daquelas pessoas *que viviam dentro dela*". Vicky, no entanto, muito sofisticada, ansiosa por terminar sua tarefa e juntar-se aos seus parentes em Paris, achava uma chatice enorme aquela cidadezinha e aquela gente medíocre. Não tinham classe, não tinham *éclat*, diria mais tarde à médica. Seu único consolo consistia em saber que um belo dia seus pais e seus muitos irmãos e irmãs viriam de Paris para levá-la de volta ao seio da família.

Enquanto isso, estranhos fenômenos ocorriam com Sybil. Às vezes sentia um lado de seu corpo dormente: a face, os braços... De outras vezes, parecia algo destacada do corpo, como se flutuasse. Misteriosos pressentimentos e pensamentos a invadiam. Lembrava-se vagamente de ter estado alhures ou de ter feito algo, como se tivesse sonhado. Parecia também que, às vezes, ela caminhava ao lado de si mesma. E não sabia distinguir, na sua confusão, o sonho da realidade. Ou seria tudo sonho?

Com o tempo, conseguiu-se um "arranjo" satisfatório. Sybil dava umas tantas matérias na escola, mas Peggy Lou respondia pela Matemática e Vicky naturalmente pela História. Todas atendiam pelo nome de Sybil.

Hattie, a mãe de Sybil, era a menos indicada para entender o terrível drama que vivia a menina. A autora do livro informa que, aos quarenta anos, quando nasceu Sybil, Hattie já era positivamente esquizofrênica. As loucuras que praticou com a criança ou na sua presença são terríveis.

Uma vez Sybil a informou de que um prendedor de cabelo combinava bem com o "*nosso* vestido de organdi azul".

— Que quer dizer você com esse "nosso", sua imbecil? Então você não sabe que o vestido é *seu*?

• • •

Em 15 de junho de 1955, a Dra. Wilbur mantém um diálogo fascinante com Vicky Scharleau.

— Vicky — diz a médica —, gostaria de saber algo. Você tem alguma relação com Sybil?

Vicky mostrou-se surpreendida com a pergunta.

— Você sabe que eu conheço Sybil porque você me faz perguntas sobre ela. E eu falo sobre Sybil.

— Vicky — insistiu a doutora —, você falou do *nosso* vestido de organdi azul. Que mais você e as outras partilham?

— Partilhar? — pergunta Vicky, com indisfarçável tom de ironia. — Às vezes fazemos as coisas juntas.

— Você me disse que algumas das outras têm a mesma mãe. Você diria então que *partilham* a mãe?

— É. Acho que você poderia dizer assim.

— E também partilham o mesmo corpo?

— Isso é uma tolice — responde Vicky, com autoridade. — Elas são gente. Posso falar a respeito delas.

A médica queria saber, no entanto, se poderia considerá-las como irmãs.

— Ninguém disse jamais que elas eram irmãs — replicou Vicky, com firmeza.

A discussão prossegue. Vicky admite afinal que talvez fosse possível considerá-las irmãs, porque evidentemente "não poderiam ser a mesma pessoa".

Vicky estava chocada ante a observação de que a médica estava admitindo que pudessem ser a mesma pessoa.

— *Mon Dieu* — acrescentou ela, como se pensasse alto. — Que absurdo pensar que aquelas individualidades completas são a mesma pessoa! Marian Ludlow (uma amiga) e eu somos mais parecidas do que qualquer grupo composto das duas ou três pessoas que você mencionou.

A médica ainda insiste, dramática, desejando convencer Vicky de que todas são manifestações diferentes de uma só pessoa. Será que ela não via isso?

— Não, Dra. Wilbur — disse Vicky sacudindo a cabeça. — Eu não vejo. Você é apenas você. Você é a Dra. Wilbur e ninguém mais. E eu sou Vicky. Não há mais ninguém aqui. Veja.

Levantou-se, deu alguns passos e perguntou:

— Você me acredita?

Mas não havia acordo possível. Como poderia a médica convencer a personalidade manifestante de que ela era apenas uma parte de um todo confuso, e como poderia Vicky convencer a médica de que por meio do frágil corpo de Sybil várias individualidades se manifestavam alternadamente, mas que, como dizia e insistia, todas eram *gente*?

Nesse ponto, surgiu mais uma personalidade. Chamava-se Mary. Era simples, de espírito prático, sem grandes inquietações espirituais, tipo doméstico, maternal. Sua função no grupo? Acompanhava Sybil e tomava conta de certas coisas para ela. Como, por exemplo, no dia anterior, emergira às 8h45 para receber uns operários que vieram colocar janelas novas no apartamento. Às 19h15, tivera de manifestar-se novamente, porque não desejava que Sybil ficasse incumbida do sacrifício de colocar as cortinas. Julgava ser de sua obrigação os afazeres domésticos no apartamento e, por isso, surgia quando necessário. Sentia como se a mãe de Sybil fosse também a sua, o que de forma alguma acontecia com Vicky, que tinha horror à ideia. Por outro lado, não gostava das roupas que as "outras" escolhiam e compravam. Mary surgira na vida de Sybil quando esta contava nove anos. Considerava o pai de Sybil também como seu pai. Teria sido uma das crianças que Hattie Dorsett abortou? Peggy Lou considerava o Sr. Dorsett como seu pai, mas não Hattie como sua mãe.

A seguir, surgiram também Márcia e depois Vanessa. Um dia, quando "alguém" construiu um tabique de madeira no apartamento, duas novas figuras se manifestaram, responsabilizando-se pelo trabalho. Desta vez eram homens. Com estes o diálogo nunca foi fácil, porque a doutora empenhou-se arduamente em provar-lhes que eram mulheres, e não homens. Sid e Mike — deram esses nomes — desde a infância faziam também suas incursões pelo corpo de Sybil, quando tinham oportunidade de praticar algum esporte mais condizente com os temperamentos masculinos ou assistir ao trabalho dos operários do pai de Sybil, que era construtor. Também consideravam o Sr. Dorsett como pai e Hattie como mãe. (Há, no livro, notícia de uma gestação interrompida de Hattie: era um menino.) Mike gostava de Peggy Lou e Vicky, mas na citação dessas duas deixa entrever que não apreciava tanto as outras. Contudo, estava feliz por ser um rapaz.

— Você diz que é um rapaz, mas não tem a mesma anatomia de seu pai — explica a médica.

O diálogo explora aspectos que não poderiam ser aqui reproduzidos, mas nem a médica se convence de que está falando com dois rapazes — eles se alternam na conversa —, nem eles se deixam levar pela sua cerrada argumentação de que são mulheres, e não homens.

Segundo a teoria, como o pai de Sybil era um empreiteiro, ela se tornou uma carpinteira, "dissociando-se numa personalidade masculina. Essa foi a gênese de Sid, que constituiu a divisória no apartamento". Sid e Mike eram fortes e nada neuróticos, subpersonalidades produzidas por Peggy Lou no seu desejo de tornar mais clara a conversação entre Vicky e a Dra. Wilbur. Da mesma forma, a lassidão de uma das personalidades, por nome Sybil Ann, seria "uma identificação com Hattie Dorsett na sua fase catatônica, na fazenda". A catatonia se caracteriza por um profundo estado de depressão e apatia e Hattie teve uma dramática crise dessas.

Certo incidente tem para o leitor atento óbvias conotações espíritas, mas não evidentemente para a autora ou para a médica. A Dra. Wilbur conversa no seu consultório com uma das personalidades que se diz chamar Helen Dorsett. No decorrer do diálogo, a médica faz uma referência a Hattie, mãe de Sybil, e Helen entra em pânico. A moça levanta-se do sofá onde está sentada e se põe de quatro, debaixo da escrivaninha. Ante a pergunta inquieta da analista, Helen, muito trêmula, informa, aterrorizada:

— Ela está aqui nesta sala. Ali, atrás das cortinas!

Acontece que a essa altura Hattie já estava morta e enterrada há muito.

Há outros fenômenos que denunciam curiosos efeitos físicos não estranhos à pesquisa e à observação da mediunidade. Quando Sybil Ann assumia o controle, "o corpo passava por acentuada modificação" — diz a autora. — "Parecia virtualmente diminuir de tamanho. A primeira vez que isso se deu, à medida que o corpo parecia reduzir-se, o elegante costume cinza que Sybil Ann vestia parecia crescer. Nas outras personalidades, a roupa ficava perfeitamente ajustada. Em Sybil Ann adquiria as proporções de um saco. Dentro das dobras do vestido em expansão, Sybil Ann parecia esconder-se".

O fenômeno em que o Espírito manifestante reduz ou amplia as proporções do corpo do médium é algo raro, mas tem sido observado com bastante rigor. Daniel Dunglas Home produziu-o várias vezes, sob cuidadosas condições de verificação.

E assim prossegue o drama de Sybil e suas múltiplas manifestações. A autonomia das personalidades é gritante e nunca se apanha uma só contradição ou incongruência no confronto dos inúmeros depoimentos, a despeito do cerrado e inteligente escrutínio da brilhante Dra. Wilbur. Vejamos mais um exemplo.

A médica conversa com Clara. É um Espírito profundamente religioso e não faz segredo de que desaprova o procedimento de vigília de Sybil. Clara informa à analista que Sybil se preocupa muito com os anos "perdidos" de sua vida e tenta penetrar esse mistério fazendo uma contínua revisão no passado.

— Ela insiste em reviver o passado — diz Clara. — Continua a pensar que sua mãe vai atacá-la.

Faz uma pausa e depois acrescenta:

— Ainda bem que nunca tive mãe.

Assim, apesar de dizer chamar-se Clara Dorsett, ela não considera Hattie sua mãe. Há certa dificuldade de comunicação entre Clara e Sybil. Clara está evidentemente preocupada com a situação e depois de dar alguns passos pelo consultório comenta, como se pensasse em voz alta:

— Você nunca viu um grupo igual de individualistas, hem? Cada um quer as coisas à sua maneira.

Depois riu e acrescentou:

— Você deveria ouvir a gente discutir. Sou capaz de senti-los agora. As duas Peggy estão indóceis...

Nesse ponto, a doutora tem já em mãos muitos dados e decide por uma técnica muito semelhante à utilizada pelos doutrinadores espíritas nas suas sessões: resolve tentar a conciliação entre aqueles diversos Espíritos, que ela naturalmente considera simples facetas de uma só personalidade. Expõe o seu plano a Clara como a única saída, como solução que interessa a todos. Deveriam unir-se para o bem de todos. A reação de Clara é inesperada e muito áspera:

— Sybil não tem que viver!

Parece, assim, que a luta toda ainda é pela posse do corpo. São muitos os que o disputam e Sybil cada vez perde mais terreno, com suas contínuas e prolongadas "ausências". Com o decorrer do tempo, ao que tudo indica, será a que menos disporá de seu próprio corpo. Sente-se, porém, a tremenda luta de bastidores pela posse do corpo da pobre moça, pela oportunidade de "sair" e de viver na carne, mesmo em corpo emprestado.

Esse aspecto é abundantemente explorado pela analista. Numa conversa com Nancy — esta tem interesses políticos e pende para tiradas proféticas —, o Espírito declara, a uma observação da doutora:

— Todos nós tentamos forçar Sybil a fazer alguma coisa, mas não funciona. Estar ligada a ela é uma constante frustração. Deixa-me irritada, assustada. Às vezes sinto que gostaria de me enrolar como uma criancinha, livre de responsabilidade. Acontece que sou muito ligada às duas Peggy e você sabe o que elas sentem por Sybil. Sybil faz com que Peggy Lou esteja sempre à tona.

E a seguir dá uma explicação:

— Estou tão ligada às duas Peggy que tomei para mim o nome de cada uma delas. Só que elas usam o Dorsett. Eu não. Sou Nancy Lou Ann Baldwin. *Miss* Baldwin foi uma professora que Sybil gostaria de ser quando eu cheguei.

Dessa forma, ao que tudo indica, os Espíritos — ou, se assim desejam, as "personalidades" — arranjavam seus próprios nomes, compondo-os ao sabor das circunstâncias, tomando-os em várias fontes. Apenas Vicky Scharleau, aliás a mais lúcida de todas, parece ter consciência nítida de sua personalidade e de suas conexões (diríamos) *anteriores*, identificando-se com uma família francesa. Teria sido a da sua última encarnação? Mesmo assim, admitida essa hipótese, ela também tem suas dúvidas porque é evidente que espera a qualquer momento a chegada de seus pais e irmãos para levá-la de volta à sua Paris, para um ambiente mais refinado ao qual parece estar habituada, pois a mediocridade de Willow Corners a desgosta profundamente.

A despeito de todas essas conotações espíritas, o livro sugere, para explicar esse quadro dramático, "um possível fator genético" e nada de "Espíritos invasores ou *dybuks* exteriores",[18] mas algo interno mesmo, como "porções proliferantes da criança original" (?). E, por isso, além dos nomes que as próprias individualidades se atribuem, o livro as identifica com rótulos psicanalíticos. Peggy Lou é a defesa de Sybil contra a irritação; Peggy Ann contra o medo; e assim por diante.

Quando Sybil tem conhecimento consciente de toda a trama, entra em pânico por saber que a qualquer momento podem tomá-la e comenta aterrada, com a médica:

— Você diz que são o meu inconsciente e são parte de mim mesma. Mas disse também que podem me levar para onde quiserem. Ah, doutora, estou com medo, com um medo terrível. É uma provação à qual nunca me acostumei. Esses outros me dirigem, me possuem, me destroem.

— Não é uma possessão, Sybil — diz a médica. — Não é uma invasão de fora. Vem de dentro e pode ser explicada não pelo sobrenatural, mas em termos muito naturais.

A questão é que nada daquilo parece natural a Sybil e ela o diz. É preciso não esquecer do seu elevado potencial de inteligência. Ela sabia muito bem que aquelas entidades, personalidades ou individualidades, qualquer que seja o nome, "controlavam seu dinheiro, transportavam seu corpo e agiam contra a sua vontade. Ela sempre sabia das coisas *depois* que os outros as faziam". Por isso, as

[18] *Dybuks* — concepção do demônio, na religião judaica.

explicações da médica são tão difíceis de aceitar e sua teorização a deixa fria e desconvencida. Havia enormes espaços em *branco* nas suas lembranças. Sobre isso os "outros" sabiam mais do que ela. A palavra para o fenômeno — amnésia — não aquietava seus temores; ao contrário, os dilatava. Como é que Peggy Lou sabia que não fora ela que quebrara uma peça de cristal e que, no entanto, fora castigada por isso, na infância? Uma história completa da sua vida, de seus estudos, de suas emoções e angústias teria de reunir num só mosaico todas as peças e muitas de tais peças não estavam em poder dela, no seu consciente. A certa altura, Peggy Lou conta o episódio da fuga para Filadélfia e diz que foi ela quem comprou o pijama berrante na *Mayflower* e está evidentemente satisfeita com a compra que fez "*...that was really great*" e acrescenta:

— Peggy Ann *estava comigo.*

Elas têm, portanto, perfeita consciência da presença das demais. Pouco além, nessa mesma entrevista com a médica, Peggy Lou informa que ao chegar ao hotel encomendou uma lauta refeição matinal e comentou:

— Sybil nunca *nos dá* comida suficiente. (O grifo é meu.)

Quando Sybil "desperta", em plena rua, quase morta de frio, a explicação de Peggy Lou é reveladora:

— Pensei comigo: vou deixar que a Sybil tome o corpo. Eu estava muito cansada para pensar, mas suponho que foi uma certa forma de me vingar.

É claro que ela se julga, com todo o direito, a dona do corpo. E diz exatamente isso à médica, pouco adiante. Para ela, Sybil é que é a intrusa. Ela que se arranje, pois, nas situações mais difíceis. Ao discutir o problema, depois, com Sybil, esta tem mais perguntas ainda que a médica. De onde vem aquela gente toda? Como foram criadas? Quem são?

Às vezes a descrição é, como se diz em inglês, perfeitamente *gráfica*. A doutora conversa com Vicky:

— Receio não poder apresentar nenhuma solução. Mas talvez possa ajudar se eu disser algo a respeito desta vida em comum.

E prossegue:

— Eu estou no centro. Sybil está à minha direita. Ela está de costas para todos nós.

— Sei — diz a médica. — Mas diga-me uma coisa, Vicky, há alguma conexão entre Sybil e vocês todos?

A pergunta é capciosa e Vicky parece meditar, aparentemente para não dizer mais do que pode, e depois fala:

— Sim, muito profunda, tão profunda que *Sybil não se lembra*. Ela não quer lembrar-se porque dói. (O grifo é meu, evidentemente.)

Não obstante, nem mesmo Vicky parece ter todos os dados do problema, ou então não deseja colocá-los diante da doutora. A narrativa sobre sua primeira manifestação junto a Sybil é altamente elaborada, mas algo incongruente. Ao que podemos depreender — e aqui vai outra hipótese de trabalho do ponto de vista espírita —, os vários Espíritos envolvidos na intrincada trama não têm muita consciência dos fenômenos que ocorrem com eles e à sua volta. Vicky informa que, a certa altura, eram *três pessoas e meia*. O "Senhor" Dorsett "nos levou" ao hospital em companhia da "Senhora" Dorsett. O médico foi muito amável "conosco", examinou as "nossas" amígdalas etc. Nesse tempo, ela e Peggy Ann eram uma só pessoa. Naquele momento separaram-se e ela, Vicky, tomou consciência de si mesma. Tomou como, se já a tinha, por saber-se ligada à outra?

De qualquer forma, a comunidade de Espíritos que gravitam em torno de Sybil é grande e, com o tempo, parece chegarem a um acordo, um certo *modus vivendi*, a despeito de algumas disputas que se percebe claramente no *background*. Mary se incumbe dos afazeres domésticos, faz bolos e biscoitos que Sybil, aliás, aprecia. As duas Peggy se divertem, Vicky tem amigos sofisticados como ela própria, Sid e Mike se encarregam da manutenção eletromecânica do apartamento, e assim por diante. Quem não está muito feliz, porém, é Sybil. E à medida que se informa de sua condição e se aprofunda em meditações, sente crescer o pânico e o desespero dentro de si. Ainda não aceitou as doutrinas da sua excelente médica. Sente a cada momento a agitação de toda aquela gente, que repercute interiormente de maneira vaga ou explícita. Além do mais, queixa-se de que fez tanto esforço para vir morar em Nova Iorque, com os sacrifícios e as renúncias que isso representa, apenas para estar junto à Dra. Wilbur e, no entanto, "elas tomaram conta da análise". Tornaram-se amigas da médica, saem a passeio, fazem amizades com gente que ela nem conhece e a pobre Sybil fica à margem de tudo, apenas emprestando seu corpo físico. Além do mais, ressente-se das indiscrições de Vicky, que tudo conta à doutora. Não pode ter um segredo. Se ela não o faz, outra qualquer acaba contando. Sua vida é um livro aberto à curiosidade de muitos. Cada vez sente mais claramente as pressões internas das outras e o esforço que fazem para emergir (nós diríamos, para se manifestar). Não dispõe de autonomia nem para suicidar-se. Quando tenta, num momento de pânico, desgosto ou desânimo, Vicky interfere e depois conta à doutora:

— Dra. Wilbur, Sybil ia jogar-se no rio Hudson, mas eu não deixei.

Ainda bem. Daí em diante a médica se empenha cada vez mais em "doutrinar" aquelas personalidades todas, tentando mostrar-lhes que era preciso certa dose de renúncia, de equilíbrio, de entendimento mútuo para que houvesse alguma ordem naquele "condomínio espiritual".

As personalidades continuam perfeitamente distintas, individualizadas, coerentes. A certa altura, as memórias de Peggy Lou, que viveu no corpo de Sybil entre os nove e os onze anos, começaram a integrar-se na memória de Sybil. Qual o processo, o mecanismo desse fenômeno? Gostaríamos de saber. No Natal de 1958, a Dra. Wilbur recebe um cartão também *múltiplo* de Natal, desdobrado em seis painéis artisticamente elaborados pelas respectivas personalidades. Além de Sybil, assinaram-no Vicky, Vanessa, Mary, Sybil Ann e Peggy. Márcia assinou junto com Mike.

Em 1959, segundo o livro, algumas daquelas personalidades começaram a caminhar na direção de "futuros independentes". Sybil vai descobrindo aos poucos as surpresas. O Clube do Livro do Mês remete correspondência a Márcia Dorsett. Mary compra uma casa e dá um sinal de quinhento dólares, assinando o cheque, naturalmente, com o nome de Sybil, que só percebe a coisa depois que o Banco lhe comunica que não tem mais saldo. Em seguida, é avisada pela imobiliária de que a escritura estava pronta para ser assinada. A explicação para este último gesto vem de Vicky:

— Mary desejava tão ardentemente aquela casa que *eu decidi* deixá-la tomar as primeiras providências.

"Eu decidi...". Mas quem iria pagar a casa? — pergunta a Dra. Wilbur, depois, a Peggy. E a resposta óbvia:

— Sybil. Cabe a ela trabalhar e *cuidar de nós*.

Como Sybil também gostou da casa, depois que tomou conhecimento do problema, a autora do livro conclui que Mary representava a desinibição do inconsciente de Sybil. A hipótese de uma ação consciente de um Espírito autônomo não é sequer cogitada.

A essa altura, Peggy Lou, desgostosa com os obstáculos que se impunham à realização de sua vontade, decidiu tomar definitiva posse do corpo e levá-lo para longe de uma vez. Sybil não teria mais chance. Houve, porém, um breve intervalo em que Sybil retomou o corpo, chamou a amiga Teddy, sua companheira de apartamento, e, em breve, quando Peggy estava novamente na posse do corpo, a Dra. Wilbur chegou à estação da Grand Central em tempo de impedir a fuga.

Também Vanessa decidira arranjar um emprego para "sustentar-se". E assim fez. Quando Sybil recebeu o primeiro cheque de pagamento, Vanessa foi fazer compras. Márcia também queria viver sua própria vida, escrevendo para revistas. Acontece que todas essas vontades dessemelhantes estavam condicionadas a um só corpo físico e a confusão era realmente enorme. Cada vez mais Sybil estava sendo expulsa do seu próprio corpo. Tinham diferentes atitudes diante da vida, crenças e descrenças, gostos pessoais, tendências, graus de cultura e conhecimento, divergências profundas e irreconciliáveis. O caso era de uma complexidade terrível.

Finalmente, vencendo inibições da própria Sybil, a Dra. Wilbur resolveu experimentar a hipnose, com a qual, segundo expressão do livro, *Sybil went back in time*, ou seja, *Sybil fez uma regressão no tempo*. Desse ponto em diante, o trabalho da doutora é quase que pura "doutrinação", durante o qual realiza uma tarefa notável de entendimento com as diversas personalidades, que vai convocando à medida das necessidades, enquanto Sybil está sob o transe hipnótico.

É nessa condição que Ruthie, que se diz uma criança de dois anos, revela que a tia Fay era sua mãe. A doutora interpreta a informação em termos psicanalíticos, naturalmente, esclarecendo que ela "inventou" aquele relacionamento filha-mãe com a tia porque não gostava de Hattie. Mas e a hipótese de ela ter sido realmente filha de Fay?

Sid esclarece que ouviu um "rumor" de que as moças iam promover uma tremenda "matança" coletiva para deixarem de existir. Sua preocupação era curiosa:

— Se elas se matarem mutuamente, eu também morrerei?

— Não sei o que você quer dizer com esse "elas" — responde a médica.

• • •

É preciso acrescentar também que a doutora contava as idades das personalidades a partir da primeira manifestação na vida de Sybil.

Um dia, já em 1960, Vicky informa que Sybil gostaria de se tornar Vicky, mas não sabia como. A doutora acha que isso quer dizer que Sybil, já quase quarentona, gostaria de recuar alguns anos, pois Vicky tem apenas 34, pela contagem, digamos, *oficial*.

Nesse ponto (Sybil sob hipnose), a doutora perguntou se estavam todos presentes. Uma voz respondeu que sim. Ela fez uma chamada. Desenrola-se então uma conversa fantástica com toda aquela gente, alternadamente. A doutora planeja colocar todos "na mesma idade" e segue a técnica hipnótica da sugestão:

— Vocês estão ficando mais velhos, mais velhos, mais velhos; estão crescendo, crescendo, crescendo: 25, 28, 31, 33. Dentro de seis minutos estarão todos com 37 anos e três meses.

Os minutos passam e há algumas dúvidas. Peggy Lou deseja saber se a doutora continuará a gostar delas depois que ficarem mais velhas.

— Sempre gostarei de vocês — diz a médica, tranquilizadora. — Sempre que tiverem uma divergência de opinião — acrescenta a doutora, com muita sabedoria —, vocês discutirão o problema entre vocês. Não é preciso brigar por isso.

— Ou fugir — acrescenta Peggy Lou.

— Vocês terão mais em comum — prossegue a médica — e estarão em condições de partilhar algumas das coisas que apreciam. Uma das razões do conflito da falta de comunicação entre vocês está nas vastas diferenças de idade. Se Márcia sentir-se deprimida, os demais devem animá-la. Se Sybil Ann está apática, os outros lhe emprestarão energia.

Dentro em pouco, a doutora despertou Sybil, que se sentia calma e mais segura.

A sequência deste notável episódio é tão dramática quanto os eventos que o precederam. No dia seguinte, 22 de abril de 1960, a Dra. Wilbur colocou novamente Sybil em transe e chamou Ruthie. Silêncio. Depois a voz de Sybil:

— Eu a vejo.

Ao que parece, pois, o Espírito ali estava, mas encontrava-se decidido a não mais manifestar-se de maneira intempestiva. Era também a primeira vez que Sybil via as suas companheiras, apesar de que o verbo *ver*, no livro, está entre aspas...

De qualquer forma, o momento é importantíssimo para Sybil e, evidentemente, para a médica. Sybil decide ficar com duas das suas antigas companheiras: Ruthie e Vicky. Manifesta sua felicidade por ter agora duas amigas.

— Elas vêm para mim sorrindo. Elas também são eu mesma...

Quanto aos demais, a doutora prometeu que lhes explicaria que Sybil "lhes seria apresentada em outra ocasião".

Enquanto Sybil se mantinha em repouso, por sugestão da médica, ela chamou Peggy Ann, que emergiu prontamente (ou se manifestou, como diríamos nós).

— Será que todos vocês entenderam bem por que Sybil não vai conhecer vocês hoje?

Todos entenderam, assegurou Peggy. Além do mais, sentiam agora que não tinham direitos especiais sobre Sybil. Já a haviam prejudicado bastante, levando-a daqui para ali.

— E os rapazes entenderam?

— Eles estão rindo — responde Peggy. — Acham engraçado.

— Quê?

— Essa história toda de envelhecer e ser apresentado a Sybil. Quanto a mim, acho engraçado ver que os meninos são homens agora. Trinta e sete anos é um homem.

E a doutora, fiel às suas teorias:

— No caso deles, não. Eu esperava que eles se tornassem mulheres.

Peggy Lou só conseguiu emitir um "oh!", tal foi a sua surpresa. Em seguida, a doutora declarou que era necessário esperar que Sybil se acostumasse à ideia de ficar conhecendo todos. E todos estavam dispostos a colaborar. A doutora agradeceu e despertou Sybil.

Há, daí em diante, um entendimento segundo o qual todos respondem por um, o que leva a doutora a concluir que as personalidades se fundiram numa só, o que os fatos não comprovam.

No verão de 1960, quando a doutora chamou Peggy Lou, a voz que respondeu identificou-se como Sybil.

— Mas eu chamei Peggy Lou — diz a médica.

— Você não compreende, doutora. Eu sou Peggy Lou e ouvi você. Eu sou também Sybil. Sou Vicky, também.

O acordo agora era perfeito. Dois anos ainda restariam de tratamento para resolver problemas residuais, mas Sybil estava curada. É claro, no entanto, que as personalidades persistem, perfeitamente identificadas e coerentes com a própria estrutura cultural e psicológica de cada uma, suas fobias e preferências. Os exemplos são muitos. Sid e Mike não concordam, nem de leve, com toda aquela suposta "integração" de personalidades.

— Agora que o nosso pai morreu — diz Sid — somos os homens da família e nenhum doutor maricas vai nos criar caso.

— Sid — responde a doutora consternada —, que fiz eu para você falar desse jeito? Pensei que éramos amigos!

— Então aja como amigo — diz Mike. — Dê-nos a liberdade de sermos o que somos.

É evidente que não se conformam com a insistência da doutora em convencê-los de que são mulheres, e não homens. Integração com um grupo de mulheres não é liberdade, é escravidão. Havia, pois, muitos problemas, ainda, embora residuais.

Quando Sybil encontra um latino-americano simpático por nome Ramon, as mulheres ficam indóceis. Vicky acha que ele é ótima pessoa e Peggy, mais franca e desinibida, diz logo:

— Ele era grande. *Todas nós* queríamos casar com ele.

É que o casamento dera em nada e a decepção foi considerável na pequena comunidade. A essa altura, a Dra. Wilbur somente se comunicava com as outras personalidades colocando Sybil sob hipnose. Por volta de maio/junho de 1965, a hipnose estava limitada apenas à necessidade eventual de se comunicar com uma delas.

Uma nova figura se manifesta e não diz o seu nome. É loura. Ao que parece, somente Vicky a conhece, mas sua observação é de uma economia exasperante:

— É outra moça, mas não é nova.

A nova figura, que se descreve "fisicamente", diz que está acompanhando o caso há dezenove anos. Ficara como que à margem e se poupara dos traumas e das doenças de Sybil. De agora em diante "caminhará com Sybil no desprotegido mundo das pessoas normais". Veio para *libertar* Sybil, que "sente" que ela está realmente ali, ao seu lado, e que jamais vai "dissociar-se".

Chegava ao fim aquela longa jornada de onze anos. Mas a conclusão do livro deixa entrever que a Ciência não está satisfeita com as suas próprias concepções:

"A autonomia, observada no caso das personalidades de Sybil e reafirmada pela observação direta de seis outros casos pela Dra. Wilbur e seus colegas, suporta o escrutínio das avaliações objetivas. Verificação impressionante foi a de que o estado de vigília e cada uma das personalidades secundárias, nos casos de personalidade múltipla, *reagem como pessoas diferentes*". (Desta vez os destaques não são meus.)

A despeito dessa descoberta impressionante, sensacional do ponto de vista científico, a opinião oficial não está ainda preparada ou disposta para examinar o problema tal como ele se apresenta: se as chamadas "personalidades secundárias" reagem como pessoas diferentes, por que não são tratadas como tal? Por que não adotar, ainda que como hipótese de trabalho, as premissas que as próprias "personalidades" trazem como informação ao processo que se desdobra? Ainda que a Ciência procure evitar seu envolvimento ou comprometimento com os postulados espíritas, seria perfeitamente científico e, para usar uma palavra abusada, válido, tratar o problema psíquico suscitado como um grupo de Espíritos que disputam com tenacidade e paixão um só corpo físico. A Ciência já dispõe de acervo bastante bom de dados, especialmente se rever o precioso material colhido pela Dra. Wilbur e outros pesquisadores. Deverá examiná-los com espírito crítico e alertado para esta realidade que ainda lhes parece insólita, mas é tão importante como hipótese quanto qualquer outra.

O livro *Sybil* reproduz, nas páginas finais, um quadro interessantíssimo, no qual foram tabulados os índices de uma bateria de testes psicológicos e neurológicos aplicados por uma brilhante equipe médica[19] num caso da chamada "múltipla personalidade". Elas "reagiram" — diz a autora — "em completa independência uma da outra. Até mesmo os seus EEG (eletroencefalogramas) eram dessemelhantes". Outra conclusão notável da autora é a de que tais casos — que ela classifica como doença (*illness*) — "*ocorrem com maior frequência do que é reconhecida pelos médicos*". Lembra que muitos casos tidos por manifestação de simples amnésia são, na realidade, fenômenos de múltipla personalidade. Apenas diríamos que tais casos têm evidentes e iniludíveis componentes mediúnicos e deveriam ser estudados *também* dentro da temática espírita, e não apenas no exclusivo contexto das fórmulas freudianas. Uma experiência interessante pode ser aqui lembrada: ouvir as chamadas *personalidades secundárias* por meio de outros médiuns. Nessa oportunidade, estudar-lhes as motivações, os problemas psíquicos, as ligações com o paciente e tratar deles com a mesma atenção e carinho que merece o paciente. Foi, aliás, o que fez a Dra. Cornélia Wilbur que, movida por uma superior intuição, tratou as "personalidades" como seres autônomos, embora não acreditando nessa autonomia, ou, por outra, sem considerá-las como seres

[19]O trabalho foi premiado pela *Society for Experimental and Clinical Hypnosis*. Chama-se "The Objective Study of a Multiple Personality" e foi publicado na revista *Archives of General Psychiatry*, de abril de 1972, pela equipe que o realizou, da qual faz parte a Dra. Cornélia B. Wilbur. Não sei qual a explicação que é formulada para o fato de encontrarem índices diferentes num só corpo físico, quando possuído por "personalidades" distintas. Ou é melhor dizer logo *Espíritos distintos*?

humanos desencarnados.

Seja como for, o Espiritismo, no seu longo trato com os problemas da alma, tem uma contribuição importante à disposição da Ciência. Quando, onde e quem vai começar a utilizar-se desse tesouro de informações, ainda que como hipótese instrumental de trabalho?

Fiquem registrados nas palavras finais deste longo artigo — e foi uma luta conservá-lo dentro de limites toleráveis porque a matéria é vastíssima —, fiquem registrados, repetimos, nossos respeitos e nossa admiração pelo trabalho da Dra. Cornélia Wilbur, pela sua sensibilidade, sua paciência, sua técnica, suas notáveis intuições. Acreditamos que, armada de conhecimentos espíritas, ela teria chegado mais rápido ao seu objetivo, mas o importante é que tenha chegado lá.

Fique também consignada uma palavra de louvor e respeito à autora, Sra. Flora Rheta Schreiber, pela excelente obra que produziu. É uma escritora consumada, dona absoluta da técnica de escrever bem. Manobra com agilidade e inteligência um assunto extremamente complexo. Imagino a dificuldade que deve ter tido para selecionar e eleger o material, colhido num acervo imenso de onze anos de experimentação. Seu livro é uma obra singular, tanto no conteúdo quanto na forma de apresentação. Não é sem razão que ela se apresenta como escritora premiada e professora universitária de inglês.

18

POSSESSÃO E EXORCISMO

A ficção contemporânea descobriu há algum tempo o riquíssimo filão dos fenômenos psíquicos. O tema, aliás, se apresenta facilmente à exploração de todos, dado que verdadeira maré montante de fenômenos e de estranhos cultos se espraia pelo mundo. Logo em seguida, as fábricas de ilusão de Hollywood se apossaram da mesma temática para "faturar" alto o interesse e a curiosidade de milhões de criaturas humanas por toda parte. Em lugar dos antigos e ingênuos filmes de horror, começaram a surgir estórias mais elaboradas, como *O bebê de Rosemary*, em que a feitiçaria é explorada em termos da veemente linguagem cinematográfica dentro das melhores técnicas de manipulação da imagem e do som.

A mais recente investida nesse campo[20] é o famoso livro de William Blatty, *The Exorcist*, que figurou consistentemente na lista dos *best-sellers* americanos por algum

[20] O artigo é de maio de 1974.

tempo e foi logo produzido em filme de grande sucesso. É difícil dizer se isso é um bem ou não, mas é fácil observar que se trata de um fato. Os meios de comunicação interessados na fenomenologia psíquica e, certos de responderem a uma demanda pública bastante ávida, colocam todos os recursos de que dispõem a serviço da técnica de divulgação sob forma de estórias de alto poder dramático.

Amigos que sabem das nossas ideias e da nossa familiaridade com a fenomenologia nos fazem perguntas entre irônicos e curiosos: Você leu o livro? Viu o filme? Que acha? É verdade aquilo? Como o Espiritismo entende a possessão? Vocês fazem exorcismos?

É difícil, numa simples conversa, na brevidade de um encontro social ou no intervalo das atividades profissionais, dizer o suficiente para informar com precisão aquele que pergunta para esclarecer-se, mas não tem preparo bastante para penetrar questões de tamanha densidade e complexidade. Como, porém, é melhor acender uma vela do que lamentar a escuridão, resolvi preparar este modesto trabalho que, sem descer às profundidades e sem espalhar-se pela amplidão que o tema requer, possa conter algumas informações colhidas em fontes que merecem fé.

Uma dessas preciosas fontes é o excelente trabalho de pesquisa realizado pelo eminente prof. T. K. Osterreich, da Universidade de Tübingen, na Alemanha, e que tive a ventura de encontrar soterrado na poeira de um "sebo" carioca. Trata-se de uma tradução publicada em 1930, pela Editora Richard R. Smith, de Nova Iorque, sob o título *Possession — Demoniacal and Other among Primitive Races, in Antiquity, the Middle Ages, and Modern Times* (*Possessão — Demoníaca e outras entre os povos primitivos, na Antiguidade, na Idade Média e nos Tempos Modernos*). A obra original é de 1921 e o texto inglês ocupou quatrocentas páginas, pois os pesquisadores germânicos são pacientes, metódicos, meticulosos e têm o hábito de esgotar o assunto de que cuidam.

Voltaremos daqui a pouco ao livro do prof. Osterreich. Antes precisamos delimitar o campo da nossa especulação e conversar um pouco sobre a terminologia a ser empregada no decorrer deste trabalho. É preciso esclarecer também que não invoco aqui minha autoridade pessoal, que é nula — estou apenas sacando ao banco de dados da Doutrina Espírita, de suas obras suplementares e complementares, as informações de que necessitamos para melhor entendimento dos problemas que pretendemos discutir.

• • •

Os dicionários comuns de pouco nos serviriam nesta emergência. Limitam-se a dizer — como, por exemplo, o *Funk & Wagnalls* — que possessão é o estado de encontrar-se possuído, como por maus Espíritos.

A *Enciclopédia Britânica*, com muito mais propriedade e penetração, discorre com relativa segurança sobre o tema, em seu artigo sob o título "Possession", embora, evidentemente, sem admitir a conceituação que emerge da Doutrina Espírita. Para os autores da *Britânica*, a possessão é o "*suposto* controle do corpo humano e da mente por um espírito estranho, humano ou *não humano*; ou a ocupação por um espírito estranho de alguma parte do corpo humano, causando doença, dor etc.". (Os grifos são meus.)

O Espiritismo não admitiria a possessão de um corpo humano pelo espírito de um ser não humano. Ademais, que quer dizer a *Britânica* por *não humano*? Animal? Demoníaco? Monstruoso?

O desdobramento do artigo, não obstante, revela que a ótica de seus autores é toda situada nos fenômenos da possessão primitiva entre os povos incultos do passado e do presente, dado que numa frase seca e com implicações finalistas de quem encerra o assunto vem esta observação:

"Os fatos documentados (pela pesquisa) são explicáveis como sintomas de doenças mentais ou resultantes da sugestão".

O prof. Osterreich, extremamente meticuloso na coleta de suas informações, subscreveria com pequenas modificações a conclusão da *Britânica*, como veremos.

Na Codificação Kardequiana o assunto vem tratado especificamente em *O Livro dos Médiuns*, cap. XXII, e em *A Gênese*, cap. XIV, 45 a 49, sob o título "Obsessões e possessões".

Na primeira obra citada, Kardec apresenta a obsessão como um dos problemas mais sérios do exercício da mediunidade e informa que a palavra obsessão é termo genérico de um fenômeno que pode desdobrar-se em três principais variedades: a obsessão simples, a fascinação e a subjugação. A primeira delas é a menos perniciosa porque, usualmente, o médium — pois todo obsidiado tem forte componente mediúnico — está consciente das manobras e dissimulações do Espírito, o que certamente o incomoda, mas não o perturba a ponto de provocar desarranjos mentais.

A fascinação é fenômeno possessivo de consequências bem mais graves, porque o agente espiritual atua diretamente sobre o pensamento de sua vítima, inibindo-lhe o raciocínio e levando-a à perigosa convicção de que as ideias que expressa, por mais fantásticas que sejam, provêm de um Espírito de elevado gabarito intelectual e moral. Seu engano é evidente a todos, menos a ele próprio, que segue, fascinado e servil, o Espírito que se apoderou sutilmente de sua mente.

Na subjugação, Kardec distingue dois aspectos: o moral e o corporal. No primeiro caso, o ser encarnado é constrangido a tomar atitudes absurdas, como se estivesse completamente privado do seu próprio senso crítico. No segundo caso, o obsessor "atua sobre os órgãos materiais e provoca movimentos involuntários", obrigando a sua vítima a gestos de dramático e lamentável ridículo. Ao comentar esses aspectos, Kardec é de opinião que o termo *subjugação* é mais apropriado que *possessão*, de uso mais antigo e corrente. O que conhecemos, assim, por possessão, seria então um caso extremo e grave de obsessão. O Codificador justifica a sua escolha, informando que a possessão implicaria admitir a existência de seres criados para o mal e perpetuamente voltados para o mal, o que não existe, pois todos são suscetíveis de progresso espiritual. Segundo, "porque implica igualmente a ideia do apoderamento de um corpo por um Espírito estranho, de uma espécie de coabitação, ao passo que o que há é apenas constrangimento", o que pode ser perfeitamente expresso pela palavra *subjugação*.

Ao reexaminar, porém, o assunto, em *A Gênese*, talvez por uma questão de clareza didática, ele preferiu os termos mais usuais, chamando a *obsessão* de "ação persistente que um Espírito mau exerce sobre um indivíduo", enquanto na *possessão*, "em vez de agir exteriormente, o espírito atuante se substitui, por assim dizer, ao Espírito encarnado; toma-lhe o corpo para domicílio, sem que este, no entanto, seja abandonado pelo seu dono, pois que isso só se pode dar pela morte. A possessão, conseguintemente, é sempre temporária e intermitente, porque um Espírito desencarnado não pode tomar definitivamente o lugar de um encarnado, pela razão de que a união molecular do perispírito e do corpo só se pode operar no momento da concepção".

Ensina Kardec que, na obsessão grave, o obsidiado fica envolto e impregnado de fluidos perniciosos que cumpre dispersar pela aplicação "de um fluido melhor", ou seja, por processos magnéticos, por meio de passes, por exemplo.

"Nem sempre, porém" — adverte Kardec —, "basta esta ação mecânica; cumpre, sobretudo, *atuar sobre o ser inteligente* (destaque no original) ao qual é preciso se possua o direito de falar com autoridade que, entretanto, falece a quem não tenha superioridade moral. Quanto maior esta for, tanto maior também será aquela."

E acrescenta:

"Mas ainda não é tudo: para assegurar a libertação da vítima, indispensável se torna que o Espírito perverso seja levado a renunciar aos seus maus desígnios; que se faça que o arrependimento desponte nele, assim como o desejo do bem, por meio de instruções habilmente ministradas, em evocações particularmente feitas com o objetivo de dar-lhe educação moral. Pode-se então ter a grata satisfação de libertar um encarnado e de converter um Espírito imperfeito".

Informa ainda Kardec, ao encerrar suas observações, que tanto as obsessões como as possessões apresentam, não raro, características epidêmicas, ou seja, coletivas, alcançando simultaneamente uma quantidade de pessoas numa mesma comunidade. Veremos isto no livro de Osterreich.

Creio que com esse mínimo de noção acerca de como o Espiritismo encara o problema, podemos passar à frente.

• • •

Osterreich dividiu o seu livro em duas partes, a primeira para cuidar da natureza dos estados de possessão, reservando a segunda para um extenso e minucioso relato histórico a que chamou "Distribuição da possessão e sua importância do ponto de vista da Psicologia Religiosa". Depois da conclusão, apresenta um apêndice sobre a Parapsicologia.

A intenção revelada no prefácio é a de oferecer aos filósofos a oportunidade de uma abordagem nova aos problemas suscitados pelo fenômeno.

Seu ponto de partida são as repetidas referências dos evangelistas à possessão, das quais escolheu algumas, como em *Marcos*, 5:2 a 10 (o possesso de Gerasa), 1:23 a 27 e 9:17 a 27; *Mateus*, 12:22; *Lucas*, 13:10 a 13; *Atos*, 19:13 a 16 e vários outros, bem como narrativas dos mesmos episódios nos diferentes evangelistas.

"*É impossível*" — observa o ilustre professor — "*evitar a impressão de que estamos tratando de uma tradição autêntica.*"

Fenômenos idênticos são relatados igualmente por inúmeros autores leigos através dos tempos, o que empresta aos fatos observados uma aura de veracidade que seria impossível deixar de admitir, como assinala o autor.

Luciano (nascido no ano 125 de nossa era) descreve um cidadão que praticava profissionalmente a forma de exorcismo então conhecida: era um sírio que dialogava inteligentemente com o Espírito possessor, perguntando-lhe como havia entrado no corpo.

O paciente — escreve Luciano em *O amante da mentira* — permanece silencioso, mas o demônio responde em grego ou em línguas bárbaras e diz quem é ele, de onde vem e como entrou no corpo do homem: este é o momento escolhido para conjurá-lo a retirar-se; se ele resiste, o sírio o ameaça e finalmente o expulsa.

Um certo Flávio Filostratos, na biografia que escreveu de Apolônio de Tiana, conta um episódio de possessão e um curioso exorcismo. Uma senhora apresentou-lhe o filho possesso, explicando que o demônio gostava dele porque tinha uma aparência muito agradável e acrescentou:

"Ele (o suposto demônio) não lhe permite o uso de sua própria razão, impedindo-o de ir à escola, de aprender a manejar o arco e a flecha e até mesmo de permanecer em casa; leva-o para lugares ermos. O menino não tem nem mesmo sua própria voz; emite sons graves e profundos como os de um homem adulto. Os olhos pelos quais ele vê não são os seus".

Mais adiante, a mulher informa ao sábio que de suas conversas com o possessor este a informou, pela boca de seu filho, que era o Espírito de um homem morto na guerra e que muito sofria com a saudade de sua esposa. Além do mais, a ingrata traíra impiedosamente sua memória três dias após sua morte, casando-se novamente. Havia mesmo tentado uma "barganha" com a mãe do menino. Se ela não o denunciasse, ele faria muitos benefícios ao jovem, de quem muito gostava. Cedo, porém, ela descobriu que suas promessas eram enganadoras e que o possessor continuava a agir com leviandade e egoísmo.

Como o menino se recusara a ir ver o sábio, Apolônio de Tiana entregou à mulher uma carta contendo "as mais terríveis ameaças" ao demônio.

Não ficamos sabendo se o Espírito levou a sério as ameaças.

Cirilo de Jerusalém, autor cristão do século IV, também tinha noção exata do fenômeno da possessão, descontada naturalmente a sua crença de que o possessor era o próprio demônio:

"Sua presença é das mais cruéis e opressivas; a mente fica obscurecida: seu ataque é também uma injustiça e uma usurpação de recursos alheios. Pois ele usa tiranicamente o corpo dos outros e seus instrumentos como se

fossem de seu próprio domínio; atira no chão os que estão de pé; perverte a língua e contorce os lábios. Emerge espuma em lugar de palavras; o homem fica envolto em trevas; seus olhos estão abertos e contudo sua alma não vê por meio deles e o miserável estremece convulsivamente até morrer".

Relato quase idêntico faz Zeno de Vernona (morto pelo ano 375 da nossa era). Descreve a terrível cena da possessão, acrescentando que o possessor informa acerca de seu sexo, "o momento e lugar onde 'entrou' na pessoa, diz o seu nome e a data da sua morte".

Este escritor não chama o possessor de demônio, como muitos, e sim de "Espírito impuro".

Um texto recolhido por Kerner refere-se a um caso do século XVI: Uma jovem apresentou os sinais característicos da possessão. Muitos sacerdotes foram falar com ela, tanto os do lugar como das vizinhanças, "*mas a todos o diabo replicou com um desprezo que excedia a todos os limites e, quando questionado acerca de Jesus, respondeu com tal desprezo que é impossível reproduzir*".

Outra narrativa do século XVIII historia um caso também tratado por um sacerdote que dialogou com o "demônio", mas sem grande sucesso:

"A despeito de que a possessa uma vez mais recuperou sua razão naquela oportunidade sem se lembrar do que havia Satanás falado por sua boca, ele não a deixou por longo tempo em paz depois que eu parti; atormentou-a tanto quanto antes...".

Osterreich encerra a narrativa desses e de outros episódios admitindo francamente que a concepção psicológica da possessão ainda é bem pouco conhecida. Realmente o é, para aqueles que desconhecem ou recusam os ensinamentos e as experiências acumuladas pela prática espírita há mais de cem anos.

Ao examinar as fontes da possessão, o ilustre professor tem oportunidade de enunciar de passagem uma das suas teorias prediletas: depois de confirmar que a possessão tem sido um fenômeno abundante na história das religiões, "desaparece ou recua para as sombras", sempre que prevalece um elevado grau de civilização. Lamento discordar do eminente autor. O que acontece é que as sociedades primitivas, a despeito de toda a generalizada ausência de cultura, tal como entendemos modernamente esse termo, sempre demonstraram um conhecimento bastante realista do fenômeno da possessão, tanto quanto da sobrevivência do espírito e até da reencarnação, ao passo que, na sociedade moderna, uma porção de nomes sofisticados e "científicos" foram inventados para rotular e mascarar legítimos casos de possessão, como esquizofrenia, psicose, neurose, fuga, dissociação, dupla ou múltipla personalidade etc. Isso não quer dizer, porém, que a possessão deixou de ocorrer somente porque o homem se "civilizou". Compulsando os impressionantes levantamentos estatísticos mundiais, diríamos até que, ao contrário, a interferência dos Espíritos desencarnados, por meio da obsessão e da possessão, é cada vez mais ativa, dominadora e vigorosa, dado que, vivendo numa época de tensões insuportáveis e desorientação moral e filosófica, nunca esteve o homem tão facilmente à mercê dos desencarnados igualmente desorientados e confusos.

Em rápido exame crítico das fontes de referência, Osterreich admite que "*os relatos mais interessantes e pormenorizados vem precisamente de* autores que acreditam na realidade da possessão *e quando combinam a observação exata com boa capacidade descritiva (o material) pode ser bem utilizado, a despeito do ponto de vista dos autores*".

O grifo é meu, evidentemente. Quis apenas destacar o fato de que, sem querer, o ilustre professor reconhece implicitamente que têm melhor visão do fenômeno aqueles que o interpretam como ação de uma entidade estranha ao possesso.

Luiz J. Rodriguez, no seu livro *God Bless the Devil* (edição Bookman, 1961), observa que está mais perto da realidade aquele que encara a possessão como invasão da personalidade pelo demônio do que aquele que insiste em situar o fenômeno no quadro clínico de origem interna, caracterizando-o como distúrbio psíquico inteiramente livre de influência externa direta. O demônio seria, pelo menos, uma personalidade estranha à do possesso e, ao tratar o fenômeno como tal, há muito mais "chance" de êxito do que se apenas o considerarmos como doença mental originada no próprio paciente.

Aliás, o prof. Osterreich inicia o segundo capítulo de sua obra, ao estudar os sinais externos da possessão, com a afirmativa de que "a primeira e mais notável característica é a de que o organismo do paciente parece invadido por uma nova personalidade e é governado por uma alma estranha".

Profundas alterações ocorrem, então, no timbre da voz, na expressão fisionômica, nos gestos, no vocabulário, em toda a personalidade, enfim, naquilo que ela possui de essencial e característico.

Neste ponto do livro, transcreve ele um longo trecho da obra de Theodore Flournoy, *Des Indes à la Planète Mars*. No trecho citado, Flournoy descreve as alterações de personalidade ocorridas em Helène Smith, quando se incorporava nela o Espírito que se identificava como Cagliostro. Aqui, porém, o leitor espírita já está de sobreaviso, pois sua formação doutrinária o informa de que neste exemplo estamos falando sobre mediunidade, e não possessão. Ainda que o fenômeno da possessão exija um componente mediúnico da parte do possesso, é claro que não pode ser colocado lado a lado com o do exercício normal da mediunidade controlada e disciplinada. O prof. Osterreich, porém, não se atrapalha por tão pouco, pois classifica o fenômeno mediúnico puro e simples como possessão voluntária... com o que admite, nitidamente, a participação de entidade estranha à do médium que cede seu corpo físico ao Espírito manifestante. Ele não vai, no entanto, ao ponto de expressar tal concessão, que seria muito para a rigidez de suas concepções.

Suas citações estão, porém, continuamente a desmentir suas próprias teorias. Podemos tomar qualquer uma delas, que se acham disseminadas às centenas por todo o livro. Esta é retirada do livro *Névroses et idées fixes* (*Neuroses e ideias fixas*), de Pierre Janet:

"Era um espetáculo extraordinário para nós que ali estávamos ver aquele Espírito mau falar pela boca da pobre mulher e ouvir ora o timbre da voz masculina, ora da feminina, mas tão distintas uma da outra que era impossível acreditar que havia apenas uma mulher falando".

A perplexidade dos observadores leigos é compreensível, pois sem admitir a independência da personalidade invasora, o mecanismo não faz sentido. É o que vemos também em F. von Baader:

"Se dois estados poderiam até então ser observados nela, o estado comum de vigília e o magnético (sonambúlico), era agora necessário distinguir três: o estado comum de vigília, o bom estado de vigília magnética e o mau estado de vigília magnética. A voz, os gestos, a fisionomia, os sentimentos etc., eram nos dois últimos estados citados exatamente como Céu e inferno. De modo particular as

feições se alteravam tão rapidamente que dificilmente se poderia confiar nos próprios olhos ou reconhecer no estado satânico a mesma pessoa do bom estado magnético".

Coloquemos isso em terminologia espírita para entender: a mulher era médium e nada fazia senão produzir fenômenos mediúnicos. Apresentava-se alternadamente em estado de vigília lúcida e ora incorporada por um Espírito turbulento, ora por um Espírito tranquilo e equilibrado.

O mesmo von Baader menciona caso em que o possesso falava de si mesmo na terceira pessoa. Muito simples: não era o possesso que falava, e sim o possessor, e cada vez que este se refere ao seu médium é claro que tem de chamá-lo de *ele* ou *ela*, na terceira pessoa, e não *eu*.

Kerner, muito alarmado, ao relatar outro caso informa que *"tudo quanto esses demônios dizem pela boca daquele homem é inteiramente diabólico em sua natureza e completamente oposto ao caráter do indivíduo possuído. Consiste em zombarias e maldições contra tudo quanto é sagrado, contra Deus e nosso Salvador e particularmente em zombarias e maldições dirigidas contra as pessoas que se acham sob seu domínio, a quem eles ultrajam pelas suas próprias bocas e batem com seus próprios punhos".*

Ao estudar os "estados subjetivos do possesso" (cap. 3), o professor Osterreich informa à pág. 26, que, em tempos mais recentes, especialmente aí pelo séc. XVIII e bem mais no séc. XIX, "a crença no demônio está diminuindo" e, em consequência, acredita-se que são as "almas dos mortos *que não se acham em paz* que entram nos vivos". (O destaque é do original.) Acrescenta, porém, que já em tempos muito remotos encontramos indícios dessa mesma crença, ou seja, de que não são demônios os obsessores e possessores, mas almas dos mortos, isto é, Espíritos desencarnados, como diríamos nós. Segundo Osterreich, os povos primitivos admitiam também as possessões "boas", ou seja, de Espíritos mais esclarecidos que vinham voluntariamente trazer sua contribuição de afeto. Donde se conclui que, nessas matérias, como dizia Luiz J. Rodriguez, que cito novamente, antigos, rudes e ignorantes xamãs[21] revelavam mais sólido conhecimento do problema espiritual do que muitos dos que ostentam hoje pomposos títulos acadêmicos.

Nos tempos medievais, quando a ignorância em torno do assunto foi praticamente geral, os obsessores tiveram sua época de ouro, manobrando livremente suas vítimas do anonimato invisível do mundo espiritual. Vejamos um diálogo entre o Espírito manifestado, que evidentemente passava por ser o próprio demônio, e um despreparado "doutrinador". Certo David Brendel acompanhou dia e noite, durante onze semanas, o caso da possessão de uma menina. Duas de suas conversas com "Satã" foram preservadas. Vejam como o Espírito se diverte à custa da ignorância e ingenuidade do seu perguntador:

— Você esteve também com a filha do ferreiro, lá em Meissen?

— Sim — respondeu o demônio —, havia cem companheiros meus lá; eu ajudei a levar o velho para o inferno.

— Você também conhece Judas, o traidor?

— Ele está sentado comigo no inferno.

— Você conheceu o Mau Ladrão, Pilatos, Herodes, o Dr. Johannes Faustus, Cristoph Wagner e Johannes de Luna?

— Oh, são meus melhores amigos. Tenho no inferno a carta de Faustus escrita com seu sangue.

---

[21]Não dispomos de espaço para um estudo mais aprofundado do xamanismo. A palavra é de origem asiática e entrou na Europa através do inglês *shamam*. O xamã era ao mesmo tempo médico, sacerdote, exorcista, curandeiro, mágico, adivinho, enfim, um médium.

— Mas ela não queima?

— Oh, não!

— Para que serve ela?

— Preciso tê-la à mão para exibi-la e condená-lo.

— Você, que sabe tantas coisas, sabe também orar?

Esta é a primeira pergunta inteligente, mas a resposta é irreproduzível. O perguntador insiste em outra direção:

— Se você me tivesse em seu poder o que faria?

— Quebraria o seu pescoço e minha face ficaria contorcida de raiva.

O prof. Osterreich reproduz mais um desses diálogos, extraído do livro *Un cas de possession*, de Van Gennep, publicado em 1911, e conclui, muito seguro de si:

"A individualidade estranha frequentemente relata uma espécie de história de sua vida. É quase desnecessário acrescentar que tais histórias constituem pura imaginação ou reminiscências (memórias do paciente?) da vida real da personalidade que supostamente entrou no organismo".

O assunto é de tão pouca monta que o professor nem acha necessário dizer que se trata de fantasia. Vemos, assim, como excelentes e bem-intencionados pesquisadores se deixam arrastar facilmente pelos seus preconceitos e perdem oportunidade de valioso aprendizado. Observações de grande interesse ficam soltas pelo texto como se flutuassem desligadas do verdadeiro contexto do estudo. Como estas, por exemplo: a de que os Espíritos possessores são sempre idênticos em admitirem que fizeram algo errado, ou seja, que cometeram crimes; os lapsos de memória, pois, ao despertar, o possesso não se lembra do que se passou enquanto esteve entregue à personalidade invasora; ou ainda o fato de que quase sempre o possesso fala e age de olhos fechados (característica da mediunidade na grande maioria dos sensitivos "tomados"); movimentos desordenados nas manifestações mais violentas, e outros tantos, como, ainda, o fato de que no estado de possessão a vítima somente se refere a si mesma na terceira pessoa:

"*No estado demoníaco*" — escreve o muito citado Kerner — "*ou no início da possessão, a paciente sempre fala de si mesma na terceira pessoa e não é possível naquele momento conversar com ela; quem desejar ser entendido terá de falar com o próprio demônio.*"

Lógico, meu Deus! O Espírito do paciente está impedido de manifestar-se por meio do seu próprio corpo, que se encontra sob o domínio da entidade possessora. Já era tempo de saberem disso os observadores, pelo menos os mais modernos. Uma vez que toda a fenomenologia aponta irresistivelmente para a hipótese — chamemo-la assim — de uma invasão externa da personalidade do paciente e que a doutrina do demônio está completamente desmoralizada, por que não admitir que a entidade possessora é um Espírito desencarnado, ou seja, Espírito de uma pessoa que aqui viveu na carne e se acha agora desembaraçado do corpo físico?

Para fugir a essa admissão, que explica facilmente os fatos, o prof. Osterreich elabora uma complexa teoria de bifurcação ou divisão do ego original, como se o Espírito encarnado — cuja realidade, aliás, ele não admite também — pudesse dividir-se em dois, três ou mais entidades a partir da mesma origem, a que ele chama de fisiológico-metafísica. Sua teoria, no entanto, é tão inaceitável, que ele próprio confessa, logo adiante (pág. 37), que "*o fenômeno da separação da segunda (personalidade) a partir da primeira é, para nós, inescrutável. Seria mesmo, na realidade* — prossegue ele —, "*duplamente incompreensível, em primeiro lugar porque escapa inteiramente ao nosso conhecimento e, em segundo lugar, porque, tanto quanto sabemos, a primeira personalidade nada tem com isso".*

O fenômeno é incompreensível para o eminente autor porque, tomando as analogias no plano físico, a confusão é total, pois quando uma célula se desdobra em duas a primitiva deixa de existir, ao passo que, no fenômeno que ele deseja classificar como divisão da personalidade, a primitiva continua a existir com todas as suas características, ignorando a existência da outra, a não ser que lho digam. Daí conclui o professor, algo desalentado, mas profundamente honesto:

"Tocamos aqui deliberadamente um ponto em que a hipótese da divisão entra em contradição com a lógica".

Qual a saída? Acha o professor que tem a "explicação". A nova personalidade manifestante traria consigo uma quantidade de ideias "inatas" e acrescenta:

"Nem tudo que ela diz será baseado na sua própria experiência; ela saberia inúmeras coisas sem tê-las experimentado e teria comando da linguagem, além de numerosas capacidades complexas sem nenhum aprendizado".

Surpreendente afirmativa essa de um cientista e pesquisador tão sério que, para fugir a qualquer preço da hipótese espiritual da possessão, apresenta-se com uma teoria fantástica e ilógica de que somos capazes de aprender coisas sem ter aprendido!

É difícil, porém, enquadrar os fenômenos que ele próprio reproduz, das suas fontes, na sua complexa e vulnerável teoria.

"Alguns desses pacientes" — escreve Kerner —, *"quando o demônio se manifesta e começa a falar por eles, fecham os olhos e perdem a consciência, tal como no sono magnético; o demônio então fala por suas bocas sem que eles o saibam. Com outros, os olhos permanecem abertos*

e a consciência lúcida, mas o paciente é incapaz de resistir, mesmo com toda a força de sua mente, à voz que fala nele; ele ouve a si mesmo expressar-se como se fosse outra e estranha individualidade alojada nele, mas fora de seu controle."

Vemos aqui a mediunidade chamada inconsciente e a consciente. O fenômeno é sempre o mesmo e só em termos de Doutrina Espírita podemos entendê-lo e explicá-lo.

"*A moça retém a consciência enquanto a voz fala*" — escreve outro observador meticuloso e atento, por nome Eschenmayer —, "*mas não pode evitá-lo, mesmo tentando com toda a sua vontade; ela ouvia a voz ressoar externamente como a de um indivíduo estranho, alojado dentro dela, sem que estivesse em condições de controlá-lo ou fazer qualquer coisa.*"

A despeito de tudo isso, o professor insiste, à pág. 47, que "*uma análise mais exata revela que os estados mentais, aparentemente pertencentes a um segundo ego, são realmente parte do indivíduo original*".

E estamos conversados. É a persistente e insustentável doutrina da divisão da personalidade.

Quanto ao documentadíssimo e famoso caso de Joana dos Anjos, acha o prof. Osterreich que deve ser examinado com grande reserva, porque tem sua gênese numa pessoa altamente histérica e de moral algo frouxa. Este caso, aliás, se presta a observações muito interessantes que esperamos poder fazer sem alongar demais o artigo.

Madre Joana deixou um valioso depoimento pessoal na sua autobiografia, além de existirem outras obras e relatos pessoais de autenticidade indiscutível. Descreve ela os estágios iniciais da sua possessão referindo-se a uma perturbação mental que durou cerca de três meses. Nesses períodos de perturbação ela perdia a consciência de si mesma.

"O demônio" — diz ela — *"obscureceu-me de tal modo que eu mal podia distinguir seus desejos dos meus; provocou-me, além disso, forte aversão pela minha vocação religiosa."*

Mais adiante, descrevendo com extrema precisão o lento processo de invasão — diz ela:

"Acho que ele não teria assumido esse poder sobre mim se eu não me tivesse aliado a ele. Tive experiências como essa em várias ocasiões, pois quando eu resistia com firmeza descobria que todas aquelas fúrias e cóleras se dispersavam como tinham vindo, mas, infelizmente, com muita frequência acontecia que eu não me continha com suficiente força para resistir, especialmente em pontos nos quais eu não via pecado grave. Nisso, porém, é que eu me enganava, porque como eu não me continha nas pequenas coisas, minha mente era arrastada, depois, sem perceber, para as grandes...".

Que notável lucidez nessas observações! O processo da obsessão se desenrola exatamente assim: sutil e lentamente, aos poucos, a partir das pequenas e aparentemente inócuas concessões. Destas, passam as vítimas às maiores e depois às grandes. Neste ponto não há mais como retornar e facilmente a obsessão vai aos extremos da possessão.

O prof. Osterreich faz restrições, como vimos, ao caráter de madre Joana e, em tese, está certo, porque os obsessores desencarnados encontram maiores facilidades para os seus propósitos funestos quando a vítima se acha desguarnecida moralmente e, portanto, exposta ao ataque e ao envolvimento; mas é preciso lembrar que não há imunidade total contra a obsessão a não ser nos seres que além de se apegarem a rígidas práticas morais, se achem quitados com seus compromissos cármicos. Também sob esse aspecto o famoso e muito citado caso de Loudun contém ensinamentos preciosos, pois os obsessores não respeitaram nem pouparam os exorcistas, por mais bem preparados que estivessem eles. O padre Surin, é de justiça assinalar, estava moralmente credenciado para o trabalho de que o incumbiram as autoridades eclesiásticas da época. É difícil, porém, a esta distância no tempo — os fatos ocorreram no séc. XVII — e ante informações incompletas, do ponto de vista espírita, produzir uma análise crítica balanceada da sua posição no caso, a despeito da notável narrativa que ele próprio deixou. Que sabemos, porém, de seus compromissos espirituais ou de suas ligações cármicas com o grupo de freiras implacavelmente assediadas por uma legião de obsessores? Num livro que eu muito gostaria de ler, Osterreich vai buscar a transcrição do depoimento do padre Surin. Chama-se a obra *Cruel Effets de la Vengeance du Cardinal Richelieu ou Histoire des Diables de Loudun*, ou seja, *Efeitos cruéis da vingança do Cardeal Richelieu*, de autor anônimo que assinou simplesmente Aubin.

Ao narrar o que poderíamos chamar de sua própria *contaminação*, diz o padre Surin:

"As coisas foram tão longe que Deus permitiu, creio que por causa dos meus pecados, o que talvez nunca foi visto na Igreja, ou seja, que no exercício de meu ministério (exorcismo), o demônio deixou o corpo da possessa e entrou no meu, me assaltando, confundindo, agitando e perturbando visivelmente, fazendo de mim um endemoninhado por várias horas. Não lhe posso explicar o que acontece dentro de mim nessa ocasião e como esse Espírito se une ao meu sem me privar nem da consciência nem da liberdade da minha alma, tornando-se contudo como se fosse um outro eu, tal como se eu tivesse duas almas, uma das quais desalojada de seu corpo e do uso de seus órgãos, assistindo afastada às atividades da outra que se apossou

do corpo. Os dois Espíritos lutam no mesmo campo que é o corpo, e a alma parece dividida. Uma dessas partes fica sujeita a impressões diabólicas e outra com os impulsos que lhe são próprios ou vem de Deus".

Mais adiante:

"Quando desejo, pelo impulso de uma dessas duas almas, fazer o sinal da cruz sobre minha boca, a outra me desvia a mão com grande rapidez e prende meu dedo entre seus dentes, mordendo-me raivosamente".

E uma conclusão melancólica e impotente:

"Quando os outros possessos me veem nesse estado é um prazer assistir ao seu triunfo e como os demônios se divertem dizendo: 'Médico, cura-te a ti mesmo; sobe agora ao púlpito; será um belo espetáculo vê-lo pregar depois que ele rolou pelo chão'."

Em pós-escrito nesse mesmo documento, que é uma carta dirigida a íntimo amigo espiritual, padre Surin pede preces, das quais se confessa muito necessitado, pois a influência dos possessores já está durando dias inteiros e semanas, durante os quais ele se sente "obtuso com relação às coisas do Céu", de tal forma que não pode nem recitar a mais conhecida das preces que é o Pai-Nosso.

Em seguida, informa:

"O demônio me disse: 'Hei de privar-te de tudo. Não precisarás nem da tua fé, pois eu o farei um idiota'."

O obsessor cumpriu implacavelmente suas ameaças. Os tormentos do pobre sacerdote duraram cerca de 25 anos. Não podia mais pregar e nem mesmo conversar. Perdeu a voz durante sete meses, ficando incapaz de celebrar a missa, ler e escrever e até mesmo vestir-se; enfim, fazer qualquer movimento. Nesse período de aflições inomináveis, nenhum médico conseguiu minorar seus sofrimentos. Ao cabo de mais de vinte anos, segundo depoimento de Osterreich, padre Surin livrou-se daquelas aflições, mas caiu em outro estado anormal, que o ilustre professor estuda em profundidade em outro livro seu por nome *Phanomenologie des Ich* (*Fenomenologia do Eu*).

Do ponto de vista espírita, vemos, portanto, no caso do padre Surin, o doloroso processo de envolvimento de um exorcista com os Espíritos que pretende expulsar com fórmulas canônicas e ritos inadequados. Ele próprio narra, com inegável realismo, a ridícula posição em que os espíritos o colocam, divertindo-se com quem, incapaz de se curar, pretende curar os outros. A técnica espírita tem um *approach* inteiramente diferente. O problema não é *expulsar o demônio*; é dialogar e esclarecer um Espírito em grave estado de desequilíbrio, que se apoia no desenvolvimento de seu tenebroso plano de ação vingativa, em fatos e compromissos às vezes remotos no tempo, mas ainda não resolvidos satisfatoriamente. Tais processos se arrastam de século em século, porque não é pela vingança que se parte o círculo vicioso da dor, e sim pelo perdão. Na sua terrível cegueira espiritual, os obsessores não percebem que o exercício do perdão é mais do que um mero preceito evangélico — que não tem sentido, infelizmente, para muitos desses Espíritos endurecidos — para alcançar a força de um princípio científico no campo da Psicologia, dado que o perdão realmente liberta. Sentimos, também, na prática espírita, que é invariavelmente pelo amor frustrado que nos perdemos na treva da dor e é pelo amor reconquistado que adquirimos condições para retomar os caminhos da paz. Outro aspecto importante: por mais que se revista de ódios e rancores, o Espírito atormentado preserva sempre o germe do amor no seu coração e inconscientemente anseia pela volta do amor. Se o doutrinador — ou seja, aquele que conversa com o obsessor — consegue convencê-lo dessa tese, começa ali mesmo o longo processo da recuperação.

Vejamos, porém, como o eminente prof. Osterreich encara o fenômeno.

Acha ele evidentemente falsa a concepção de que existem dois Espíritos ou duas almas na posse do mesmo corpo. Aliás, ele nem emprega a expressão alma ou Espírito, e sim *ego*. Lamenta ele que esse "erro" venha sendo cometido sistematicamente por muitos autores, inclusive ele próprio, antes de estudar adequadamente o fenômeno. Nada disso. O que ocorre, segundo o ilustre professor, é que a individualidade, que o Padre identifica como a de Satanás, é "um novo e complexo estado de si mesmo, tanto quanto sua personalidade original". O Padre endemoninhado teria, pois, o direito de dizer que "assumira uma personalidade satânica".

O argumento parece óbvio ao professor: como poderia Surin dizer que sente a raiva e a irritação do demônio, que se encontra num duplo estado afetivo ou que tem outra alma além da sua? Como poderá ele experimentar sentimentos que não são os seus? Como é possível imaginar outro *ego* entrando nele? Acha ainda o professor que, sendo *impossível* a interpenetração da mente pela mente, "começamos a perceber as coisas", pois que "ninguém jamais experimenta algo fora de seus próprios estados emocionais".

O que vemos aqui é o alinhamento de uma série de impossíveis dogmáticos a impedir uma abertura para a verdade, por meio de uma aproximação desinibida, com a mente aberta, ainda que, e necessariamente, vigilante, crítica, alertada. Partindo de impossíveis preconcebidos, daremos inapelavelmente em conclusões que nada explicam, representando apenas mais uma opinião pessoal sobre o assunto em discussão. E isto nunca foi ciência. Osterreich, porém, não deseja de forma alguma admitir a hipótese de interferência espiritual externa e autônoma. Lamenta mesmo que Ludwig Staudenmaier, no seu livro *Die Magie als Experimentelle Naturwissenchaft*, tenha tratado como seres autônomos personalidades que se desenvolveram num processo de "escrita automática", ou seja, um caso comum de mediunidade psicográfica.

Para Osterreich, o possesso se convence de que está sob influência de outro ser e age como tal... E por isso é que temos o curioso espetáculo segundo o qual duas pessoas parecem falar por intermédio do mesmo corpo físico. Os argumentos do autor são, às vezes, de comovente ingenuidade. A certa altura, por exemplo, reproduz alguns diálogos entre o que chama de *egos* e os exorcistas ou outras testemunhas. E acrescenta que sua desconfiança com relação ao fenômeno é bastante acentuada "pelo fato de que o demônio responde muito cautelosamente às questões mais críticas".

Se ele dispusesse de um acervo de observações pessoais, em primeira mão, colhidas na prática mediúnica, não faria tantas afirmativas gratuitas e ingênuas. O obsessor é quase sempre um Espírito voluntarioso, decidido, artificioso dissimulado e, muitas vezes, culto, inteligente e invariavelmente informado por um conjunto de fatos que nós ignoramos, quanto às razões profundas do seu assédio àquela específica pessoa humana. Que sabemos nós de suas ligações anteriores, de seus mútuos compromissos, de suas verdadeiras motivações? Por outro lado, sabemos pela Doutrina Espírita que as faltas cometidas contra o próximo armam automaticamente o mecanismo da cobrança e é como instrumentos cegos da reação, provocada pela ação negativa, que os obsessores agem. Não podemos esquecer, por certo, que mesmo cobrando o que a lei lhes permite e, portanto, agindo como agentes do resgate alheio, os obsessores não fogem à dura contingência de assumir novos compromissos que, a seu turno, terão um dia que resgatar. Daí o terrível círculo vicioso dentro do qual Espíritos rebeldes marcam passo dolorosamente, alternando suas posições, ora como obsessores, ora como obsidiados, mas sempre sofrendo. Sem conhecer esse mecanismo e sem agir segundo sua lógica férrea, o exorcismo ritualístico é de uma ingenuidade trágica e de uma inocuidade lamentável. A misericórdia divina é tão grande, no entanto, que mesmo esse processo totalmente inadequado sucede às vezes em desatar o nó cego das paixões e libertar os sofredores de suas angústias, ao conseguir que o obsessor abandone sua vítima. Como se dá isso, a despeito do despreparo dos exorcistas? Há muitas razões. Em primeiro lugar — e isto Luiz Rodriguez já havia observado em seu livro —, o sacerdote parte de uma premissa mais válida do que a da Ciência oficial, ou seja, ele encara o fenômeno como invasão de um agente externo, autônomo, consciente, independente da personalidade do possesso. Seu engano está apenas em identificar esse agente externo com o demônio teológico, do que, aliás, os obsessores têm tirado bom proveito, desempenhando o papel como se de fato o fossem. Nessas condições, o diálogo com a personalidade invasora, conduzido por um sacerdote inteligente e, principalmente, de rígidos padrões morais, pode produzir resultados excelentes, porque, por mais que se esforce num terrível jogo de cena, o obsessor, no fundo, respeita a força moral daquele que o enfrenta com paciência e amor. Dificilmente ele cederá pela força bruta ou pelo mero comando de um ritual sem sentido, conduzido numa língua morta que na maioria das vezes ele nem entende. Há ainda outra observação. É a de que, de outras vezes, o sacerdote interfere naquele momento em que a própria Lei Divina já determinou o fim do processo. Sabemos, ainda, e sempre segundo a Doutrina Espírita, que há um ponto além do qual a "cobrança" da falta se torna impraticável, seja por quem for, pela simples razão de que o sofrimento, a renúncia ou o amor já redimiram o culpado. Ainda que o obsessor continue inabalável e irredutível no seu propósito de perseguir e fazer sofrer, a vítima lhe escapa irremediavelmente das mãos. Ninguém paga aquilo que não deve; do contrário, a lei seria injusta.

Por conseguinte, quando interrogado a respeito de questões que poderão levar à libertação de sua vítima, o possessor se revela cauteloso e mais dissimulado do que nunca. Todos nós que ao longo dos anos temos frequentado grupos mediúnicos de desobsessão testemunhamos o esforço e a habilidade que o chamado doutrinador deve pôr em prática para extrair as informações que lhe permitam montar o quadro das razões antecedentes que levaram os Espíritos em tratamento àquele estado de comprometimento e angústia. A imantação do obsessor ao seu monodeísmo parece irredutível, alcança o ponto da mais terrível obstinação. Ele não quer por nada neste mundo abandonar a sua vítima; seu único propósito é vingar-se implacavelmente, esquecido de que ele próprio, fazendo parte integrante daquele círculo vicioso, tornou-se vítima exatamente porque anteriormente também fez vítimas, e que, perseguindo para vingar-se, reabre o círculo. Com isto, arma o dispositivo que virá fatalmente sobre ele com todo o instrumental da dor que vai gerar nova revolta e, assim, indefinidamente.

Para fugir, portanto, às óbvias implicações da perfeita autonomia das personalidades envolvidas, Osterreich busca saídas por outros canais, propondo hipóteses que podem ajustar-se a alguns aspectos da questão, mas não às demais ou a todas.

Observa, por exemplo, que frequentemente o "demônio" responde a perguntas que não chegaram a ser enunciadas, ou, por outra, foram apenas *pensadas* pelos circunstantes. Como é que o professor explica isso? Muito simples: o processo é idêntico àquele que se desdobra quando conversamos mentalmente com alguém e em nossa imaginação o "ouvimos" responder... No caso da obsessão haveria apenas uma extraordinária exacerbação do fenômeno, que levaria a uma excitação do aparelho vocal, levando-o a uma ação compulsiva. Assim, o fato de que o "demônio" responde sempre de maneira evasiva e cautelosa às questões delicadas deve ser interpretado, segundo Osterreich, da seguinte maneira: a pessoa imaginária age exatamente como a real, pois, definitivamente, não pode existir uma segunda pessoa, e sim "uma mera aparência enganadora".

E, com isso, está encerrado o assunto e resolvido o problema, na opinião do eminente professor.

Aqui precisamos de uma pausa. O livro do Dr. Osterreich é realmente fascinante e contém um acervo preciosíssimo de fatos e de informações. Não podemos ter a pretensão de examiná-lo todo e na profundidade necessária, nos rígidos limites de um artigo. Com todo o trabalho de síntese que tenho procurado desenvolver até este ponto, observo desalentado que apenas chegamos até à pág. 70 das suas quatrocentas! Vamos, pois, sumarizar para concluir, mesmo ao custo de abandonar inúmeras observações de elevado interesse humano, como o caso de Madre Joana dos Anjos.

O capítulo quarto do livro é dedicado, segundo informa o título, à gênese e extinção da possessão. É aqui que mais divergimos das ideias e sugestões do professor Osterreich, que desdobra em novos aspectos a sua teoria da divisão da personalidade. Menciona ele, a certa altura, a natureza por assim dizer "contagiosa" do fenômeno que atinge circunstantes e, com frequência impressionante, os próprios exorcistas.

"*Sacerdotes exorcistas*" — escreve ele à página 92 — "*estão particularmente expostos a essa* 'infecção' *e raros são os que têm conseguido escapar completamente.*"

Reportando-se ainda ao caso das freiras de Loudun, informa que outros exorcistas, além do padre Surin, foram também atingidos, como os padres Lactance, Tranquille e Lucas. O primeiro deles morreu em consequência dos sofrimentos impostos pela possessão, depois de ter conseguido expulsar (o termo é altamente inadequado, a meu ver) três demônios, ou seja, três Espíritos da prioresa de Loudun.

Acha mesmo Osterreich que o próprio ritual do exorcismo contribui poderosamente para propagar o fenômeno pelo poder de sugestão que contém. Essa observação não tem o valor absoluto que o autor lhe atribui, mas certamente há algo de verdadeiro nisso, no sentido de que as pessoas que assistem ao complicado ritual, evidentemente em atitude de concentração e recolhimento, oferecem condições propícias à incorporação dos Espíritos ali presentes, quando possuem em estado latente ou ostensivo faculdades mediúnicas.

Por isso, na opinião de Osterreich, o exorcismo é a contraparte exata da gênese da possessão e explica:

"*Da mesma maneira que a possessão surge, no homem, da crença de que ele está possesso, contrariamente desaparece, quando o exorcismo é bem-sucedido, por meio da crença de que a possessão não subsistirá.*" (!)

A coisa não é tão simples assim, pois não se trata, aqui, como acredita o prof. Osterreich, de um fenômeno de autossugestão, que pode ser desfeito por outra sugestão. O próprio autor não parece tão certo da sua doutrina ao afirmar, logo adiante, que "a natureza íntima deste efeito de convicção no fenômeno psíquico não é conhecida e não pode ser elucidada".

Sempre dogmático e sem aceitar a contribuição da Doutrina Espírita, ele acha que a coisa não só é desconhecida *como não pode ser esclarecida.* Mais um dos seus *impossíveis...*

Estuda, a seguir, uma série de fórmulas exorcistas, coletando judaicas, egípcias, católicas e outras. Algumas são estranhíssimas, outras ridículas — como o exorcismo para o leite, a fim de expulsar (sempre a ideia da expulsão) as criaturas malévolas alojadas no líquido —, todas inócuas, porque o que vale diante do obsessor não são as fórmulas e os ritos, mas a autoridade e o sentimento de quem lhe fala.

Descreve os vários recursos, como as ameaças, os gestos, as palavras que o exorcista deve utilizar e lembra o principal exorcismo, do *Rituale Romanum*, publicado por ordem do papa Paulo V, que recomendava, entre outras coisas, abanar a estola do padre em torno do pescoço do possesso e fazer *a imposição das mãos*, ou seja, o passe magnético.

Menciona um caso citado por Eschenmayer em que o exorcista "esforçou-se formalmente por converter o demônio", no que estava absolutamente certo, pois na realidade ele está se dirigindo a uma entidade espiritual tão livre e autônoma como qualquer outro ser humano e que precisa ser esclarecida de sua verdadeira posição para poder compreender e não ser expulso sem nenhuma explicação que o convença. Por isso, o próprio Osterreich informa que o sucesso do exorcismo depende da autoridade e do poder de sugestão de quem o pratica.

"*É ainda mais importante, especialmente em períodos religiosos*" — acrescenta o autor —, "*que o exorcista deva estar, ele próprio, convencido da realidade da possessão, se isto contribuir para fortalecimento de sua fé no exorcismo.*"

Claro! Se mesmo convencido dessa realidade, muitas vezes o exorcista se dá mal, o que pode ele esperar se vai cuidar do caso como de um simples fenômeno de sugestão ou de múltipla personalidade, como querem certos cientistas? A evidência da autonomia da personalidade manifestante é gritante, mas o pior cego ainda é aquele que não quer ver. Não adianta! Em vários casos — a observação é de Osterreich — o "demônio" impõe condições para abandonar sua vítima, isto é, "negocia" com o doutrinador, cedendo um pouco em troca de algo que deseje. Por tudo isso, principalmente, e porque suas teorias explicam alguns casos mas não se adaptam a outros, o professor observa aí pela pág. 107:

"O exorcismo não é, contudo, eficaz em todos os casos, mas de modo geral não dispomos ainda de evidência precisa que explique por que a sugestão dá resultado em um caso, e não em outro".

A segunda parte do livro é um estudo meticuloso da possessão em todos os tempos e em todas as latitudes. Há observações de alto interesse acerca dos oráculos gregos e muitas páginas sobre os fenômenos mediúnicos modernos que o eminente autor se recusa a aceitar no contexto espírita, insistindo em chamá-los de possessão artificial e possessão voluntária. Lamentavelmente não podemos ir até lá sem alongar demais este trabalho, que é apenas uma notícia sobre o livro do Dr. Osterreich. Vamos, pois, concluir.

Em suma, a possessão é encarada de três maneiras diferentes quanto à sua gênese e, por conseguinte, é tratada também de três maneiras diferentes.

A ortodoxia religiosa — especialmente a católica — considera a possessão como invasão do demônio e trata-a por meio de um ritual cuidadosamente preparado, com gestos, fórmulas canônicas, orações especiais, mas sempre com a intenção de *expulsar* o invasor, sem tentar dialogar com ele para esclarecê-lo.

Para a Ciência oficial, o fenômeno resulta de uma doença mental e o tratamento é conduzido à base de análise ou drogas, ou ambas.

O Espiritismo considera na gênese do fenômeno da possessão a faculdade mediúnica desgovernada e trata o caso pelo processo do diálogo com o Espírito possessor, buscando compreender suas razões para esclarecê-lo e libertá-lo da sua própria ignorância e confusão mental.

As três posições são bastante afastadas umas das outras, mas é preciso convir, sem paixões e com todo o respeito diante de cada uma delas, que a atitude da Ciência é a mais esdrúxula e menos realista, procurando atingir as causas cuidando apenas dos efeitos. A posição religiosa é mais objetiva, porque admite a presença de uma personalidade invasora. Seus erros estão em identificar essa personalidade invariavelmente com o demônio e em tentar apenas expulsá-lo, quando deveria atraí-lo amorosamente ao esclarecimento. A posição adotada pela Doutrina Espírita é a que foi ensinada pelos próprios Espíritos. E quem melhor do que eles para nos dizer das complexas realidades do mundo em que vivem? A prática espírita jamais procura *expulsar* Espíritos, e sim ajudá-los. Jamais os considera *demônios* que cumpre fazer voltar ao inferno mitológico, mas irmãos em Deus que é preciso libertar de suas próprias angústias e aflições.

E se o exorcismo é quase sempre ineficaz e com frequência impressionante envolve também o exorcista no processo da dor; se o tratamento clínico dos casos de possessão é longo, difícil e duvidoso, a terapêutica do amor e do esclarecimento usada nas sessões de desobsessão produz resultados espantosos, frequentes, abundantes e seguros. E que alegria, Senhor, quando recebemos nos braços, agradecidos e de olhos úmidos, o irmão que chora o seu arrependimento, lamenta o seu remorso e se prepara para a reconstrução do seu mundo interior, iniciando a longa caminhada para a paz...